부산 · 울산 · 경남지역

항일운동과 기억의 현장

부산 · 울산 · 경남지역
항일운동과 기억의 현장

초판 1쇄 발행 2011년 12월 31일

저 자 ㅣ 홍순권 · 장선화 · 전성현 · 하지영 · 배병욱 · 이가연
펴낸이 ㅣ 윤관백
펴낸곳   선인

편 집 ㅣ 이경남 · 김민희 · 하초롱 · 소성순
표 지 ㅣ 김현진
제 작 ㅣ 김지학
영 업 ㅣ 이주하

인 쇄 ㅣ 대덕인쇄
제 본 ㅣ 광신제책

등록 ㅣ 제5-77호(1998.11.4)
주소 ㅣ 서울시 마포구 마포동 324-1 곳마루 B/D 1층
전화 ㅣ 02)718-6252 / 6257   팩스 ㅣ 02)718-6253
E-mail ㅣ sunin72@chol.com

정가 23,000원
ISBN 978-89-5933-425-4(set)
ISBN 978-89-5933-502-2 94910

동아대학교 석당학술총서 22

부산 · 울산 · 경남지역
항일운동과 기억의 현장

홍순권 · 장선화 · 전성현 · 하지영 · 배병욱 · 이가연

선인

책머리에

2009년 7월과 8월 두 달간의 여름 방학 동안 이 책의 필진들로 구성된 우리 연구팀은 경남 일원의 이른바 '독립운동 사적지'를 찾아다니며 주민들과 인터뷰를 하고 현장 사진을 찍으면서 구슬땀을 흘렸다. 이처럼 우리가 2009년 여름 방학을 반납하다시피 하면서 독립운동 사적지의 조사 활동에 나선 것은 그해 1월 독립기념관 한국독립운동사연구소로부터 연구용역사업으로 한국독립운동사 사적지 조사연구를 의뢰받았기 때문이다. 물론 이전부터 지역사 연구 활동의 일환으로 부산을 중심으로 인근 울산, 경남지역에 대한 조사 활동을 지속적으로 해오던 터라 결코 새삼스러운 일은 아니었으나, 이를 계기로 한말 일제강점기의 독립운동사 사적지를 일괄적으로 조사한다는 것은 매우 뜻깊은 일이었다. 진작 했어야 했을 아니면 언젠가는 누군가 해내야 할 과제인데, 마침 뜻밖의 좋은 기회가 찾아왔던 것이다.

그러나 이번 독립운동 사적지 탐사 과정에서 발견된 몇 가지 아쉬움도 있었다. 말이 독립운동 사적지이지, 과거 독립운동의 현장을 증언할 만한 역사의 흔적은 물론 표지석 하나 없이 방치된 곳이 태반이었다. 많은 사적지가 도시화와 세월의 격랑 속에 흔적 없이 사라져 버렸고, 도시계획 등으로 주변 경관이 완전히 변해 버려 그 정확한 장소를 비정(比定)하기조차 쉽지 않았다. 또 일부 원형이 남아 있는 경우에도 이를 보존하거나 훼손된 원형을 복원하려는 시도는 일부에서만 찾아볼 수 있었다. 이 같은 사실은 우리 스스로 우리 지역의 정체성이자, 정신문화의 토대인 독립운동의 현장에 대해서, 더 나아가서는 독립운동의 정신과 역사 문제에 대해서 그동안 우리가 얼마나 등한시해 왔는가를 반증하는 것이다.

국가보훈처와 한국독립운동사연구소에서 전국적으로 이번 용역사업을 기획한 것도 이러한 문제점을 뒤늦게나마 인식하고 대책을 마련하기 위한 것이었다. 사실 해방된 지 60년도 더 지난 시점에 이러한 사업이 시작되었다는 것은 오히려 때늦은 일이다. 다만, 이제라도 남아 있는 사적지를 보존하고 훼손된 사적지를 가능한 범위 내에서 복원하려는 것은 그나마 다행스러운 일이다. 아무튼 이러한 조사 활동을 통해서 이미 알려진 사적지의 현상태를 확인한 것이 일차적으로 중요한 일이었지만, 그밖에 잘못 알려진 사적지의 위치를 바로잡은 것도 있고, 경남지역 독립운동과 관련하여 새로운 사실을 확인하는 등 학술적 성과도 적지 않았다.

평소 우리는 우리의 향토와 인근 지역에서 일어난 독립운동의 역사에 대해서 얼마나 많은 관심을 가지고 있을까? 우리가 접한 일부 주민이나 학생들 가운데는 타 지역의 독립운동 활동에 대해서는 잘 인지하고 있으면서도 정작 자신의 거주지인 부산, 울산이나 경남지역에서 일어난 독립운동에 대해서는 잘 인지하고 있지 못한 경우가 많았다. 그렇다고 부산, 울산, 경남지역이 실제로 타 지역에 비해 독립운동이 활발하지 못했던 것은 결코 아니다. 멀리 거슬러 올라가면, 한말 국채보상운동의 발원지가 경남 동래이며, 한말 의병전쟁의 최대 격전지의 하나인 지리산과 덕유산 의병대들의 많은 근거지도 서부 경남에 집중되어 있었다. 일제강점기 최대 규모의 인권운동이자 항일운동이었던 형평운동의 발상지도 경남 진주이며, 일제강점기 최고액 현상금이 걸렸던 걸출한 항일독립투사 김원봉이 이끈 의열단의 고향이 바로 경남 밀양이며, 의열단의 폭탄이 처음으로 터진 곳도 당시 경남 부산이었다. 발해 농장을 경영한 안희제, 독립동맹의 지도자였던 김두봉 등 수많은 독립투사들이 이 지역에서 배출되었으니, 해외 독립운동과 관련해서도 경남지역의 위상이 타 지역에 비해 뒤떨어질 것이 없다. 더구나 1920년 대 협동전선 민족운동의 결정체인 신간회의 도별 지회가 가장 많이 설치되었던 지방이 바로 경남이었다는 사실을 감안한다면, 경남은 항일민족운동의 본원지라고도 할 만한 곳이다.

과거 경남지역은 한국독립운동사에 중요한 획을 그은 독립운동 정신의 깊은 유산을 간직하고 있다. 그러나 지금은 어떠한가? 그 역사적 현장도 많이 인멸되었을 뿐만 아니라 이제는 과거에 일어났던 독립운동이나 항일투쟁을 기억하고 있는 사람들도 찾기 힘든 실정이다. 보다 더 중요한 것은 그러한 정신을 기리려는 지역사회의 노력조차 크게 눈에 띄지 않는다는 것이다. 물론 해방 이후의 민족분단과 오늘에 이르기까지 정치적 상황이 이러한 결과를 초래한 측면도 없지 않지만, 무엇보다 이를 연구하고 전파해야하는 역사 연구자들의 책임도 크다고 할 것이다. 우리 스스로 그것을 기억하고 교육하는 일에 소홀했던 것이다.

이처럼 우리 연구팀이 이 책을 간행하기로 한 데는 그동안 사적지 조사활동에서 느꼈던 자괴감과 연구자로서의 책임의식이 크게 작용하였다. 물론 앞에 언급한 2009년의 연구용역사업은 그해 말에 완료되어 보고서를 작성하여 제출하였고, 그 결과물은 『부산·울산·경남 독립운동사적지』Ⅰ·Ⅱ(국가보훈처·독립기념관 한국독립운동사연구소 편, 2010. 6)의 제목으로 이미 간행되었다. 그러나 보고서 형태로 간행된 이 책은 사적지 보존을 염두에 두고 사적지의 현황 파악에 중점을 둔 것이기 때문에 사적지로 지정하게 된 연유와 사건의 구체적 전개과정을 이해하는 데는 부족함이 많다. 따라서 일반인들이 역사 현장을 좀 더 의미 있게 만나기 위해서는 어느 정도 지역의 독립운동사에 대한 체계적인 이해가 필요하다고 생각되었다.

이 책은 2009년도 현장 조사를 통해서 확인한 사적 관련 사실뿐만 아니라, 그동안 국내 학계에서 축적해온 경남지역 독립운동사 연구 성과를 정리하여, 과거 경남지역에서 일어났던 독립운동과 관련된 각종 사건들을 보다 현실감 있고 쉽게 이해할 수 있도록 편집하였다. 또 이 책의 마지막 장인 「전시체제하 강제노무동원과 저항운동」은 한국독립운동사연구소의 용역사업과는 무관하게 우리의 독자적 판단에 따라 첨부한 것이다. 일제말기 경남지역에서 일제가 침략전쟁을 저지르면서 행한 조선인의 강제동원이나 그에 대응해서 항일운동에 대해서는 일반인들에게는 잘 알려지지 않은 사실들이 많다. 그러나 침략전쟁 당시 일어났던 항일운동 역시 독립운동의 일환으로 정당한 평가를 받을 필요가 있다고 생각한다. 조사 활동지역이 국내에 한정된 탓으로 다루지 못한 주요 해외독립운동가들의 행적에 대해서는 부록으로 첨부해 두었다.

물론, 이 책이 일제강점기 부산·울산·경남지역에서 일어났던 모든 독립운동을 다룬 것은 아니라는 점을 지적해 두고 싶다. 대동청년단운동이나 조국광복단운동 등도 이 지역의 독립운동가들과 밀접한 관련이 있지만, 이는 지면의 한계 등으로 부분적으로밖에 다루지 못했다. 또 부산·경남 출신 해외독립운동가의 활동에 대한 전면적인 정리도 이 책의 범위를 벗어나 있다. 보다 완벽한 지역의 독립운동사 정리를 위해서는 또 다른 기회를 가져야 할 것 같다.

우선 부족한 대로 그동안 조사한 내용을 책으로 묶는 작업을 마무리하는 단계에서 돌이켜보니 혹시 책의 내용 중 의도하지 않은 오류가 있을지도 모른다는 생각에 문득 두려움이 앞선다. 이 점에 대해서는 독자들의 따끔한 지적이 있길 바란다.

이 책은 공동연구의 형태로 편집되었으나, 각 장별로 책임을 분담하여 집필되었다. 즉, 1장 항일운동과 지역 개관(홍순권·전성현), 2장 한말 의병운동과 일본군의 의병 학살(홍순권), 3장 1910년대 국내 민족운동과 3·1운동의 전개(장선화), 4장 의열단과 의열투쟁(전성현), 5장 신간회 지회의 설립과 활동(하지영), 6장 사회운동의 분화와 발전(배병욱), 7장 전시체제하 강제노무동원과 저항운동(이가연)을 6명의 필진이 각각 나누어 집필하였다.

위의 필진 이외에도 당초 사적지 조사 활동에는 동아대학교 대학원의 이광욱(박사과정), 서만일(석사 졸업), 이승우(석사 졸업) 군 등이 함께 참여하였다. 이 책의 출간이 가능하게 된 것은 이들의 도움이 있었기 때문이다.
필진을 대표하여 이들에게도 감사의 말씀을 전한다. 이밖에, 이 책의 출간
을 허락해주신 선인출판사의 윤관백 사장과 직원 여러분께 감사를 드린다.

2011년 12월
저자들을 대표하여 홍순권 씀

차 례

1장

항일운동과 지역 개관

근대 일본의 조선 침략은 1875년 운양호의 강화도 침입(운양호 사건)으로부터 시작되었다. 이를 계기로 일본은 조선을 압박하여 1876년 2월 조선과 강화도조약을 체결하였다. 이후 일본은 개항장을 교두보로 삼아 한반도에 대한 경제적 군사적 침략을 꾸준히 자행해 왔다. 급기야 갑오농민전쟁이 일어난 1894년 6월에는 청국군의 조선 파병을 빌미로 청국과 청일전쟁을 일으키고, 8월에는 경복궁을 침략하여 친일개화파 정권을 수립하였다. 이듬해인 1895년 11월 일본은 서울주재 미우라 공사를 앞세워 명성황후를 살해하는 만행을 저지른 데 이어서 12월에는 친일개화파 정권을 앞장세워 단발령을 공포함으로써 우리 민족의 공분을 샀다. 이러한 일본의 조선 침략은 1905년 조선의 국권을 박탈한 을사늑약으로 이어졌고, 1910년에는 명목뿐이었던 국호마저 빼앗겨 마침내 일본의 완전한 식민지가 되고 말았다.

이러한 일제의 침략에 대응하여 민중들의 저항 또한 끊이지 않았다. 1894년 제2차 갑오농민봉기, 을미의병운동, 의병전쟁 등 민족적 항거가 계속되었고, 이러한 항일운동은 일제에 의해 조선이 강제 병합된 후 독립운동으로 발전하여 날이 갈수록 더욱더 치열하게 전개되었다. 한반도 동남의 부산·울산·경남지역(이하 일제강점기 행정구획 명칭에 준하여 경남지역이라 칭한다)도 예외는 아니었다. 전국 어느 지역 못지않게 다양한 형태의 독립운동이 일제의 식민지 지배가 끝날 때까지 계속되었다.

당시 경남지역은 생활권을 중심으로 부산인근지역, 경남해안지역, 경남동부지역, 경남서부지역 등 크게 4개 권역으로 구분될 수 있었다. 각 권역은 지리적 환경이 유사하고 권역 내에서 밀접한 생활권을 이루고 있을 뿐만 아니라 긴밀한 독립운동의 네트워크를 형성하면서 독립운동의 방략과 노선에 있어서도 매우 공통된 기반을 지니고 있었다. 생활권의 측면에서 보면, 이들 4개 권역은 크게 일제의 대륙침략 관문이며 조선 최대 무역항인 부산을 중심으로 하는 지역, 그 배후지인 김해평야를 중심으로 하는 농촌지역, 조선 최대의 어업기지인 남해지역, 그리고 전통적인 조선인 거주지역인 내륙지역으로 구분할 수 있을 것이다. 또 독립운동의 양상과 지향성의

측면에서 보면, 경남서부지역의 독립운동은 의병운동을 비롯하여 파리장서
운동이 두드러지는 반면에, 경남동부지역은 의열투쟁과 농민운동이, 부산
인근지역은 노동운동과 학생운동이, 경남해안지역으로는 신간회 운동 등이
상대적으로 활발하게 전개되었던 측면이 엿보인다. 물론 이러한 권역 구분
은 절대적인 것은 아니다. 일례로 3·1운동의 경우는 사천군·고성군과 같
은 지역은 남해안권역에 속하지만 진주지역의 3·1운동의 영향을 받아 시
위가 전개되었다.

  또 경남지역의 여러 도시들 가운데서도 부산, 마산, 통영, 울산, 밀양, 진
주 등은 일제강점기 동안 항일운동이 활발하였던 도시들로 각 권역별 민
족운동의 구심점과 같은 구실을 하였던 지역으로 파악된다. 이들 지역은
대체로 개항기와 일제강점기를 걸치면서 도심에는 일본인이 집주하고 도
시 변두리에는 조선인 인구가 지속적으로 증가하는 식민도시로서의 모순이
심화되었던 지역이다. 특히 부산, 마산, 울산, 통영 등은 일본인들이 많이
거주하였던 곳으로 상공업 및 어업도시로 변화하는 가운데 일본인과 조
선인간의 민족갈등이 각 영역에서 첨예하게 드러났던 지역이다. 이러한 거
점 도시들을 중심으로 각 권역별 항일운동의 양상들을 정리해 보면 다음과
같다.

  지정학적으로 일제의 조선 침략 관문인 부산지역은 강제 병합 이전부터
시역을 확장하고 항만 기능을 확대하면서 국내 최대의 무역항으로 발전해
갔다. 애초 부산은 대한제국시기 동래부에 속했으나, 1910년 한일병합 후
부산부가 되었고, 1914년 4월 1일 '부제' 실시에 따라 일본전관거류지가 있
던 오늘의 중구지역과 동구·영도구 그리고 서구의 일부를 시역으로 하여
재편되었다. 나머지 지역은 다시 동래군으로 환원되었다. 1925년에는 진주
에 있던 경상남도 도청이 부산부로 옮겨오면서 부산은 전국 제일의 무역항
일 뿐만 아니라, 경상남도의 행정 중심도시로 발전하게 되었다. 이어서 부
산은 1936년 4월 1일 제1차 행정구역 확장으로 동래군 서면과 사하면 암남
리가 편입되어 시역이 확장되었고, 1942년 10월 1일 다시 제2차 행정구역

확장으로 동래군 동래읍과 사하면·남면·북면일부가 편입되면서 조선인 인구가 크게 늘어났다.

▌1938년 부산 지도

　개항기와 일제강점기 동안 부산은 학교 교육기관이 증설되고 문화시설이 지속적으로 늘어나면서 부산은 정치, 경제뿐만 아니라 교육, 문화에 있어서도 경남의 지역 중심도시로 진화하였다. 이러한 가운데 부산과 동래지역에서는 문화운동을 중심으로 한 민족운동이 일찍부터 활발하게 전개되었다. 우선, 다른 도시지역의 경향과 유사하게 활발한 사립학교 설립을 들 수 있다. 선교사, 객주, 유지 등이 중심이 되어 많은 사립학교를 건립하였고, 이 학교들은 민족정신의 산실이 되어 3·1운동과 항일학생운동의 터전이 되었다. 그 대표적인 예로 일신여학교(동래여고 전신)와 동래고등보통학교(동래고 전신)를 들 수 있다. 또 부산은 전국에서 일본인의 도시인구 구성 비율이 가장 높은 도시로서 일제의 각종 식민통치기관이 집중되어 있었기 때문에 이를 대상으로 한 의열단의 공격 활동도 전개되었다. 한편, 최초의 개항장 도시인 부산은 근대무역을 배경으로 상공업이 발달하였기 때문에 이를 배경으로 성장한 일부 민족자본가들은 대한민국 임시정부를 지원하는 모금 활동은 물론 언론과 교육을 비롯한 각종 문화운동에도 참여하였다. 또 일본과 지리적으로 인접한 관계로 일본 유학생들을 통해서 일찍부터 사회주의 사상이 유입되어 사상운동과 청년운동이 활발하게 전개되었고, 항만을 중심으로 하는 하역 및 공장노동자들에 의한 부산 부두노동자 총파업(1921)과 부산 인쇄직공파업(1925), 조선방직노동자 파업(1930), 부산 고무공장 노동자 파업(1933) 등 크고 작은 노동운동이 지속적으로 일어났다.

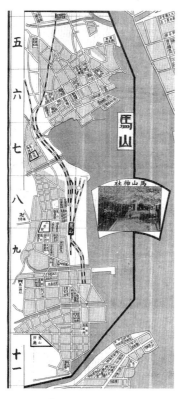

1930년 마산 지도

러시아와 일본의 조차지 경쟁이 치열하게 전개되는 가운데 1899년 개항한 마산항은 일제에 의한 강제 병합 이듬해인 1911년 무역항의 기능이 폐쇄되고 일본과의 교역만이 허용되었다. 이로써 마산은 쌀을 비롯한 각종 물자를 일본으로 실어 나르는 전진기지이자 일본의 소비재를 수입하는 창구가 되었다. 이러한 상황에서 마산에서도 항일운동이 거세게 일어났다. 시장권 · 매축권 수호운동이 전개되었고, 조선국권회복단 마산지부가 조직되었다. 1919년 3 · 1운동 당시에는 마산지역에서 무척산 시위를 시작으로 6차례 이상의 대규모 시위가 전개되었다. 마산 영향권의 인근 창원에서도 2차례의 만세시위가 있었다. 4 · 3삼진의거로 일컬어지는 진전 · 진북 · 진동면 만세시위는 4대 만세시위에 포함될 정도로 대규모 시위였다. 1920년대에는 마산구락부를 중심으로 한 문화운동을 전개하였고, 신인회 등 사상단체의 결성 이후 사회주의 사상이 본격적으로 전파되면서 노동, 농민운동도 활성화되었다. 특히 창원지역의 동양척식회사 소작지 등에서는 소작쟁의가 빈번하게 일어났다. 마산·창원지역에서는 학생운동도 활발하게 전개되었다. 3·1운동 당시 학생들은 주요 시위운동을 주도했으며, 1937년에는 창신학교 학생들이 신사참배를 거부하다 폐교되었고, 1944년에는 마중독립단이 결성되었다. 이러한 학생들의 항일운동은 해방 이후 독재정권에 치열하게 저항했던 마산지역 민주화운동을 이끈 학생운동의 초석이 되었다.

울산지역은 일제강점기 부내, 하상, 농소, 강동, 동, 대현, 온산, 서생, 온양, 청량, 웅촌, 범서, 두동, 두서, 언양, 하북, 상남, 중남, 삼동의 19개 면과 190개 리동으로 이루어져 있었다. 『울산안내』에 의하면 1917년 현재 울산군은 67,597방리의 면적에 124,343명의 조선인과 일본인이 거주하였다. 거주자 중 일본인은 23,193명인데, 그중 많은 인구가 동면의 방어리에 거주하며 어업에 종사하였다. 이에 반하여 조선인의 다수는 부내면 등 내륙지역에 거주하며 농업에 종사하였다. 울산지역은 전통적인 행정중심지이며 조선인 거주지인 언양, 병영, 남창을 중심으로 3·1운동이 전개되었다. 그 영향 아래 부내면과 동면을 중심으로 항일운동이 본격화되었다. 또한 전통적인 유림세력, 새롭게 성장한 민족자본가, 사회주의 활동가들을 중심으로 군자금 모집운동이 벌어졌고, 각종 사회단체 및 신간회를 중심으로 하는 민족운동도 활발하게 전개되었다. 한편, 일본인의 진출이 두드러진 동면의 경우 일본인 어촌인 방어진과 대별되는 조선인 어촌 일산진을 중심으로 항일운동이 전개되었는데, 그 중심에는 일산진의 보성학교가 있었다. 보성학교는 성세빈, 성세륭 형제를 중심으로 한 민족교육으로 수많은 독립운동가를 배출하는 등 다른 지역에 비해 사회운동이 매우 활발하였다.

▌1930년 울산, 방어진, 장생포 지도

▌1918년 통영군 지도

통영지역은 1604년 삼도수군통제영이 설치되면서 단순한 군영(軍營)의 성격을 뛰어넘어 이 지역의 중심도시로 발전하였다. 곡물 유통과 같은 상업의 중심도시이자 다양한 상품을 제작하는 수공업 도시, 어업과 관련된 중요한 항구도시로 발전하였다. 때문에 일제시기 일본인들에게 식민지 지배를 위한 거점 도시로 인식되면서 각종 수탈이 이루어지는 장소가 되었다. 이 과정에서 3·1운동을 비롯한 수많은 항일운동이 전개되었다. 통영에서는 3·1운동 당시 4차례의 만세시위가 있었는데, 부도정 시장을 중심으로 전개되었다. 독립선언서를 구하지 못한 통영에서는 「동포에게 격하노라」라는 격문이 작성, 배포되었고, 지식인이나 청년 외에도 어린 서당학생, 유치원 보모, 기생 등 다양한 계층의 사람들이 적극적으로 참여하였다. 1920년대에는 통영청년단의 결성과 함께 청년, 사회운동이 활발하게 전개되었는데, 정의단 등 사상단체의 결성은 청년운동을 비롯한 여타 부문운동을 더욱 확산시켰다. 이러한 운동의 기반 위에서 신간회 통영지회가 조직되었다. 한편 학교 당국의 부당한 대우에 저항하는 학생들의 동맹휴학도 잇따라 전개되었다.

한편 도시지역과 달리 양산, 밀양, 진주 등은 전통적인 농촌 또는 지방행정의 중심지로 농촌을 둘러싸고 침탈해 들어오는 일본인 대지주들로 인하여 농촌생활이 피폐해지는 경험을 지니고 있었던 지역이었다. 개항장을 중심으로 하는 도시지역의 일본인들은 그 배후지인 농촌지역의 토지까지 집적하며 대농장을 경영했다. 뿐만 아니라 일제는 이주농촌을 경남지역의 전통적인 농촌에 설치하면서 조선의 토지를 침탈했고 이 때문에 농촌지역에서도 민족적인 갈등이 야기되었다.

양산지역은 경상남도 동남단에 위치하여 동남쪽으로는 부산(동래)에 접해 있으며, 서쪽으로는 낙동강 하구를 경계로 김해, 밀양과 인접해 있고 동북으로는 울산과 언양에 맞닿아 있다. 지형적으로 보면, 고대부터 잦은 낙동강의 범람과 내륙의 정족산맥이 가로지르고 있어 평야는 비교적 적은 지역이다. 그러나 일제강점기 일본인들은 낙동강과 양산강을 중심으로 수리조합을 설치하고 대규모의 토지를 집적하기 시작했다. 그렇게 집적한 토지는 인근의 조선인들에게 소작시키며 자신들의 부를 확장했다. 이러한 일본인들의 진출은 조선인들과의 갈등을 야기하였고 내륙지역임에도 불구하고 이른 시기부터 항일운동이 이 지역에서 전개되었다. 경남 동부에서는 유일하게 서병희 의병진이 한일병합 이전부터 활약하였으며, 일제시기에는 크게 양산읍내와 통도사를 중심으로 하는 하북면에서 독립운동이 활발하게 전개되었다. 우선 양산읍내의 유지인 엄주태, 전병건 등과 통도사 지방학림 유학승들에 의해 3·1운동이 3월 13일부터 4월 초까지 양산읍내와 신평에서 이른 시기 격렬하게 전개되었다. 양산지역의 3·1운동은 이후 독립운동에 영향을 미쳐 양산읍내에서는 신간회 양산지회의 활동은 물론 1931년 양산농민조합에 의한 양산경찰서 시위운동이 전개되는 등 일제시기 사회운동의 중심이 되었다. 또한 통도사 지방학림을 계승한 통도중학교는 민족교육을 실시하여 불온교수사건으로 학교까지 폐교당하는 등 민족교육의 중심지였다.

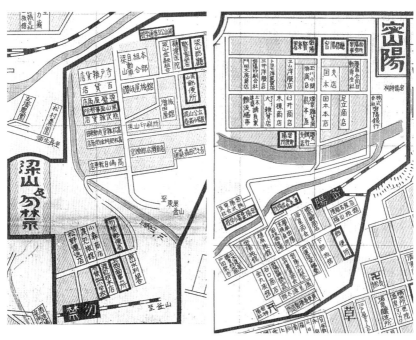

▌1930년 양산, 물금 지도　　　　　▌1930년 밀양 지도

　밀양지역은 부내, 부북, 상동, 천화산내, 천화산외, 단장, 하동, 상남, 하남, 상서초동, 상서이동, 하서, 청도의 13개 면과 127개 리동으로 이루어져 있었다. 『조선총독부통계년보』에 의하면 1920년 현재 인구는 109,840명으로 그중 조선인은 107,611명, 일본인은 2,209명이 밀양군에 거주하였다. 일본인들은 주로 밀양읍내와 삼랑진에 거주하며 자신들의 권익옹호와 정치·경제적 침탈을 일삼았다. 밀양지역은 일찍부터 개화 인사들에 의한 근대학교가 설립되었다. 특히 전홍표가 교사로 재직하였던 동화학교의 민족교육은 밀양을 독립운동의 중심지로 만들었다. 동화학교 출신의 수많은 독립운동가

들은 국내외에서 활발한 독립운동을 전개하였다. 이곳에서 피어난 의열단의 투쟁은 한국독립운동사상 빼놓을 수 없는 가장 치열했던 항일투쟁의 하나였다. 황상규, 김대지를 막후로 하고 김원봉을 단장으로 하는 의열단은 밀양출신 독립운동가들이 중심이 되어 해외에서 결성되었다. 이런 연고로 초기 의열단의 의열투쟁은 밀양을 중심으로 전개되었다. 1920년 전개된 제1차 암살파괴의거인 일명 '밀양폭탄사건'과 밀양경찰서 투탄의거는 국내외의 한국인들에게 독립의지를 고취시켰을 뿐만 아니라 일제의 간담을 서늘하게 한 중요한 독립운동이었다.

▌1933년 진주 지도

진주지역은 1914년 행정구역 개편에 의해 진주면, 평거면, 도동면, 내동면, 정촌면, 금곡면, 문산면, 진성면, 이반성면, 일반성면, 사봉면, 지수면, 대곡면, 금산면, 집현면, 미천면, 명석면, 대평면, 수곡면을 관할하게 되었다. 그중 진주면은 종래의 성내면, 중안면, 대안면, 봉곡면 등 4개 면을 통합한 것으로, 1917년에는 지정면이 되었다. 이후 진주면은 1931년 진주읍으로, 1939년 진주부로 각각 승격되었고, 진주군은 진양군으로 개칭되어 진주부와 진양군이 분리되었다. 일제시기에 접어들면서 진주지역의 발전 속도는 부산, 마산 등 일본인 중심의 신흥도시에 비해 현저히 둔해졌다. 일본인 인구의 변화에 있어서도 진주면의 경우 1911년 총 2,520명 중 409명

409명에서 1939년 47,259명 중 2,732명으로, 그 증가폭이 그다지 크다고 할 수 없다. 그 원인의 하나로는 갑오농민전쟁과 의병전쟁으로 이어지는 진주 지역의 배일 분위기를 꼽을 수 있을 것이다. 일제의 강제병합 이전 진주는 서부경남 일대 의병운동의 주요 거점이었으며, 일제 강점기에는 신분해방을 주장한 형평운동의 발원지였다. 또 노동공제회가 결성되는 등(1922) 농민·노동운동에 있어서도 타 지역을 선도하는 진보적 역량을 보였다.

2장

한말 의병운동과
일본군의 의병 학살

홍순권

1. 의병운동의 발생 배경과 지역별 전개 양상*

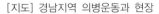

[지도] 경남지역 의병운동과 현장

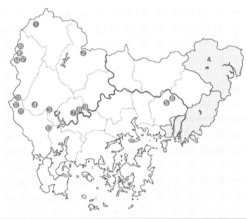

순번	사적지명	주소
1	월성서당 터 - 의병봉기지	거창군 북상면 월성리 양지마을 373-8
2	옛 합천군청 터 - 의병투쟁지	합천군 합천읍 합천리 789
3	민용호 집터	산청군 금서면 특리 1033-2
4	대원사 의병전투지	산청군 삼장면 유평리 2 일대
5	서병희 생가 터	양산시 상북면 좌삼리 97
6	성천마을 - 서병희 의병부대 활동지	양산시 하북면 답곡리 774 일대
7	진주성 선화당 터 - 노응규 의진 주둔지	진주시 남성동 167-11 일대
8	낙육재 터·동아개진교육회 활동지	진주시 중안동 4
9	진주진위대 터	진주시 평안동 195 갤러리아백화점 진주점
10	손기혁 집터	진주시 수곡면 원계리 199
11	의신마을 의병전투지	하동군 화개면 대성리 의신마을 295-4 일대
12	칠불사	하동군 화개면 범왕리 1605
13	석상용 집터	함양군 마천면 추성리 313
14	권석도 집터	함양군 백전면 양백리 587
15	문태서 집터	함양군 서상면 상남리 1027·1028 일대
16	영각사 - 문태서 체포지	함양군 서상면 상남리 1047
17	노응규 집터	함양군 안의면 당본리 218·219 일대

* 이 글은 「한말 경남지역 의병운동과 일본군의 의병 학살」, 『군사연구』 제131집, 2011에 게재한 논문을 재구성한 것이다.

　한말 의병운동은 일제의 침략에 맞서 국권을 회복하기 위해 일으킨 민간인들의 무장투쟁이다. 『한국독립운동지혈사』를 쓴 박은식은 이에 대해서 "의병은 민군(民軍)으로서 국가가 위급에 처했을 때 징발 명령을 기다리지 않고 곧바로 의로써 궐기하여 종군하는 적개심을 가진 자"라고 정의하였다. 한말 의병운동이 처음 발생한 것은 1895년 을미의병운동 때이다. 약 1년간 지속된 이 전기의병운동은 일본 측이 조선의 왕비를 시해한 사건인 을미사변과 친일개화파 정권의 단발령 실시로 촉발되었다. 전기의병운동은 을미사변 직후 문석봉이 충청도 보은에서 의병을 일으킨 것을 시작으로 이후 홍주와 춘천, 원주와 제천 등지에서 크게 일어났다. 그중에서 가장 적극적으로 활동을 하였던 의병세력은 유인석의 의병부대였다. 충청도 제천을 중심으로 충청·강원·경상 3도 접경지역을 무대로 친일관료들을 처단하는 등의 의병 활동을 벌였던 유인석 부대는 한때 충주성을 점령하기도 했으나, 종국에는 장기렴이 이끄는 관군에 패하여 스스로 부대를 해산하기에 이르렀다. 이 외에 전라도 장성에서 기우만이 봉기하였고, 해주와 홍주 등지에서도 의병활동이 전개되었다.

　을미사변과 단발령으로 촉발된 전기의병운동의 주도세력은 대부분 척사파 유생들이었으며, 일부 농민군세력이 합세하였다. 그러나 전기의병세력은 1896년 2월 국왕인 고종의 러시아 공사관 피신(아관파천) 사건을 계기로 김홍집 등 친일 개화파 정권의 붕괴와 함께 의병운동의 명분과 동력을 잃기 시작하였다. 그해 5월에는 대부분 의병부대가 해산하였다.

　그 뒤 의병세력이 다시 일어난 것은 1904년 러일전쟁을 전후하여 일본이 한반도에 대한 군사적 침탈을 자행하면서부터이다. 이 후기의병운동은 러일전쟁에서 승리한 일본이 우리나라에 1905년 을사늑약을 강제하여 외교권을 빼앗고, 급기야 1907년 고종을 퇴위시키고 대한제국의 군대마저 강제 해산하는 과정을 통해서 점차 전국적으로 확산되었다. 후기의병운동 초기에는 서울 인근 경기도와 강원도의 산악지역에서 의병들의 활동이 활발하게 전개되었고 점차 단양과 영춘 등 강원도·충청북도·경상북도 등 3도 접경

소백산맥의 산악지대로 확산되었다. 을사늑약이 체결된 이듬해인 1906년에는 충청남도에서 민종식, 전라북도에서 최익현이 의병을 일으켜 각지 유림세력의 봉기에 큰 영향을 주었다.

후기의병운동의 전개 과정에서 큰 전환점이 된 것은 일제에 의한 1907년 8월 대한제국 군대의 강제해산이었다. 군대 해산 이후 해산군인들의 의병부대 참여로 의병세력의 전력이 강화되었고, 의병들의 활동지역도 확산되었다. 그해 12월에는 전국 각지의 의병들로 구성된 이른바 '13도 연합의진'이 경기도 양주에 집결하여 서울 진공작전을 시도하였으나 실패하였다. 그러나 이후에도 의병들은 전국 각지로 흩어져 국권회복을 위해서 반일의병활동을 전개하였다. 이 후기의병운동은 전기의병운동 때와는 달리 유생들뿐만 아니라 해산군인과 평민들의 적극적인 참여가 두드러졌으며, 홍범도, 신돌석과 같은 수많은 평민의병장이 등장하여 의병투쟁을 선도하였다.

경남지역에서 의병운동이 처음 발생한 것은 1895년 을미의병운동 때이다. 을미사변과 단발령이 발단이 된 이 전기의병운동에서는 반일·반개화의 기치를 내걸고 전국 각지의 지방 유생들이 주축이 되었다. 경남지역의 경우도 예외는 아니어서 안의(安義) 출신의 척사파 유생 노응규(盧應奎)가 진주에서 의병을 일으킨 것이 그 대표적인 사례로 꼽힌다. 이밖에 김해지역에서도 의병봉기가 있었으나, 가까운 경북이나 전라도와 비교해서도 경남지역 의병운동은 그다지 활발한 편이 아니었다.

1904년 러일전쟁 전후로 의병들이 재봉기를 한 이후에도 경남지역에서 의병 활동(후기의병운동)은 오랫동안 두드러지지 않았다. 그러한 가운데 경남지역에서 일찍이 의병 활동을 전개한 인물로는 잘 알려진 바대로 문태서(文泰瑞, 일명 文泰洙)와 김동신(金東臣)이 주목된다. 경상남도 안의 출신의 문태서가 의병을 일으킨 것은 1906년경으로 짐작되나, 그가 덕유산을 배경으로 경남과 호남 일대에서 의병 활동을 본격적으로 전개한 것은 1908년 1월 13도연합의병부대의 서울 공략 실패 이후의 일이다. 그러나 문태서는 덕유산과 지리산을 사이에 두고 전북과 경남을 넘나들며 의병활동을 전개하면서도 실제 활동의 근거지로 삼은 곳은 전북 무주 등지였다. 김동신은 충남 회덕 출신으로 일찍이 1906년 5월 홍주 의병장 민종식과 접촉한 이후 영호남 일대에서 지사들을 모집하여 의병대를 조직하였다. 그가 덕유산과 지리산을 배경으로 의병운동을 본격적으로 전개하기 시작한 것은 1907년 9월 경으로 짐작된다. 김동신이 1908년 6월 일본 경찰에 의해 체포된 후 작성된 '청취서(聽取書)'에 따르면 그는 1907년 음력 8월에 호남의 기삼연(奇參衍)·고광순(高光洵) 등과 공모하여 의병을 일으켰던 것이다.

문태서와 김동신의 의병 활동에서 시작된 경남지역 의병운동은 대한제국 군대의 해산 이후부터 점차 활성화되기 시작하여, 특히 1908년 1월경부터 본격적으로 전개되었다. 그것은 1908년 1월 13도연합의군의 서울공략 실패 이후 연합의군을 구성하였던 각 의병부대들이 전국 각지로 흩어진 것과도 연관이 있다. 이때 의병대원들의 남하는 경남지역 의병운동에 큰 영향을 미쳤다. 즉, 함양·거창·산청·하동·합천 등 경남서부지역과 울산·양산 등 경남동부지역에서의 의병투쟁이 이로 인하여 촉발되었던 것이다.

이처럼 경남지역에서는 대체로 전라남북도 또는 경상북도와 접경을 이루는 산악지대에서 의병활동이 활발하게 전개된 반면에, 경남의 남부 해안 및 평야지대에서는 의병활동이 상대적으로 미약했다. 경남지역 의병활동의 이러한 특징은 유격투쟁을 기본 전술로 하는 의병운동의 특성과 밀접한 연관이 있지만, 다른 한편으로는 경남지역의 의병활동이 지역 내부의 자체 역량보다는 호남이나 경북지역 의병운동의 지원과 영향을 크게 받고 있었음을 말해준다.

2. 경남지역 의병부대들의 항일투쟁

1) 경남 최초의 한말 의병, 진주의병

1896년 2월 17일 노응규가 경남에서는 처음으로 안의에서 의병을 일으켰

다. 이 의병부대는 1895년 명성황후 시해사건과 단발령으로 촉발된 전기의
병이 전국적으로 확산되던 가운데 경남지역에서 일어나 전투를 치른 사실
상 유일한 전기의병진이었다. 이때 노응규 의병진에는 덕유산 기슭에 위치
한 장수사의 승려였던 서재기를 비롯하여 정도현, 박준필, 최두원, 최두연
등 그의 문인과 그 외에 임경희, 성경호 등이 있었다. 안의의 명망 있는 척
사파 유생이었던 노응규는 서재기를 선봉장으로 하는 의병진을 편성하고
바로 그날로 진주로 진격하였다. 일단 진주향교에서 머물며 공격의 기회를
살피던 노응규 의병진은 2월 20일 새벽 순식간에 진주성을 점령하였다. 이
처럼 의병진이 진주에 거점을 정함으로써 자연스레 이 의병부대는 진주의
병으로 불리게 되었다.

진주성을 점령한 노응규는 고종에게 상소하여 거의(擧義)의 뜻을 밝히고,
"석 달 안에 왜적을 축출하고 선왕의 문물과 토지를 회복하겠습니다."라고
천명하였다. 진주의병이 진주성을 점령하자 진주부민들도 정한용을 대장으
로 하는 의병진을 결성하여 성밖에 진을 쳤다. 노응규는 성안에 초현관을
임시로 설치하고 인근에 방문을 내걸고 인재를 선발하고자 하였다. 또 의
병을 모집하기 위해서 각 면리에 전령을 보내 매 2호당 군사 1명씩을 내게
하였다. 이와 같이 부대를 정비한 진주의병진은 그 인원이 수천 명에 달했
으며, 대구부에서 파견된 관군을 두 차례에 걸쳐 격파하였다.

진주의병은 점차 활동범위를 넓혀 함안을 거쳐 부산과 근접한 김해 일대
까지 진출하여 일본군 수비대와 접전을 벌였다. 이때 의령 출신의 이청로
부대도 합세하였다. 그러나 관군의 이간책으로 토착세력인 정한용이 배신
하였다. 결국 진주의병은 관군에게 진주성을 빼앗기고 말았으며, 선봉장 서
재기마저도 안의의 서리들에 의해 살해되었다. 노응규 또한 안의의 서리들
에 의해 부친과 친형이 살해당하는 아픔을 겪고 의병을 해산하고 말았다.

노응규는 을사늑약 이듬해인 1906년 전북 태인에서 최익현이 의병을 일
으키자 합류하려 했으나 뜻을 이루지 못했으며, 이후 다시 거사를 준비하
여 1906년 늦가을 충북 황간군 상촌면 물한리 작평에서 거의하였다. 이후

경부 철도를 파괴하고 일본군 및 관군과 접전하였으나 이듬해 1월 21일 밀정에게 발각되어 체포되었다. 체포된 지 한 달이 못 되어 2월 16일 옥사하고 말았다. 1977년 건국훈장 독립장에 추서되었다. 노응규는 1861년 안의(현 함양군 안의면) 출생으로 본관은 광주, 호는 신암(慎菴)으로 대한민국 제16대 대통령 노무현의 종증조부이기도 하다.

▌노응규 의병부대 주둔지–진주성 선화당 터 ▌노응규 집터(함양군 안의면 당본리)와 기념관

2) 1905년 을사늑약 이후 다시 일어난 경남의병

(1) 『진중일지』에 기록된 의병대의 활동 상황

후기의병운동의 발전 과정에서 가장 중요한 분기점이 된 사건은 1907년 8월 대한제국 군대의 해산이었다. 군대해산 이후의 경남지역 의병운동에 대해서는 일제 측의 기록인 『보병 제14연대 진중일지』(이하 『진중일지』)에 비교적 자세한 내용이 수록되어 있다.

『진중일지』는 일본군 보병제14연대가 1907년 7월 23일 일본군 보병제12사단 사단장으로부터 한국파견 명령을 받고 동월 26일 부산에 상륙한 이후부터 1909년 6월 12일 본국으로 철수하기까지 약 1년 11개월 동안 '남한지역'에서 동 연대 소속의 수비대가 의병들과 벌인 각종 전투 상황은 물론, 그들이 작전 중 밀정 등으로부터 수집한 의병 관련 정보들을 상세히 기록하고 있다. 그 가운데는 특히 일본군과 교전한 의병부대의 지도자(의병장),

전투에 참가한 의병 수, 의병부대의 내부조직 등 의병활동과 관련된 각종
정보들이 포함되어 있다. 우선『진중일지』에 등장하는 의병장을 중심으로
각 의병부대의 규모와 활동지역 등을 정리해 보면 다음의 [표 1]과 같다.

[표 1] 경남지역 각 의병부대의 활동 상황

순번	출몰일자	출몰장소	출몰상황	의병장	의병규모	보고일자
1	07.9 중순 이래	안의	정찰 보고	노병직 (김동신의 부장)	30여 명	07.11.15
2	07.10.7	안의	교전	(문태서 추정)	약 300명	07.10.7 07.10.8
3	07.10.16~17	합천 가야산 홍류동	첩보	'수괴 朴과 尹'	90명	07.10.20
	07.11	안의, 거창	정찰보고	김동신		07.11.6
4	07.11.26~28	안의군 서상면	검거	김동신	부하 25명	07.12.5
5	07.12.4	함양 마천	첩보	홍주사	부하 21명	07.12.11
	08.1.13~16	하동	첩보	윤두순	미상	08.1.20
6	08.2.10	합천 권빈	포박	이동찬	500명	08.2.10
7	08.2.10	합천 서북방 약 3리	첩보	채선달	불명	08.2.10
8	08.2.12	함양 마천, 지리산 부근	첩보	김동신과 이규철	50여 명	08.2.12
9	08.2.6	화개하면 봉대촌 부근	첩보	박매지	50명	08.2.13
10	08.2.6	상동	첩보	임동구	10명	08.2.13
11	08.2.13	장수~함양 중간	정찰 보고	이규철	약 40명	08.2.15
12	08.2.22	합천 해인사 부근	교전	박계장	32명	08.2.27
13	08.3.1	언양 공우현	교전	'수괴 권'	약 20명	08.3.7
14	08.3.19	언양	교전	'수괴 권'	약 100명	08.3.20
15	08.3.14	안의 신기	교전	문태서	약 110명	08.3.21
16	08.3.31	해인사 서방 3리 몽석동	교전	차은포	약 70명	08.4.5
17	08.4.6	안의 및 거창 매학동	첩보	이순진	약 120명	08.4.15

18	08.4.15	하동 동점촌	교전	임봉구	부하 3명	08.4.21
19	08.4.19	하동 봉황촌	검거	임봉구	부하 4명	08.4.24
20	08.4.24	하동 쌍계사	교전	진영극	약 40명	08.4.27
21	08.4.30	하동군 악양면	교전	박매야	약 80명	08.5.2 08.5.8
22	08.5.12~13	함양 추성, 지리산맥 내	교전	김홍대	60여 명	08.5.20
23	08.5.18	삼가 모고면	체포 사살	이두익	수십 명	08.5.26
24	08.5.25	거창 백련사	교전	문태익	100명 이상	08.6.1
25	08.6.4	하동 월횡	교전	윤영수	약 80명	08.6.5 08.6.15
26	08.6.17	함양	교전	박동의	약 80명	08.6.17
27	08.6.26	양산 황산역	교전	김교상	40명	08.6.27
28	08.6.26	양산 서북산간	첩보	서경원		08.6.30
29	08.6.27	하동 정자촌	포박	윤일이	수명	08.6.30 08.7.4
30	08.6.28	산청 점촌	교전	신상오	약 60명	08.7.6
31	08.7.4	하동 평촌 부근	포획	박매지		08.7.15
32	08.7.25	하동 하리항	교전 생포	임봉구	수명	08.7.27 08.8.5
33	08.8.3	삼가 목동	교전	성만석	이하 6명	08.8.10
34	08.8.14	삼가 죽전	교전	권명구	40명	08.8.21
35	08.8.28	덕산 대곡	교전	박동의	약 30명	08.9.2
36	08.8.31	함양 목동	포획	이안옥	부하 2명	08.9.6
37	08.8.31	삼가 평구	포획	신상호	부하 4명	08.9.7
38	08.9.3	하동 정서촌	첩보	우수보	약 50명	08.9.20
39	08.10.5	하동 안양	교전	손마생	이하 12명	08.10.8
40	08.10.17	덕산 동당	사살	박동의		08.10.18
41	08.10.19~20	하동 백곡, 구태	교전	이만용	십수 명	08.10.26
42	08.10.25	의령 안간	교전	노성화	수십 명	08.10.28
43	08.10.28	함양 대곡동	생포 사살	김홍대		08.11.8

44	09.2~3	하동, 산청, 진주	첩보	이학로	황낙현, 노성화 외 다수	09.2.28 09.3.24
45	09.2.11	함양 신기	교전	전성범	50명	09.2.11 09.2.18
46	09.4.25	거창 신방소	교전	유종환	이하 24명	08.4.25 08.5.5
47	09.5.8	함양 문성 덕유산	교전	문태서·박춘실	100여 명	09.5.13

*비고 : 1. 1907년 10월 16일~17일 사이 합천 홍통동에 출몰한 '박'과 '윤'은 박동의와 윤영수로
　　　　　추정되나, 확실한 근거는 없다.
　　　2. 임동구는 임봉구의 오기인 듯하다.
　　　3. 차은포는 車隱浦로 기록되어 있으나 동일인으로 추정된다.
　　　4. 박매야는 박매지와 동일인으로 오기임이 분명하다.
　　　5. 김교상은 출몰지역과 교전 상황 등으로 미루어 서병희(서경원) 의병장의 소속 인물
　　　　　로 사료된다.
　　　6. 윤일이의 본명은 권석도(權錫燾)이다.

위 [표 1]에서와 같이, 『진중일지』에는 46차례(추정 제외)에 걸쳐 의병장
의 실명이 등장하고 있는데, 이들은 당시 경남지역 일본군 수비대가 주요
공격 목표로 삼은 의병대의 지도자로 볼 수 있다. 그 가운데 성(姓)만 표시
되어 있거나 중복 표시된 경우를 제외하면, 모두 36개가량의 의병대가 제14
연대 주둔 기간 중 경남지역 일대에서 활동했음을 짐작할 수 있다. 또 이
의병대들을 계통별로 분류해보면, 김동신 계열의 의병부대가 가장 많은데,
노병직(노병대의 이명), 차은포(차인표와 동일인으로 추정), 문태익, 유종환
등은 원래 김동신의 부장이었거나 김동신의 부장이었을 것으로 추정되는
인물들이다. 시기적으로 김동신이 이미 체포된 뒤여서 김동신과 일본군 보
병제14연대 토벌대 사이에 직접적인 교전은 없었던 것으로 보이지만, 김동
신의 부장들은 이후에도 독립부대를 형성하여 지리산과 덕유산을 배경으
로 경남지역과 호남지역을 넘나들면서 계속해서 의병투쟁을 전개하고 있
었던 것이다. 이들은 적은 경우 수십 명에서 많으면 100여 명에 이르는 의
병들로 구성된 의병대를 이끌고 서부경남 일대에서 의병활동을 벌였던 것
으로 확인된다. 이들의 지속적인 의병활동으로 인하여 일본군은 이들을 진

압하기 위해, 지리산 일대를 작전지역으로 설정하고 여러 차례에 걸쳐 '토벌'을 감행하였다.[1]

이밖에 장기적으로 일본군의 공격 대상이 되었던 주요 의병대로는 문태서를 비롯하여 박동의, 이학로 등의 의병대를 지적할 수 있다. 이들의 주요 활동지역은 대체로 경남서부지역이며, 경남동부지역에서는 서경원(徐炳熙의 이명) 의병대가 일본군 보병제14연대의 주요 토벌 대상이었다.

의병부대의 규모는 이순진이나 문태서 의병부대처럼 100명을 넘는 대규모 의병대도 있었지만, 대개의 경우는 10명 안팎에서 수십 명이 한 부대를 이루어 활동하고 있었다. 또 10명 미만의 의병대도 드물지 않았으며, 또 적의 공격을 피해 잠행해야 할 경우에는 수명씩 행동하는 경우가 많았다. 이처럼 소규모 단위의 의병 활동이 불가피했던 것은 월등한 화력을 지닌 최신식 무기로 무장한 일본군과 직접적 대결을 피하면서 민첩한 게릴라 투쟁을 하기 위한 것이었다. 물론 이 점은 동시기 타 지역의 의병 활동에서도 발견되는 공통된 현상이다.

[표 1]에서 '적의 수괴' 등으로 표시된 인물이 우두머리인 의병대 모두를 각각 독립된 개별 조직으로 보기는 어렵다. 이들 중에 상급부대 의병장의 부장이면서 독립적인 활동을 하는 경우도 많았다. 일례로 유명국은 박동의의 후군장이면서 14~15명의 부하를 거느리고 독립적 활동을 한 것으로 드러나 있다. 국가보훈처에서 발행하는 『독립유공자공훈록』(이하 『공훈록』)에 따르면, 유명국은 본래 진주 사람으로 을미의병운동 당시 노응규 의병진에 가담한 바 있는 인물이다. 여러 기록들을 종합해 보면, 유명국이 1908년 8월 30일 적에게 피체된 이후에는 그의 후군장이었던 장석견(張石見)은

---

1) 지리산을 배경으로 한 영호남 의병들에 대한 일본군의 토벌은 주둔 기간 동안 지속적으로 이루어졌지만, 그중 가장 대표적인 사례는 보병 제14연대장 기쿠치(菊池) 대좌를 토벌대장으로 한 '지리산 토벌대'의 편성이었다. 지리산 토벌대는 1908년 2월 7일 편성되어 동년 3월 5일 해체될 때까지 약 1개월간 김태원(金泰元), 김율(金聿), 김동신, 문태서, 김용구(金容球) 등이 이끄는 영호남 의병대들의 '토벌'을 목표로 활동하였다.

이학로 휘하의 부장으로 황낙현, 노성화(중군장), 최경순(초모장), 박매지(무기계) 등이 있고 기타 주요한 인물로 우수보(韓兵), 윤일이, 전재수, 심상근, 이춘이, 김채홍, 송명운 등이 있었다. [표 1]에 나타나는 우수보, 윤일이, 박매지 등의 의병장은 모두 이학로 계열의 의병부대로 보아야 할 것이다. 이들 가운데 박매지는 일본군 '토벌대'에 의해 1908년 7월 4일 평촌 부근에서 부하 3명과 함께 잡혔다가 윤일이와 함께 탈주한 바 있다. 윤일이는 1909년 10월 진주에서 일본 경찰에 다시 체포되었으며, 우수보의 이후 행적은 불명이다. 박동의 의병대와 마찬가지로 이학로 의병대의 각 부장들도 독립적으로 의병 활동을 벌이기도 하였는데, 중군장 노성화는 수십 명의 의병을 이끌고 의령 안간 인근에서 숙박하던 중 일본군의 급습을 받아 큰 손실을 입었다.

▌권석도(일명 윤일이) 집터(함양군 백전면 양백리)

한편 일본군의 정찰 보고에는 '이학로는 부하들이 주민들에게 손해를 입히거나 약탈하는 행위를 엄금함으로써 그의 활동지역인 하동, 산청, 진주 각 군의 토민들 사이에서 덕망을 지녔다'고 하였으니, 이로써 당시 의병과 민중간의 관계가 어떠했을지 짐작할 수 있다.

바. 서병희 의병부대

서병희는 1908년 1월 13도연합의군의 서울 탈환 작전에 허위의 결사대 300여 명의 선봉장으로 참여하였다. 그러나 서울 탈환 작전이 실패한 후 허위의 밀지에 따라 고향인 경상남도 양산으로 내려와 의병을 일으켰다. 그는 1908년 음력 2월 19일 울산군 복안동에서 울산 수비대와 교전을 치른 것을 비롯해서 동년 음력 3월 3일 경주군 산내면 저동에서 경주수비대의 공격을 받았으며, 동년 음력 5월 11일에는 양산군 하서면 이천산에서 잠복 중 밀양수비대의 습격을 받았다. 또 동년 음력 5월 23일 부하 5명과 함께 각자 총기를 휴대하고 양산군 하북면 성천점에서 일본 상인을 습격하여 참살하였다.

이후 서병희는 산청으로 이동하여 박동의 의병대에 들어가 부장 이학로의 향도관(嚮導官)이 되었다. 그러나 스스로 의병장이 되어 서부 경남 일대에서 활동하기도 하였다. 그가 이학로와 분리하여 29명의 부하와 함께 독립부대를 꾸린 것은 1909년 3월이며, 이후 그는 함안, 창원, 진주, 의령, 고성 등지에서 투쟁하다가 동년 12월 창원에서 일본 경찰에게 체포되었다.

▌성천마을–서병희 의병부대 활동지
(양산시 하북면 답곡리)

▌양산 서병희 생가터
(양산시 상북면 좌삼리)

사. 기타 의병부대

이상에서 언급한 주요 의병부대 이외에도『진중일지』에는 [표 1]에서와 같이 많은 의병장이 등장한다. 그만큼 크고 작은 의병대가 경남지역에서 활동하고 있었음을 알 수 있다. 그러나 이들 의병대에 대한 정보는 극히 단편적인 것이라서 여기에 참여한 의병들의 신원과 활동 상황을 정확히 알기는 어렵다. 추측컨대, 이들 가운데 독자적인 의병대도 있을 것이나, 아마도 많은 의병대들은 앞서 언급한 김동신 등 주요 의병장과 계통적으로 연결된 부대였을 가능성도 있다. 또 경남지역에서 활동하던 의병대 가운데 활동지역 인근 지역주민뿐만 아니라, 타 지역에서 온 해산군인들도 포함되어 있었다. 이밖에 앞에서 제시한 [표 1]의 의병대 이외에도, 『진중일지』에 드러나지 않은 또 다른 여러 의병대들이 있었을 것으로 짐작된다. 그중 하나로 거창의 월성의병을 들 수 있다.

거창의 월성의병은 을사조약에 반대하는 의병투쟁이 전국적으로 확산될 무렵 거창군 북상면 월성리에서 오일선(吳馹善)을 중심으로 김성진, 김현수, 하거명, 박화기 등 40여 명이 월성서당에 모여 의병 봉기를 결의하였다. 월성의병은 문태서 의병부대 등 호남지역의 의병대와도 연합하였는데, 1906년 6월 정수와 무주 고창골 등에서 일본군과 전투를 벌였다. 1908년 구천동 전투에서 하거명과 김권원이 전사하였고, 같은 해 10월에는 박화기, 박수기, 유춘일 등이 전사한 이후 세력이 꺾였다.

3) 의병투쟁의 여러 양상

의병대의 가장 중요한 활동은 일본군 '토벌대'와의 교전이다. 그런데 의병대와 일본군 '토벌대' 간의 교전이라고 해도 의병대가 일본군 수비대를 선제공격한 예는 극히 드물다. 오히려 의병들은 일본군 수비대의 예봉을 피해가며 상대적으로 방어능력이 약한 주재소나 면사무소, 우편국 등 관아를 주요 공격 목표로 삼아 반일 의병투쟁을 전개하였다. 그밖에 재조일본인과 우편체송인이나 일진회와 같은 친일세력이 의병들의 공격 목표가 되었다. 이제 일본군 수비대가 수집한 의병 활동에 관한 주요 정보를 정리해 보면 아래와 같다.

① 1907년 11월 15일 함양수비대장 제5중대 니시하라(西原)중위 보고: 안의 방면 정찰을 위해 지난 8일 파견한 하사 이하 8명은 10일 밤 귀착함. 그 얻은 정보는 다음과 같다. 김웅천(金熊川)을 안의로 초치(招致)하여 취조했는데, 그는 조대장(趙大將)을 전혀 알지 못하나 김동신의 부장(副長)인 노병직(魯炳稷) 이하 30여 명으로부터 9월 중순 이래 수회(數回) 돈을 강청 받아 부득이 돈 7円을 내주었다(『일지』 1907.11.15).

② 1908년 3월 19일 언양 내습: 19일 미명 의병 백여 명이 언양을 내습 (來襲)하여 동지(同地)에 있던 이시마루(石丸)특무조장 이하 4명은 약 6시간 전투 후인 오전 11시 그 대부분을 격퇴하였으나, 일부는 북방 고지를 점령하고 완강히 저항함. 그 사이 전투 개시의 급보를 듣고 울산으로부터 오후 3시 후지노에(藤延) 오장 이하 5명, 오후 5시 무나오까(宗岡)상등병 이하 4명이 파견됨. 전투 결과 적 사상 20명(연대에 보고된 내용)이며, 아군은 상등병 1명 총상, 일본인 부인 1명 부상이며, 관아 부속의 가옥, 세무서 및 주재소가 소실되었고, 재류민(일본인) 가옥 1채가 방화되었으나 곧 진화했다(『일지』 1908.3.20).

③ 1908년 3월 20일 울산우편호송병 전투: 가와구찌(川口)상등병 이하 3명의 우편호위병은 3월 20일 오전 8시 기심(동래 북방 약 1리)에서 의병 십수 명의 급습을 받았으나 응전 30분 만에 북방으로 격퇴함. 적의 사망 1, 부상자 불명, 노획품 화승총 1, 화약 잡품 약간. 우리 측에는 손해 없음. 사모탄(射耗彈) 48발(『일지』 1908.3.27).

④ 1908년 3월 29일 진주수비대 오구리(小栗)대위 보고: 26일 밤 의병 수십 명이 산청을 습격하여 주재소 기타 한두 가옥을 소각하였다(『일지』 1908.3.31).

⑤ 1908년 4월 8일 합천 피습: 당지(當地) 경찰서로부터의 통보에 의하면 어제 8일 정오 의병 약 50명이 합천을 습격하여 동지 주재소원은 방전(防戰) 약 1시간 후 적은 시체2 및 약간의 총기를 유기하고 반수는 북방으로 반수는 서방으로 도주함. 이 전투에서 우편소장은 중상을 입고, 주재소원은 탄약이 부족하여 재류일본인 전부와 함께 삼가(三嘉)로 피난했다(『일지』 1908.4.11).

3. 일본군의 의병학살

일제는 러일전쟁이 발발한 바로 다음 달인 1904년 3월 한국주차군수비대를 창설하였다. 후비 보병제24연대 병력 약 4,300명으로 구성된 한국주차군 수비대는 서울과 부산, 원산에 집중 배치되었다. 또 러일전쟁이 종료된 후인 1905년 10월에는 보병제13사단과 제15사단에 병력 약 18,400명을 증파하였다. 1907년 3월 일제는 제13사단만 주둔시키고 제15사단을 철수시켰으나, 동년 7월 24일 다시 방침을 바꾸어 보병제12여단을 한국에 파견하였다. 보병제12여단은 보병제12사단 소속으로 여단사령부와 예하부대인 제14연대, 제47연대로 편성되었다. 일제가 갑자기 1개 여단을 증파한 것은 1907년 고종의 강제 퇴위에 이은 대한제국 군대의 해산을 염두에 둔 조치였다. 경남지역 의병 학살을 전담한 부대는 일본군 보병제12여단 예하의 보병제14연대였다.

1907년 7월 23일자로 파견 명령을 받고 7월 26일 부산에 상륙한 보병제14연대는 일본 규슈 오쿠라(小倉)에 본부를 둔 제12사단 소속이었다. 보병제14연대는 3개 대대로 편제되었고, 대대는 4개 중대, 중대는 3개 소대 체제였다. 병력은 장교 66명, 준사관 12명을 포함하여 총 1,291명으로 구성되었다. 제14연대의 기본 편제는 연대본부와 3개 대대 12개중대로 편성되어 있었다. 당시 제14연대의 연대장은 대좌 기구치(菊池主展)였다. 연대본부는 1907년 9월 6일까지는 임시로 대전에 설치되었다가 이후 대구로 옮겼다.

일본군은 의병운동을 진압하기 위해서 전국 각지에 수비대를 배치하고 감시망을 조밀하게 형성하였다. 수시로 '토벌대'를 구성하여 의병 출현지역에 파견하여 무자비하게 이들을 공격 학살하고, 의병의 근거지와 촌락을 수색하여 의병세력의 검거에 힘을 쏟았다.

'토벌대'의 편성은 '지리산 토벌대'의 경우처럼 연대 차원에서 편성한 경우도 있었으나, 일상적으로 수비구사령관의 명령에 따라 별도의 '토벌대'를 편성하여 작전을 수행하였다. 그리고 각 수비지에 배치된 수비대는 일상적인 수색 또는 '토벌' 활동을 병행하였다. 이러한 의병 진압에는 수비대 병력뿐만 아니라, 기병대, 경찰, 헌병대 병력이 협동하였으며, 길잡이로 조선인 순사, 통역이나 밀정, 헌병보조원이 동원되었다. 통상적으로 수비대는 자체 정보 이외에도 각 지역에 주재한 경찰과 의병 활동에 관한 긴밀한 정보 교환이 이루어지고 있었기 때문에 각 지역 주재소 등 현지 경찰의 정보를 바

탕으로 의병의 수색 및 '토벌작전'을 진행했던 것으로 판단된다. 이 경우 제
1차적인 정보 제공자는 일제가 곳곳에 심어놓은 밀정과 마을의 이장, 동장
등이었다. 특히 일본군이 의병을 진압하는 데 있어서 밀정의 역할은 매우
중요하였다. 실제 '토벌작전'을 수행함에 있어서도 일본군은 현지의 지리
정보에 어두웠기 때문에 밀정이나 통역의 수행은 거의 필수적이었다.

　1907년 10월 7일 첫 교전 이후 제14연대 소속의 일본군과 경남지역 의병
사이에 일어난 전투횟수를 『진중일지』를 토대로 정리해 보면 [표 2]와 같다.

[표 2] 경남지역 각 군별 교전 상황

군별	함양	안의	거창	산청	하동	진주	단성	합천	삼가
전투횟수	11	3	10	18	32	4	1	8	7
군별	의령	함안	창녕	밀양	양산	동래	언양	울산	합계
전투횟수	1	-	2	4	1	1	2	3	108

　[표 2]에서 표시한 교전횟수는 의병과 일본군 수비대 또는 '토벌대' 간의
직접적인 교전만을 표시한 것이고, 의병의 주재소나 관아 공격, 의병과 일
본 민간인 사이의 충돌, 수색대에 의한 의병 검거(교전하지 않은 경우) 등
은 여기에 포함되어 있지 않다. 또 『진중일지』에 기록된 의병과 수비대 간
의 교전은 거의 대부분이 수비대의 일방적인 '토벌' 과정에서 이루어진 것
이다. 대부분의 경우 밀정이나 촌락의 동장 등으로부터 은밀히 정보를 제
공받은 '토벌대'가 의병 출몰 지역에 출장하여 교전이 이루어졌다. 물론 앞
서 언급한 1907년 10월 7일 안의전투는 문태서 의병대로 추정되는 의병들
의 기습으로 전투가 시작되었지만, 이는 흔치 않은 경우이다. 이러한 이유
로 막강한 화력을 앞세운 일본군 측의 피해는 극히 적은 반면, 기습 공격을
받은 의병 측은 큰 피해를 입었다. 『진중일지』를 토대로, 전 토벌기간 중
의병들로부터 일본군 측이 입은 피해를 합산해 보면 사망은 없고, 부상도
17명에 불과하다.

[표 2]를 보면, 제14연대의 토벌기간 중 의병과의 교전횟수 총 108회, 그 중 대부분이 경남서부지역인 덕유산과 지리산 자락의 하동, 산청, 함양, 거창지역과 경북과 경계를 이루는 가야산 인근의 합천, 삼가지역에서 일어났음을 확인할 수 있다. 이밖에 밀양과 울산 등 경북과 접경한 경남동부지역도 의병의 출몰에 따른 주요 '토벌작전' 지역이었음을 알 수 있다. 특히 하동과 산청에서 총 교전횟수의 50%에 가까운 가장 많은 교전이 발생하였는데, 이는 빈번한 의병 활동과 출몰에 따른 일본군의 병력 동원이 이 지역에 집중되었음을 반영한다.

경남서부지역 산악지대에서 일어난 의병 학살의 한 예로 1908년 2월 2일 하동 의신 마을에서 일어난 의병 학살이 있다. 당시 지리산 일대에서 활약하던 약 50명으로 구성된 의병세력이 설을 쇠려고 의신 마을에 내려왔다가 일본군 수색대에 발각되어 기습공격을 받았다. 의병들은 온 힘을 다해 저항했지만, 약 20명이 사망하고 나머지는 산청 쪽으로 몸을 피하였다. 일본 측 자료에는 19명 또는 20명이 사망한 것으로 기록되어 있으나, 마을에서는 당시 사망자를 30명으로 추정하여 이들의 공동무덤을 관리해 오고 있다. 당시 의신 마을에서 희생당한 의병들은 하동 출신 박지매 의병장 소속의 의병부대로 추정되고는 있으나, 단언하기는 어렵다.

▌의신마을(하동군 화재면 대성리) 의병전투지와 의병무덤
2008년 12월 30일 진실화해를위한과거사위원회의 진실규명 결정 이후 수십 년간 방치됐던 공동무덤을 새롭게 단장하였다.

이상의 교전상황을 각 연월별로 살펴보면 아래의 [표 3]과 같다.

[표 3] 경남지역 각 월별 교전 상황

연월	07.10	07.11	07.12	08.1	08.2	08.3	08.4	08.5	08.6	08.7
교전횟수	1	1	2	0	5	9	7	15	14	15
연월	08.8	08.9	08.10	08.11	08.12	09.1	09.2	09.3	09.4	09.5
교전횟수	19	5	8	0	2	0	1	1	2	1

위 [표 3]에서 알 수 있듯이 일본군의 의병 학살은 봄과 여름, 특히 5월부터 8월에 이르는 여름 기간 중 집중적으로 이루어졌다. 이 4개월 동안 일어난 양측 간의 교전횟수는 63회로 전 기간(19개월) 총 교전횟수의 약 58%에 이른다. 앞서 살펴본 수비구 편성을 기준으로 한 시기구분에 따르면, 제3기인 진주수비구 편성 시기에 의병들의 희생이 매우 컸다고 말할 수 있다. 반면에 상대적으로 겨울에는 일본군의 경남지역 '의병토벌'이 적었음을 알 수 있다. 이는 의병들이 주로 혹한기를 피해 활동했던 사실을 반영한다. 그러나 '의병토벌'이 저조했던 겨울 중에도 일본군의 군사 행동이 중지된 것은 아니며, 오히려 이 기간 중 귀가했거나 은신한 의병의 색출을 위한 일본군의 수색 활동은 각 수비지의 수비대 또는 분견대를 중심으로 지속적으로 이루어졌다.

일본군의 군사작전은 의병들의 집단적 행동에 대해서뿐만 아니라, 의병대 해체 이후 귀가했거나 은둔한 의병에 대해서도 이루어졌다. 이를 위해서 일본군들은 밀정 또는 동장들이 제공하는 정보에 따라 수시로 마을을 수색하여 의병들을 검거하였으며, 의병들이 저항하거나 도주할 경우 무참히 살육하였다.

이제 토벌기간 중 의병들이 입은 피해를 각 군별, 그리고 월별로 정리해 보면 [표 4], [표 5]와 같다.

[표 4] 경남지역 의병의 각 군별 피해 상황 (단위 : 명)

군별	함양	안의	거창	산청	하동	진주	단성	합천	삼가
사망자	71(1)	16	162	110(3)	248(15)	15(3)	5	90	37(1)
부상자	56		20		45			15	11
피검자	12	26	17	21	25	3	3	1	7
군별	의령	함안	창녕	밀양	양산	동래	언양	울산	합계
사망자	6(1)	2(2)	7	25	15	1	23	19	852(26)
부상자								8	155
피검자	4	2		12	3	5		4	145

*비고 : 1. 피검자에는 전투 중 잡힌 포로도 포함한다.
　　　 2. 피검당한 후 도주 등의 이유로 살해당한 경우 사망자에 포함하되 ( )에 그 수를
　　　　　표시하였다.
　　　 3. 언양과 울산에서의 사망자 가운데는 자료상 사망과 부상이 구분이 안 되는 사상자
　　　　　가 각각 20명, 5명이 포함되어 있다.

[표 5] 경남지역 의병의 월별 피해 상황(1907.10~1909.5)

연월	07.10	07.11	07.12	08.1	08.2	08.3	08.4	08.5	08.6	08.7
사망자	6	1	5		52	51	101	204(1)	121(12)	114
부상자			5		20	20	100	7		1
피검자	6	25	1		3		6	4		7
연월	08.8	08.9	08.10	08.11	08.12	09.1	09.2	09.3	09.4	09.5
사망자	111	32(3)	22(1)		5(1)		3	6(2)	15(3)	3(3)
부상자	1				1					
피검자	28	5	21		1				18	5

*비고 : 1908년 2월 및 1908년 3월 사망자 누계에는 각각 사상자 5명, 20명이 합산되어 있다.

　이상의 [표 4], [표 5]에서 표시된 사망자와 부상자의 수치는 실제의 상황
을 그대로 반영한 것은 아니다. 각 [표]에 표시된 수치는 어디까지나 일일보
고서에 피해 상황을 명확히 숫자로 표시한 경우의 것만을 합산한 것에 불
과하다. 특히 부상자는 보고서에 불명 또는 다수 혹은 약간으로 표시된 경
우가 많아 그 어림수조차 표시할 수 없다. 부상자수가 불분명하게 표시되

었거나 아예 조사가 이루어지지 못한 경우는 당연히 위의 각 [표]에 반영되지 않았다. 이처럼 부상자의 기록이 전혀 없는 경우는 부상자를 파악하지 못한 것인지 부상자가 없었다는 것인지 판단하기 어렵다. 부상자에 관한 한 전체 보고서의 반 이상이 부상자에 대해서 모호하게 보고하거나 아예 언급을 하지 않고 있다. 실제로 전투 중 의병 사망자는 의병세력이 퇴각한 후 그들이 유기한 시체를 헤아려 그 수를 비교적 정확히 확인할 수 있으나, 의병이 부상한 상태로 퇴각했을 경우 그 수가 얼마인지를 정확히 알기 어려웠을 것이다. 따라서 각 [표]의 부상자수는 단지 참고사항일 뿐 실질적인 의미는 거의 없다.

사망자의 경우는 각 보고서가 그 수를 비교적 정확히 파악하여 보고하고 있으나, 간혹 보고 내용이 불명확한 경우도 있다. 따라서 여러 가지 사정으로 일본군이 파악하지 못한 사망자수를 감안하여 판단할 때, 실제 의병 사망자수는 [표 4]에 나타난 852명과 비슷하거나 약간 상회할 것으로 보인다. [표 4], [표 5]를 통해서 알 수 있듯이 경남지역에서의 의병희생자는 의병 활동이 가장 활발하였던 전라남북도와 인접한 함양, 거창, 하동 및 인근의 진주, 합천 등 경남서부지역에서 가장 많았고, 울산 등지의 경남동부지역에서 그다음으로 많은 희생자가 발생하였다. 이들 지역들은 이미 앞서 살펴보았듯이 1907년 8월 군대해산 이후 의병운동이 활발하게 전개되었던 지역이다.

경남서부지역에서도 특히 지리산과 인접한 곤양을 포함하는 하동군 지역에서 희생자가 많이 발생한 것은 이 지역이 박동의 의병대의 활동 중심지이며 근거지였기 때문이다. 하동지역에는 일본군에 살해된 희생자 못지않게 피검자들도 다른 지역에 비해 많은데, 그만큼 많은 지역 주민이 의병운동에 가담하였음을 의미하는 것이기도 하다.

동부지역에서는 밀양, 언양, 울산 등지에서 희생자가 많이 발생하였는데, 이 역시 의병투쟁의 지역적 강도와 깊은 연관이 있다. 이외의 다른 지역은 의병 활동이 상대적으로 저조한 만큼 희생자도 적었던 것으로 보인다. 전반적으로 경남의 중남부 지역에서는 의병과 일본군의 충돌이 거의 없었던 만큼 희생자도 적었던 것이다.

[표 5]에 나타난 월별 의병 피해 상황을 보면, 1908년 5월부터 동년 10월 기간 중 희생자가 집중적으로 발생했다. 이 시기는 경남서부지역의 의병을 공격하기 위해 일본군이 진주수비구를 설치했던 시기이다. 그러나 [표 5]의 전체 상황을 놓고 판단하건대, 경남지역에서 일본군의 의병 '토벌'이 본격적으로 시작된 것은 제14연대가 연대 차원에서 결성한 '기쿠치(菊池)토벌대'가 지리산 의병세력을 진압하기 시작한 1908년 2월부터이며, 이후 동년 10월까지 약 9개월 동안이다. 이 기간 동안 전 기간 총 사망자 852명의 약 95%에 해당하는 808명이 희생되었다.

┃칠불사 의병전투지
의병전쟁 기간 중 하동은 군 전체가 격전지였다. 하동군 화재면 범왕리 소재의 칠불사는 지리산을 넘어 경남지역으로 이동한 호남의병인 고광순 의병부대가 1907년 9월 일본군과 대치하며 교전을 벌였던 곳이며, 1908년 2월 전후로 김동신 의병부대의 근거지이기도 했다.

의병운동이 활발했던 지역에서 희생자가 많았던 것은 교전이 잦았던 탓도 있지만, 무엇보다 강력한 화력을 앞세운 일본군 수비대의 '토벌작전'이 주효했음을 말해준다. 현대적인 무기로 무장한 일본군에 비해서 의병들의 무장은 너무나 형편없는 것이었다. 군대 해산 이후 경남지역 의병들도 다른 지역의 의병대와 마찬가지로 대부분이 구식무기인 화승총으로 무장하고 있었다. 물론 밀정과 동장 등 친일세력들의 은밀한 정보 제공과 이러한 정보를 바탕으로 한 일본군 '토벌대'의 기습공격도 의병 측 희생자를 늘리는 중요한 요인이었다.

일본군의 지속적인 '토벌' 공세와 수색으로 인하여 큰 타격을 받은 의병대들이 더 이상 의병 활동을 지속하지 못하고 부대를 해산하게 되자, 일본군 수비대는 이제 '토벌' 위주의 의병 진압 방식에서 해산한 의병 색출 및 주민의 동태를 감시하는 방식으로 그 임무가 바뀌었다. 나아가서 이러한 상황에 맞추어 점차적으로 수비대 병력을 헌병으로 대체하고 헌병대 중심의 의병 감시망을 새롭게 주조해 나갔던 것이다.

군대 해산 이후 의병세력 진압 임무를 띠고 한반도에 상륙한 일본군 보병제14연대는 군대 해산 직후 최초의 시기에는 주로 경기, 충청, 강원도에 이르는 중부지방의 의병 진압에 집중하였고, 이후 점차 남하하면서 '대규모 토벌' 공세로 경북지역 의병세력의 기를 꺾은 다음 경남지역 의병세력을 초토화시키는 방향으로 작전을 전개하였다. 이때 일본군이 자행한 경남의병의 학살은 호남지역 의병세력을 진압하기 위한 사전 정지작업의 성격을 띠었다. 이는 1909년 6월 보병제14연대가 본국으로 귀환한 뒤 임무를 교대한 한국임시파견대에 의해 1909년 9월과 10월 두 달에 걸쳐 호남지역 의병 학살의 결정판인 이른바 '남한대토벌작전'이 실시된 사실로도 입증된다.

이처럼 1909년을 고비로 그 세력이 크게 약화된 국내 의병들은 1914년경까지 도처에서 항일투쟁을 지속하기도 하였으나, 일본군의 학살을 피한 일부 의병세력은 점차 만주와 연해주 등지로 망명하여 독립군 기지를 건설하는 등 새로운 방식의 독립운동을 모색하기 시작하였다.

참고문헌

강재언, 『한국근대사연구』, 한울, 1982.

김상기, 『한말의병연구』, 일조각, 1997.

김성진, 『항일의병대장 문태서 연구』, 함양문화원, 1997.

독립기념관 한국독립운동사연구소 편, 『한국독립운동사전』 1, 1996.

박민영, 『대한제국기 의병연구』, 한울아카데미, 1998.

오영섭, 『고종황제와 한말의병』, 선인, 2007.

의암학회 편, 『의병항쟁과 국권회복운동』, 경인문화사, 2003.

홍순권, 『한말 호남지역 의병운동사 연구』, 서울대학교출판부, 1994.

―――, 「한말 경남지역 의병운동과 일본군의 의병 학살」, 『군사연구』 제131집, 2011.

홍영기, 「구한말 김동신 의병에 대한 일고찰」, 『한국학보』 제56집, 1989.

3장

1910년대 국내 민족운동과
3 · 1운동의 전개

장선화

1. 3·1운동 이전 국내 민족운동

일본이 침략 야욕을 본격적으로 드러낸 을사늑약 이후 일본의 침략에 맞선 조선의 국권회복운동은 문화계운동과 의병전쟁으로 크게 나타났다. 일제는 병합을 전후하여 의병과 계몽운동 계열 등의 운동 세력을 탄압하였다. 일제는 의병 세력을 뿌리 뽑고 보안법, 신문지법 등을 공포하고 민간인들도 철저하게 탄압하면서 식민지 지배를 위한 기초를 다져갔다.

일제는 의병전쟁이 어느 정도 일단락이 된 후 계몽운동 인사들을 대량으로 체포·구금하기 시작하였다. 먼저 독립자금을 모으고 있던 안명근의 체포를 시작으로 황해도 지방의 애국인사 160여 명을 체포하였다(안악사건, 1911). 그리고 데라우치 총독 암살을 모의했다는 혐의로 한말 가장 강력한 민족운동 단체인 신민회 회원 600여 명을 검거하고, 혹독한 고문을 자행하여 그중 105명을 기소한 '105인사건'을 일으켰다.

이처럼 일제의 가혹한 탄압 속에서 1910년대 국내 민족해방운동은 비밀결사의 형태로 나타날 수밖에 없었다. 운동 형태는 한말의 의병운동과 계몽운동의 맥을 잇는 모습이었다.

의병운동의 맥을 이으며 대한제국으로의 복귀를 주장한 대표 단체는 대한독립의군부와 민단조합을 들 수 있다. 대한독립의군부는 최익현 의병부대에 참여했던 임병찬 등 유림세력이 중심이 되어 1913년에 결성되어 전라남도를 중심으로 무력항쟁을 벌이다 1914년 임병찬이 체포되면서 끝났다. 민단조합은 1918년에 이동하, 이은영 등이 중심으로 만들어 군자금을 모집하다 일제에 발각되어 해체되었다.

그에 반해 공화주의를 내세우며 독립군을 양성하고자 한 단체는 대한광복회가 대표적이다. 이 단체는 1915년에 박상진을 중심으로 대구에서 결성되어 각 도에 지부를 두고 해외의 애국지사와 연계하여 군대 양성을 위한 군자금 모집, 무기 구입과 친일 부호 습격, 처단 등의 활동을 하였다. 1918년 일제경찰에 의해 조직이 드러나 해체되었으나 체포를 피한 회원들은 만주로 망명하거나 국내 3·1운동 당시 적극 참여하여 시위를 주노하였다.

이외에도 친일인사나 총독부 고관을 암살하고자 했던 선명단(1915)과 자진회(1918), 곡물상의 상업조직을 이용해 독립군을 지원하려 했던 조선국권회복단(1915), 하와이에서 박용만이 만든 대조선 국민군단의 국내지부인 평양의 조선국민회(1915) 등의 비밀 결사가 있었다.

한편 한말 계몽운동의 맥을 이은 계몽단체들도 있었는데 이들 단체는 주로 청년·학생, 중소상공인, 기독계 인사, 근대 교육을 받은 지식인들이 이끌고 있었다. 그중 하나가 1913년 평양의 숭의여학교 교사와 학생들로 이뤄진 송죽형제회로 교회를 이용하여 여성계몽운동을 벌였다. 이들은 자금을 모아 해외로 보내거나 국내에 들어온 회원에게 숙식비, 여비를 지급하는 등 독립운동을 후원했다. 그리고 1915년 경성고등보통학교 교사와 학생들은 일제에 뺏긴 경제권을 되찾자는 뜻으로 조선식산장려계를 만들기도 했다. 그 외에도 대성학교 출신 학생 중심의 기성단(1914), 자립단(1915) 등이 있었다. 1910년대 국내민족운동은 비밀결사라는 특성으로 인해 대중과 함께 운동을 하는 데는 한계를 가지고 있었다. 그러나 이러한 단체들은 일제 강점하 어려운 상황 속에서도 독립운동의 중심이 되었고 3·1운동을 이끄는 데 밑바탕이 되었다.

1910년대 국내 민족운동의 흐름 속에서 경남지역의 민족운동은 어떻게 나타났을까? 경남은 부산을 비롯하여 마산이 개항장이 되면서 가장 먼저 일본인들이 진출하였고, 그들에 의해 토지, 어장, 상업 등 산업 전반에서 경제적 침탈이 이뤄졌다. 그리하여 1910년대 말 경남지역은 서울이 있는 경기도 다음으로 많은 일본인들이 거주하고 있었다. 개항 후 경남은 일본인들의 진출과 함께 일본인을 위한 제반 도시 시설을 갖추어 갔고, 일제는 조선을 식민지화 한 이후 본격적으로 억압·수탈시설 등을 중요 지점에 설치하였다. 그리고 토지 침탈로 경남지역 여러 곳에 일본인 농장이 형성되었고 부산의 목지도·통영·사천·남해·방어진 등 대다수의 황금어장은 일본 어업 진출로 일본인 소유로 넘어갔다.

▌1910년대 당시 부산부청(중앙)

▌일제강점기 당시 마산부청의 모습

▌현재 남아 있는 일제강점기 진해요항사령
부의 모습

▌일제강점기 진주법원의 모습. 현재 진주 롯
데인벤스 자리이다.

이러한 일본인의 조선으로의 진출과 일제의 수탈은 일찍부터 민족적 저항을 불러일으켰다. 경남에서도 일제의 침략과 탄압에 맞서 반일 의병전쟁, 교육계몽운동, 비밀결사 활동, 생존권수호투쟁 등 반일활동이 전개되었다.

경남지방 의병은 면암 최익현의 사상적 영향을 받아 일어났고, 함양의 노응규·문태수·전성범, 의령의 조재학, 진주의 유종환, 양산의 서병희 등의 의병부대를 들 수 있다. 이들은 주로 지리산, 덕유산, 가야산 일대를 근거지로 경상도·전라도·충청도 등지에서 활동하였다. 남한대토벌 작전으로 큰 타격을 받았지만 1911년까지 활동하였다.

그리고 경남지역은 교육계몽운동이 활발하게 일어난 곳으로 사립학교, 노동농민야학, 서당 등이 설립되어 일제의 식민지 교육에 맞서고 있었다. 특히 부산·동래·김해·밀양·진주·마산·창원 등 철도 연선 도시 지역에는 많은 사립학교가 설립되었다. 다른 지역과 마찬가지로 경남에서도 사

립학교와 야학, 서당을 통해 민족의식을 길렀고 이를 통해 배출된 많은 학
생들이 3·1운동을 이끌었다. 그리고 이후 이들은 지역 사회운동을 이끄는
인재로 성장하였다.

앞서 보았듯이 1910년대 일제의 무단통치로 인해 비밀결사조직이 많이
형성되었다. 경남 인사들이 다수 참여한 단체로는 대동청년단과 조선국권
회복단 등을 들 수 있다. 이 중 대동청년단은 1909년 10월 결성되어 1945년
해방 때까지 해체되지 않은 것으로 알려져 있으나, 대동청년단이 적극적인
활동을 했던 시기는 결성 이후부터 1920년대 초반에 이른다. 이 단체는
1910년대와 1920년대에 걸쳐 국외의 독립운동세력 지원을 목적으로 하는
비밀결사 단체로서, 항일독립운동의 방략을 국내운동에 두고 독립운동 자
금 조달과 인재육성, 그리고 국내외 연락을 주 임무로 활동하였다. 특히
1910년 일제의 강제병합을 전후
하여 경상도는 물론 전국 각지의
계몽지식인들이 이 단체와 관련
되어 있었다.

대동청년단의 조직과 활동에
대해서 구체적으로 밝혀진 내용
은 많지 않으나, 백산상회 지배
인이었던 창남(滄南) 윤병호의
회고 메모에는 단규와 함께 전체
약 80여 명의 단원 가운데 53명

▌독립운동 자금마련과 국내외 연락망 역할을 한
백산상회 인근에 위치한 백산기념관의 모습

의 명단이 남아 있다. 단장은 고령 출신의 남형우, 부단장은 안희제(제2기
단장)이며, 기타 인사들은 대체로 백산상회를 비롯하여 신민회, 교남교육
회, 달성친목회, 조선국권회복단 소속의 인사들이었다. 지역적으로 경남 출
신의 인사들이 가장 많고, 그 외에 대구 등 경북지역의 인사가 많았다. 경
상도 이외 지역 인사들로는 청주 인근 충북인사들이 많았으며, 멀리 평안
도 등 서북지방의 인사들도 포함되어 있었다. 경남지역 출신 가운데는 의

령 출신(신성모·이극로·이우식 등) 이 단연 많았는데 이는 안희제의 영향 때문이라고 볼 수 있다. 그밖에 밀양의 윤세복, 양산의 윤현진도 참여하였다. 대구 출신으로는 서상일을 비롯하여 배천택, 최윤동 등이 있으며, 안동의 김동삼, 부산의 장건상(칠곡 출생)도 주목된다. 청주 및 인근의 충북 출신의 인사들이 많이 참여한 것은 신채호의 영향으로 보이는데, 신백우·곽재기·민강 등이 그들이며, 인근인 진천 출신 신팔균도 대동청년단의 단원이었다.

▌사진에서 가운데 건물이 백산상회가 있었던 곳으로 현재 프라임원룸이 들어서 있다.

　1910년대 경상도 지역의 독립운동단체들은 조직이나 활동 면에서 직간접적으로 대동청년단과 밀접한 관련을 갖고 있었다. 1915년 1월 경북 달성에서 결성된 조선국권회복단은 경남북도 지역의 자산가, 혁신 유림, 지식인들이 조직한 것으로 독립군 지원을 목적으로 하고 있었다. 이 단체에도 대동청년단에 속한 영남지방 인사들이 많이 포함되어 있었다. 안희제·윤상태·서상일·신상태·남형우·박영모·박중화·김사용 등이 이에 해당된다.

　대동청년단 단원들은 1910년대에는 주로 국내에서 활동하였으나 3·1운동 이후 해외로 가 상해 임시정부나 만주의 독립단체에서 활동하였다. 1920년대에는 의열단 단원이 되어 의열투쟁을 전개하고 국내 사회주의운동의 선구적 역할을 담당하기도 하였다.

　그 외에도 구세단(부산상업학교), 비밀청년회(울산), 일합사(밀양) 등 소규모 지역별 비밀결사가 결성되어 활동하였다.

　또 경남지역민들은 일제의 경제적 침략에 대항하여 생존권투쟁을 벌였다. 예를 들면 강점 이전의 밀양수리조합 건설저지투쟁, 1910년 3월의 고성 농민의 지세 인상반대투쟁을 들 수 있고, 또 창원군에서는 1912년 5월 진해 면 석리 주민들이 해군성이 부락의 공유림에 일본인 과수원을 만드는 것에 반대해 투쟁을 벌이기도 했으며, 부산에서는 1916년 9월 전차사고를 계기로 일제와 맞서는 등 투쟁해 왔었다.

2. 3·1운동의 전개와 특징

1) 3·1운동의 배경과 시위의 전개

1910년대 일제의 무단통치는 점차 그 한계에 달하고 있었다. 토지조사사업으로 소농민의 토지소유권이나 경작권 등 농민의 권리는 크게 흔들리고 지주제는 한층 강화되어 소농민의 처지는 더욱 어려워졌다. 게다가 일제가 많은 임야를 국유림으로 만들고 임야를 이용하는 것을 막아 농민은 삼림자원이나 땔감마저 얻기 힘들어졌다. 또한 회사령의 시행은 개항 후 성장한 조선인 자본을 억제하고 일본자본주의의 요구에 맞게 조선의 산업을 재편하였다. 이러한 경제적 약탈과 사회적·정치적 억압은 점차 조선인들의 민족적 모순을 극대화시키고 있었다.

여기에 1910년대 세계정세 또한 급변하고 있었다. 즉 1914년에 발발한 제1차 세계대전과 1917년 러시아혁명의 성공으로 민족문제에 대한 자각이 높아지고 여러 지역에서 억압받는 많은 민족의 해방운동을 고무시켰다. 제국주의 국가 간의 불균등 발전으로 일어난 제1차 세계대전은 식민지·반식민지에서 민족해방운동을 발전시키는 계기가 되었다. 또 1917년 러시아혁명으로 건설된 소비에트공화국의 레닌은 제정러시아 치하 100여 개 이상의 억압받는 민족과 동양의 모든 근로자를 대상으로 선언한 '민족자결의 원칙'은 억압받는 민족에게 강한 영향을 끼쳤다. 1918년 제1차 세계대전이 종결되면서 미국이 내세운 민족자결주의 역시 식민지 국가들에게 독립 의지를 불태우게 하였다.

이러한 새로운 국제정세에 힘입어 국내외에서 독립에 대한 희망과 반일운동이 고조되기 시작하였다. 국제정세에 민감한 해외에서 먼저 일어났다. 1917년 7월 중국에서 조소앙·박용만·박은식·신채호·윤세복 등 14명은 '대동단결선언'을 발표하여 국외 독립단체들이 대표자대회를 열어 독립운동의 최고기관으로 임시정부를 세울 것을 주장하였다. 대동단결선언은 1919년 2월의 '대한독립선언'으로 이어져 3·1운동 뒤 임시정부를 만드는 기초가 되었다. 또 1918년 파리에서 강화회의가 열린다는 소식이 전해지자 미국과 연해주, 상해 등지에서 대표를 파견하여 조선의 독립을 호소하고자 하였다. 미국에서는 대표 이승만·정한경을 뽑아 파견하고자 하였으나 미국 측의 반대로 실패하였고, 연해주에서는 윤해·고창일이, 상해 신한청년당에서는 김규식이 파견되었다.

동경에서도 조선인 유학생들을 중심으로 1918년 말부터 조선의 독립문제를 토의하기 시작하였다. 이들은 1919년 1월 웅변대회를 가장하여 모임을 갖고 조선의 독립을 청원하기로 결정하고 비밀결사인 '조선청년독립단'을 세우고 '민족대회소집청원서'와 '독립선언서'를 만들었다. 그리고 국내와 연결하여 시위를 하기 위해 유학생 송계백을 조선으로 보냈다. 송계백은 3·1운동의 주도인사들을 만나고 국내에서도 독립운동이 계획 중임을 알고 돌아왔다. 2월 8일 일본유학생들을 중심으로 독립선언서를 발포하였다.

국제정세와 관련된 소식을 전해들은 국내에서도 1918년 말부터 천도교·기독교·불교계 지도자와 언론·교육계 등의 지식인 등 이른바 '민족대표'들이 독립선언을 논의하였다. 이들은 대내적으로 대중화·일원화·비폭력 3대원칙에 따라 운동을 진행한다는 방침을 세웠다. 그리고 독자적으로 독립선언을 추진하던 학생대표와 '민족대표'들은 비밀리에 인쇄된 독립선언서를 종교 학생조직을 통해 전국에 배포하고 고종의 인산일을 기점으로 한 3월 1일을 거사일로 정하였다. 시위는 서울 시위와 때를 같이하여 평양·진남포·안주·의주·선천·원산 등 이북지역의 주요도시에서 만세 시위가 일어났으며 3월 10일을 전후해서는 전 지역으로 확산되어 각 지방의 중소 도시와 농촌으로까지 이어졌다. 즉, 3·1운동은 초기에는 서울을 포함한 경기도, 황해도, 평안남북도가 중심이 되고 종교조직과 학생조직을 통해 시위가 전개되었지만, 3월 중순을 넘어가면서 각 지역 인사들이 중심이 되어 시위운동을 조직하면서 각 지역으로 확산되었다. 게다가 3·1운동은 일제강점기 민족해방운동의 분수령을 이루는 거족적인 운동으로 국내에만 국한되지 않고 해외로까지 이어졌으며 이후 민족해방운동의 방향성을 형성하는 중요한 기점이 되는 사건이었다.

이와 같은 3·1운동의 전국적 확장 속에서 경남지역의 3·1운동은 다른 지역에 비해 상대적으로 늦게 점화되었다. 그렇지만 지도에서 보듯이 전 부군에서 일어났으며 한 곳에서 수차례에 걸쳐 일어나기도 했다. 투쟁 양상 또한 완강하고 치열하게 전개되

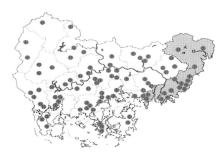

▎경남 3·1운동 발발지

었다. 경남지역은 3월 3일 부산과 마산에 독립선언서가 배포되고 서울의 시위 소식이 전해지면서 경남전체로 시위가 불붙기 시작하여 4월 말까지 계속되었다.

경남 3·1운동에 대한 기존 연구와 조사서에서 첫 시발지로 거론되는 곳은 경남지역의 중심지 부산으로, 3월 11일 부산진일신여학교 학생들과 기독교인들이 중심이 되어 일으킨 좌천동 부산진일신여학교 만세 시위이다. 그러나 이후 연구를 통해 최초의 시위가 3월 9일 함안 연개장터에서 있었던 것으로 추정되고 있다.[1]

---

1) 부산경남 3·1운동의 첫 발발지에 대해 동래의 3월 7일설도 제기되고 있다. 이는

시위는 [표 1]에서 보듯 3월 13일 동래·창녕·밀양·사천·양산, 3월 14일
에는 의령, 3월 18일 합천·진주·통영·하동으로 시위는 확산되어 갔다.
반면 창원·함양·김해는 3월 하순에 가서야 시위가 전개되고 울산과 남
해·진해는 4월 상순에 가서야 시위가 개시되었다. 이처럼 경남지역의 운
동은 매우 완만하면서도 지속적으로 전개되었다. 시위는 3월 18일과 19일,
4월 2·3·4일경 활발히 진행되고, 4월 중순 이후로는 일제의 병력 증강 배
치로 탄압의 강도가 더해지면서 가라앉기 시작해 4월 말에 이르러서는 거
의 종식되었다. 이 기간 동안 하루 평균 3~4개소에서 동시 다발로 시위가
발생하였고 전 지역에서 174회의 크고 작은 시위가 줄을 이었다.

[표 1] 경남 3·1운동 시기별 전개

지역 　 일자	3.9~3.20	3.21~3.31	4.1~4.10	4.11~4.20	4.21~4.29	계
부산 3.11~4.27	1		3		1	5
동래 3.13~4.27	3	1	4	1	1	10
창녕 3.13~3.31	4	3				7
밀양 3.13~4.10	4		4			8
의령 3.14~4.8	7		1			8
함안 3.9~4.3	5	1	1			7
합천 3.18~4.27	5	7	4			17
진주 3.18~4.18	5	3	4	1		13
통영 3.18~4.6	1	1	3			5
하동 3.18~4.27	1	6	10	1	2	20
산청 3.19~4.3	3	2		4		9
거창 3.20~4.8	2	1		1		4
마산 3.21~4.25	1	2	1	3		7
고성 3.20~4.3	1	3	3			7

김법린의 3·1운동 회고록(『신천지』 제1권 제2호 3월호, 1946)에 의거한 것이지만
내용 중 장날의 일자 오류가 나타나고 있어 시위 준비는 3월 17일 이전부터 있었
겠지만 시위는 기존의 연구와 같고 3월 7일 발발은 오자에 의한 착오로 생각된다.

사천 3.20~4.25	1	4	3	4	1	13
창원 3.23~4.11		2	4	1	1	8
양산 3.27~4.6			3	2		5
함양 3.28~4.2			2	1		3
김해 3.30~4.16			2	6	3	11
울산 4.2~4.8				4		4
남해 4.2~4.6				3		3
계	44	44	65	11	10	174

*정연태,「경남지방의 3·1운동」,『3·1 민족해방운동 연구―3·1운동 70주년 기념논문집』, 역사문제연구소, 1989, 359쪽 참조. 함안 부분은 이정은,「경남 함안군 3·1독립운동」,『한국독립운동사연구』제27집, 2006 참조.

경남의 시위운동은 그 기간의 연속성뿐 아니라 시위 또한 일본군경과의 충돌 속에서 과격하게 전개되었다. 시위 기간 일제 측과 충돌한 지역이 39개소에 달하고 군중에 의해 파괴된 일제관서만도 경찰관서 15, 헌병대 7, 군청 또는 면사무소 7, 우편소 6, 기타 8개소로 모두 43개소에 달했다. 또 발포 지역은 26개소로 피살된 민중이 70여 명, 부상자는 약 250명, 피검자는 700여 명에 달할 정도로 시위가 강력하고 끈질기게 전개되었다. 일제 측의 당시 피해 상황을 기록한 『조선소요 사건 관계서류(4)』에도 경기를 제외하고 경북·경남이 가장 많은 피해를 입은 곳으로 기록하고 있다.

경남에서의 3·1운동 발생 양상을 보면 처음에는 중앙의 민족대표와 관련성 속에서 진행되지만 3월 중순을 넘어서면서 각 지역 유지층의 지원과 주도 속에서 운동의 형태는 더욱 격렬하고 공세적 시위로 전환되었다. 이러한 공세적 시위는 3월 중순을 넘어서 4월 초에 절정에 달하게 되는데 그 최초의 시위가 합천시위이다. 경남의 시위는 여러 가지 측면에서 중요한 의미를 가진다. 그리고 시간이 지나면서 창원지역처럼 단일 지역에서 근처 인근 지역과 연계를 통해 초기의 고립 분산적 시위에서 벗어나 점차 확대된 시위의 모습을 보여주고 있다.

2) 시위의 특징

경남 3·1운동의 전개 특징을 살펴보면 다른 지역과 마찬가지로 초기 시위는 민족대표와 학생대표들의 영향을 받아 일어났다. 그러나 운동의 중반으로 들어서면서 각 지역의 유지와 청년층들이 중심이 되어 지역의 시위를 이끌고, 시위가 일어난 지역들끼리 영향을 주면서 운동이 확대해 나갔다.

초기 중앙의 민족대표와 학생대표의 역할에 직접적 영향을 받아 시위를 조직한 곳은 부산·마산·김해·동래·양산·창녕·울산 등지이다. 최초로 독립선언서가 배포된 곳은 부산과 마산으로, 이갑성의 지시를 받은 배동석이 마산의 박순천에게 독립선언서를 전달했고, 부산에는 서울에서 학생대표가 내려와 전달했다. 경남으로 내려와 독립선언서를 전달한 배동석은 고향에서 친구인 임학찬과 함께 3월 30일 김해면 시위를 주도하기도 하였다.

불교의 경우 한용운의 지도를 받은 범어사의 승려와 학생들이 중심이 되어 동래장터에서 시위(3.18)를 주도했으며, 양산에서는 통도사의 승려와 학생들이 중심이 되어 양산 신평시위(3.13)를 이끌었다. 밀양 단장장터시위도 통도사에서 온 승려들과 표충사 승려들이 주축이 되었다. 또 사천면시위, 창녕 영산시위(3.13), 울산 언양장터시위(4.2) 등은 천도교인들과 학생들이 중심이 되었다. 이 중 창녕 영산시위는 천도교인을 포함해 지역 청년학생이 주축이 되어 결사대를 결성하고 민족대표의 취지에 따라 평화 시위를 전개하였다.

함안·마산·통영·밀양 등지에서는 기독교인들과 학생들이 중심이 되었다. 그리고 3·1운동은 한 곳에서의 시위 소식이 다른 지역으로 번지면서 더욱 활발하게 전개되었다.

서울에서 전해진 독립선언서도 초기 시위가 일어나는 데 일정한 영향을 주었다. 경남 21개 부군(府郡) 중 초기 시위 가운데 19개 지역에서 시위 주도자들이 사전에 독립선언서를 입수하거나 직접 배포했다는 사실과 심지어 하동 고전면 시위에서는 독립선언서를 구하기 위해 하동 읍내로 사람을 급파하기도 하였다. 독립선언서가 가지는 의미가 드러나는 부분이다.

　지역에 따라서는 민족대표를 모방하여 결사대의 형식을 띠기도 하였다. 동래 읍내와 하동 고전시위 주도자들은 대표자 33인을 규합해 비밀결사를 만들거나 공동서명하였다. 창녕 영산과 밀양 단장장터 시위에서는 '조선 민족 대표 33인의 독립선언서를 절대 지지하고 중앙에 호응하여' 따르겠다는 맹세를 하기도 했다.

　그러나 민족대표의 영향은 경남의 초기 시위를 촉발하는 데 일정한 영향을 미쳤으나 지역운동을 지도하지는 못하였다. 이들과 직간접적으로 연결되어 시위가 진행된 지역은 몇 개밖에 안 되며 그것도 초기에 한정된다. 독립선언서도 그 속에 담긴 이념보다는 조선의 독립을 선언했다는 상징적 의미에서 수용되었다. 그리고 비폭력투쟁 방침도 민중들에 의해 무시되었는데 비폭력 시위를 표방했던 창녕 영산시위와 밀양 단장시위에서도 헌병주재소를 파괴하거나 헌병을 때려눕히는 등 폭력 투쟁으로 발전하였다.

　경남지역에서 3·1운동을 이끌어간 사람들은 민족대표 등 중앙과 관계되기보다는 그 지역의 지식인, 청년 학생, 유생 등 지역 사회의 식자층들이었다. 이들이 중심이 되어 지도체가 없는 속에서도 학연, 지연, 혈연, 비밀결사, 종교 등을 매개로 가능한 범위에서 조직화를 이뤄낼 수 있었다.

　각 지역 학교의 교사, 학생은 학교 선후배, 마을 친구, 기타 각 단체와 연결하여 시위를 계획하고 주도하였다. 그중 각 지역에 설립된 사립학교는 그 지역 시위의 거점이 되었다. 부산의 일신여학교·부산상업학교, 마산의 창신·의신여학교, 진주의 광림·봉양학교, 동래의 사립동명학교, 기장의 명정의숙·보명학교, 범어사의 지방학림, 밀양의 계성·동화학교, 함안의 의신학교, 진해의 계광학교, 하동의 일진학교, 울산의 일신학교 등의 교사와 학생·졸업생 등이 각 지역의 시위를 조직하고 이끌어갔다.

　그리고 각 지역 공립보통학교 학생들도 시위를 주도하였으며 노동·농민 야학과 사설 강습소의 교사들도 적극적으로 참여하였다. 마산 노동 야학의 이형재·명도석(明道奭)·팽삼진(彭三辰), 부산야학의 김영규(金永圭), 울산

대창야학의 강남기(姜南基), 고성 대하면 사설 강습소의 이진동(李鎭東) 등이 대표적 인물이다. 농촌의 경우는 주로 서당과 연결이 되어 시위가 이뤄졌는데, 서당 자체가 농촌 시위의 모의 준비 장소로 사용되기도 했다. 함안 읍내(3.19), 통영 읍내(3.18 · 4.2), 함양 안의(3.31), 남해 설천(4.3), 사천 서포(4.10) 등의 시위는 서당의 교사, 학생들이 적극적으로 참여한 예이다.

그리고 경남 3 · 1운동의 특징 중 하나는 유생들이 운동을 조직하고 주도하는 경우가 많았다는 것이다. 유생들은 고종의 인산에 참가하기 위해 상경하거나 지역에서 망곡회를 거행하였다. 상경한 자 중 일부가 독립선언서와 서울 시위 소식을 전하여 각 지역에서 시위를 촉발시켰다. 이들 유생은 지역의 명망가로 대중에게 미치는 영향력이 컸기 때문에 이들이 앞장선 시위는 대개 치열하였다. 합천 · 함안 · 산청 등지에서 유생이 시위를 이끌어 간 경우 대개 폭력투쟁으로 발전하였다. 유생들의 조직 중 동족 부락의 형성이 강한 곳에서 주민 동원이 조직적으로 이루어지고 투쟁양상도 더욱 치열하게 나타났다.

또한 하급종교지도자들과 조선국권회복단 단원 등 비밀결사단체, 하급 행정기관 관공리들도 시위에 적극적으로 참여하였다. 경남지역 기독교 대표자들은 2월 말 운동 준비 과정에서는 소극적이었으나 운동 진행 과정에서 적극적으로 가담하기 시작하였다.[2] 주로 도시지역을 중심으로 시위를 벌였다. 또 경남은 다른 지역에 비해 불교 승려들의 활발한 활동을 특징으로 들 수 있다. 동래 범어사 · 양산 통도사 · 합천 해인사 · 밀양 표충사 등 대사찰이 있어 이곳 승려들과 부속학교 학생들이 중심이 되어 장터에서 시위를 주도하였다. 또 밀양 단장 시위에서는 통도사 승려들이 표충사 승려와 연계해 시위를 폭력적으로 전개했으며, 하동에서도 쌍계사 승려들이 지역민과 함께 시위를 벌였다.

---

2) 함안의 첫 시위라 할 수 있는 3월 7일 연개장터 시위는 배동석의 장인인 김세민이 주도한 기독교인이 중심이 되어 벌인 시위였다. 경남에서 가장 이른 시위였다(이정은, 「경남 함안군 3 · 1독립운동」, 『한국독립운동사연구』 제27집, 2006).

1910년대에 활동하던 비밀결사조직도 3·1운동을 확산하고 조직하는 데 앞장섰다. 대동청년단과 조선국권회복단의 단원이거나 관련자 중에도 3·1운동에 가담한 사람들이 많았다. 창신학교 교사로 재직하다 3월 12일 창신학교 교사들과 함께 총사직한 안확, 독립선언서를 전달하고 마산시위를 조직한 이형재, 3월 3일 무학산에서 군중에게 독립선언서를 배포하다 검거된 김용환, 부산 옥성학교 교사로 있으면서 시위를 주도한 정인찬, 부산에서 독립선언서 격문을 비밀리에 작성 배포한 안희제 등이 이 조직과 관계를 맺고 있었다. 그 외 구세단 출신의 최천택, 밀양 일합사 출신의 윤치형, 울산 병영 비밀 청년회가 각 지역 운동에 앞장섰다.

하급 관공리 중에서도 시위에 적극 가담하거나 주도하기도 하였는데 통영에서는 면서기(3명), 군청직원(3명), 산림기수(1명) 등이 청년 학생들과 시위를 모의하다 검거되기도 하고, 기장읍내 시위에서는 면장과 면서기가 등사기를 빌려 주고 적극적으로 시위에 가담했다. 또 하동에서는 면장이 단독으로 장꾼을 선동하여 군중 시위를 전개하였다. 그 외에도 창원·의령·고성·합천·함안·동래·창녕 등지 시위에 하급 관공리가 참여하였으며, 시위 물품을 제공하거나 선동매체를 작성하는 등 시위에 주도적으로 참여했다.

이처럼 초기 주도층은 주로 학생과 종교인들이었다. 농민·노동자·소상인·자영업자들은 초기에는 유생·지식인·청년학생들이 주도한 시위에 참여하는 형태였으나 시간이 지나면서 3·1운동의 중심으로 등장하였다. 3월 하순부터는 각 동리 단위까지 운동이 확산되어 농민들이 중심이 되어 시위를 계획하고 주도하였다. 여기서는 마을 이장들의 활약이 컸던 것으로 보인다. 마산에서는 3월 21일 최초 시위 이후 3월 25일·30일·4월 8일의 시위는 주도자 없이 민중 스스로 시위대를 형성해 투옥된 지사의 석방을 요구하는 시위를 벌였다.

노동자들도 동맹파업을 하였으며 사천의 경우 도로공사 인부들이 집단적으로 시위를 벌여 주위의 주민들을 이끌고 읍내로 향하기도 했다. 그 외

동래 구포(3.29), 기장(4.8 · 10), 합천 대병(3.20), 진주 읍내(3.18), 창녕 영산
(3.13), 고성 읍내(4.1) 등지에서 노동자들이 집단적으로 시위에 참가하거나
일부에서는 시위를 주도하기도 했다.

이처럼 다양한 계층이 참가한 부산 경남지역의 시위 방법을 보면 대체로
장날을 이용해 시위를 계획하고 진행하였다.[3] 태극기를 흔들며 독립만세
를 크게 외치면서 마을을 누비고 다니는 것이 상례였다. 그중에는 악대 또
는 나팔을 불며 태극기를 앞세우거나 깃발을 만들어 앞세우기도 하였다.[4]

점차 시위가 확산되면서 이에 대응하는 일제의 탄압도 가중되었다. 이에
시위 또한 좀 더 조직적이고 계획적으로 이뤄지기 시작했다. 4월 3일의 마
산의 삼진의거가 그 경우이다. 한 곳이 아닌 진전 · 진동 · 진북 3개면이 함
께 시위를 진행하는데 이날의 시위는 3개면에 국한된 것이 아니었다. 이미
진해지역과도 이날 함께 시위할 것이 논의되었다. 그래서 진해에서도 만세
시위가 계획되어, 사전에 발각된 진해면을 빼고 웅동과 웅천에서 동시에
일어나 웅천 헌병주재소로 진격하였다. 시간이 지나면서 고립분산적인 시
위에서 벗어나 동시다발적인 시위가 계획되고 있었던 것이다. 즉, 통일된
지도체가 없는 속에서도 가능한 지역에서의 운동의 조직화가 이뤄지고 있
었던 것이다.

그리고 경남의 시위 투쟁과정에서 특징적인 점을 보면 대체로 독립선언
서를 서울에서 또는 다른 지역 시위에서 가져와 배포했지만 구하지 못할
경우에는 통영처럼 직접 작성을 해서 배포하기도 하였다. 그리고 전단과
격문을 이용하여 투쟁 방침을 대중에게 전했으며 경고문을 내어 조선인 하
급관공리의 사퇴를 촉구하거나 동참을 호소 · 협박하기도 하였다. 함안 읍

---

3) 일부 지역에서는 결사대를 조직하여 점차 장날이 아닌 시기에도 시위를 계획하고
   진행하기도 하였다. 창녕 영산의 경우가 그러하고 장날 일어난 시위가 다음날 연
   속해 일어나기도 하였고, 진해 웅천시위는 다른 지역과 연계하고 삼진날을 잡아
   시위를 벌이기도 하였다.
4) 김해 장유 시위, 진주장터 시위, 창녕 영산 시위 등이 있다.

내 시위에서는 시위 군중이 마산경찰서장으로부터 만세 시위 사실인증서를 요구하기도 하였다. 그 증명서를 받아 파리평화회의에 제출하려고도 하였다.

그리고 경남에서는 시위는 비교적 이른 시기부터 민중들이 시위에 적극적으로 참여하여 폭력투쟁을 전개하였다. 이것은 평화시위가 일제의 무자비한 탄압에 대항하는 측면이 강했다. 그러나 다른 일면에서는 일제의 탄압에 맞서는 민중의 완강한 저항이 폭력투쟁으로 발전하기도 하였다. 이와 같은 폭력투쟁 양상은 농민들이 적극적으로 참여한 함안, 합천 등지에서 전형적으로 나타났다. 그러나 일제를 지역에서 구축하는 데까지는 나아가지 못했다.

함안에서는 3월 19~20일 함안 읍내와 군북에서 일어난 시위에서 일제가 강압적으로 진압하려 하자 헌병주재소·군청·등기소·소학교·보통학교·우편소·통신시설을 습격하여 파괴하고 각종 수탈 장부를 소각해 버렸다. 함안의 경우 사상자가 삼남에서 가장 많았다.

또 합천에서는 총 17회 시위 중 10회가 폭력투쟁이었다. 이 과정에서 수십 명의 사상자가 생겼지만 이에 대항해 일제의 권력기관과 통신시설을 파괴하고 일본인 관공리를 처단하였다. 합천 초계 시위에서는 일군과의 연락을 차단하기 위해 우편소를 습격하기도 하였다. 이러한 투쟁 양상은 농촌지역에서 전형적으로 보여지는데 농민들의 반일감정을 잘 드러내 주는 것이라 하겠다.

그리고 이들 지역은 앞서 언급하였듯이 유림들의 세력이 강하고 동족촌이 유지되어 향촌 질서가 잘 유지되고 있던 곳이기도 하였다. 이러한 사항들도 이 지역 시위가 조직적으로 주민들을 동원하고 일제에 저항할 수 있게 해주었다.

경남지역은 일부를 제외하고 대부분 지역에서 일본의 발포가 이루어져 많은 사람들이 다치거나 그 자리에서 순국하였다. 노동자와 농민이 대다수 참여했던 구포 시위에서도 피검된 주도자를 구출하기 위해 주재소를 습격하였고 이 과정에서 수많은 부상자가 발생하였다.

경남지역의 투쟁 과정에서 보면 민중들은 일제의 각종 식민지 지배기관을 습격해 파괴하는 등 일제의 지방 행정을 일부 마비시켰을 뿐 아니라 일본인 지주, 상인, 자본가와도 싸웠다. 일본인에 대한 고용 거부, 일본 상품 불매운동, 외상금 지불 거부, 소작료 지불 거부 등 일상적 경제투쟁을 전개하기도 하였다.

이와 같이 경남지역 3·1운동의 치열했던 역사적 경험은 1920년대 운동에 큰 밑거름이 되었다. 경남지역의 운동 세력들이 결집할 수 있는 계기를 마련했으며 청년단체를 중심으로 노동, 농민단체들이 결성되어 다른 지역보다 더 활발한 활동이 이루어졌다. 그리고 1920년에 부산경찰서 폭파사건, 밀양경찰서 폭파사건 등의 의열단 투쟁과 유림들이 중심이 된 파리장서운동 등 일제에 대항한 운동이 지속적으로 일어났다.

다음 장에서는 경남 3·1운동을 각 지역별로 전개과정과 특징을 구체적으로 보고자 한다. 그래서 지역별 인근성과 서로에게 영향을 끼친 지역을 크게 세 부분으로 나누어 살펴볼 것이다.

3. 3·1운동의 지역별 사례

1) 부산 인근 및 경남동부지역의 시위

(1) 부산 및 동래

부산의 최초의 시위는 3월 11일 부산진 일신여학교 교사와 학생이 주축이 된 시위였다. 1919년 3월 2~3일경 서울에서 비밀리에 학생대표단이 독립선언서를 배포하고 부산 각 학교에 연락이 닿으면서 학교별로 시위를 준비해 갔다. 일신여학교에서는 주경애, 박시연 선생이 중심이 되어 학생들을 규합, 3월 10일 태극기 등을 제작해 3월 11일의 시위를 준비하였다. 3월 11일 오전 9시경 고등과 학생 김응수, 송명진, 김반수 등 11명과 교사 주경애, 박시연이 준비한 태극기를 손에 들고 독립만세를 부르며 좌천동 거리를 누비면서 만세시위를 전개하였다. 이에 군중들이 호응하면서 시위는 밤 11시까지 지속되었으나 일본 군경이 출동하

▌부산의 첫 시위 발발지인 일신여학교의 정면모습이다.

여 여학생 전원과 교사 2명을 연행하면서 일단락되었다. 좌천 일대에서 이뤄진 시위는 점차 부산 동래 일대로 확대되어 갔다.

이처럼 부산지역에서 최초의 시위가 일어났던 부산진 일신여학교는 1895년 10월 15일 호주 선교단에 의해 좌천동에 설립된 학교로 동래여고의 전신이다. 1925년에는 동래구 복천동으로 이전하였고, 건물은 현재까지 보존되고 있고 2010년 보수정비 공사를 통해 부산진일신여학교기념관으로 개관하였다.

이후 부산에서 시위는 1919년 3월 13일 동래고보학생들이 주축이 되어 동래장터에서 일어났다. 3월 7일 서울에서 온 학생대표와 부산상업학교학생대표가 동래고보 학생대표인 엄진영·김귀룡·고영건 등을 만나 독립선언서를 전달하고 서울 등의 상황을 전하면서 시위 준비에 들어갔다. 또한 동래고보 선배로서 경성고등공업학교에 다니던 곽상훈(郭尙勳)이 독립선언서를 가지고 귀향하여 수학교사 이환(李環)과 만나 서울과 마찬가지로 33인의 서명을 받아 조직적 운동을 전개할 것을 상의하였다. 이들은 동래 지역 청년들을 규합하여 독립만세운동에 대하여 상의하고, 동래고보 학생의거의 배후 참모 역할을 담당함으로써 계획은 순조롭게 진행되어 갔다. 주도 학생들은 시위일자를 동래장날인 3월 13일 2시로 정하고 밤을 세워 태극기와 독립선언서 등을 제작하였다.

3월 13일 오후 2시가 되자 엄진영이 군청 앞 망미루에 올라 독립만세를 선창하면서 학생들과 군중들이 이에 호응해 만세를 부르며 시가행진에 들어갔다. 그러나 일본 군경이 발포를 하며 들이닥쳐 주도 학생들을 검거하면서 이날 시위는 일단락되었다.

그러나 시위는 여기서 그치지 않았다. 동래 장날인 3월 18일 범어사 학생들의 주도하에 만세시위가 진행되었다. 1919년 2월 하순경 한용운이 범어사로 내려와 3·1운동에 대해 의논하고 범어사에서는 서울 3·1운동에 참여하기 위해 대표들이 상경하였다. 3월 14일 김법린이 독립선언서를 가지고 다시 내려오면서 명정학교와 지방학림 학생들이 중심이 되어 3월 18일을 시위일자로 정하고 준비해 갔다. 18일 시위 계획은 일제에 발각되었으나 검거를 피한 학생들을 중심으로 18일 밤 동래읍 서문 근처에서 동래시장을 거쳐 남문에 이르기까지 만세를 고창하면서 시위를 하고 헤어졌다. 19일 아침 다시 독립사상을 고취하는 격문을 시장통에서 군중들에게 배부하고 5시경 이근우, 김영식, 오시권 등을 비롯한 학생들이 동래시장 남문에서 시작해 동래주재소를 향해 만세를 부르며 시가행진을 하였다. 일본 군경의 무자비한 검거로 지방학림과 명정학교 학생 차상명, 김한기, 김상기, 정성언, 김해관 등 34명이 검거되었다. 이후 범어사 명정학교와 지방학림은 해체되어 중등 3년 과정의 불교전문학원이 설치되어 8·15 광복 전까지 존속하였다.

동래지역 시위의 중심 장소가 되었던 동래장터는 현재도 시장으로서의 기능을 하고 있고 망미루와 남문은 이전되거나 사라지고 없다. 대신 표지석이 세워져 있어 장소의 위치를 알려주고 있다. 현재 동래장터 3·1운동을 기념하여 구 하나은행에서 복산동 주민센터까지 570m를 만세거리로 지정하고 매년 3월 재현행사가 행해지고 있다.

■동래장터 옛 모습

■3·1운동이 있었던 동래시장의 모습

　부산지역에서의 3·1운동은 동래장터시위를 이어 3월 29일 구포지역에서 대대적인 시위가 있었다. 구포장터 3·1운동은 노동자와 농민들이 참여했으며 폭력적 시위의 모습을 보여주고 있다. 3월 중순 서울 등 전국적인 시위 소식과 부산 동래지역의 시위 소식이 전해지던 때에 서울에서 사립화명학교 교사 출신으로 경성의학전문학교 학생인 양봉근이 독립선언서를 가지고 동료였던 임봉래를 찾아오면서 구포지역의 시위가 계획되었다. 시위 일자는 구포장날인 3월 29일로 정하고 임봉래·윤경 등과 구포지역 청년들이 주도가 되어 태극기와 독립선언서를 제작하고 대한독립만세라는 큰 기도 준비하였다. 시위 주도자들은 3월 29일 12시를 기해 독립선언서를 배포하고 시위를 개시하였다. 일부는 철시를 호소하고 일부는 구포면사무소로 가 면장에게 시위 참가를 종용하였다. 이 과정에서 김옥겸 등 주도인물 11명이 검거되면서 시위 군중들은 이들을 구출하기 위해 구포주재소로 대오를 정비해 돌격하였다. 이 과정에서 주재소의 유리창과 기물이 파손되고 일본 군경의 무자비한 발포로 많은 부상자가 발생하였다. 일본 군경 3명과 조선인 경찰 1명이 중상을 입었고 시위 군중들 중에는 9명의 부상자가 생겼다. 이때 검거되어 재판에 회부된 인물은 42명으로 대부분이 20~30대의 청년들이었고 노동자와 농민이었다.

　구포장터 3·1운동이 일어났던 구포장터는 당시에는 공터였으나 지금은 그 자리에 치안센터가 자리해 있고 구포면사무소는 모텔이 들어서 이전의 모습은 볼 수 없다. 그러나 지금도 구포장은 장소만 조금 변경된 채 5일장으로 명맥을 유지하고 있다. 구포장터 3·1운동을 기념하기 위해 1995년 9월 구포역 앞에서 대리천 복개도로까지 800m, 폭 8m 도로를 구포만세거리로 지정하고 있고 매년 3월 재현행사가 시행되고 있다.

▌1919년 당시 구포장이 열리던 장터로 지금은 구포치안센터와 주차장으로 사용되고 있다.

▌구포장터 3·1운동 당시 면장에게 참여를 요구했던 구포면사무소가 있던 자리. 현재 모텔이 들어서 있다.(부산시 북구 구포1동 526-1번지)

이후 시위는 기장 지역으로 이어졌다. 4월 5일·8일·10일·11일에 걸쳐 기장면에서 시위가 지속적으로 있었다. 4월 5일과 10~11일로 이어지는 기장면의 시위는 기장장날을 거사일로 해서, 8일은 노동자와 부녀자들이 중심이 되어 시위를 벌였다. 4월 5일의 기장면 시위는 4월 9일 좌천장터 시위로 이어졌고 좌천시위에서 검거된 주도인물을 구출하기 위해 시위군중이 주재소로 가 투석전을 벌이는 과정에서 일본 군경의 무차별 사격으로 많은 사상자를 내었다. 그리고 4월 11일에는 기장면 시위에 영향을 받아 일광면에서도 시위가 진행되었다.

▌기장면 3 · 1운동 당시 독립선언서를 제작했던 장관청의 모습이다. 이곳은 명정의숙과 보명학교로도 사용된 곳이다.

▌기장장터에서 나와 시가행진을 한 종로거리

▌4월 10일 오전 9시 기장공립보통학교 학생들이 운동장에서 모여 만세시위를 하고 시가행진을 하였다. 현재 기장초등학교의 모습이다.

▌4월 9일 좌천장터 3 · 1운동이 있었던 좌천장터의 모습이다. 이전에 비해 규모는 줄었지만 아직도 장이 서고 있다.

▌구속자 석방을 위해 시위군중과 일본 군경
이 서로 대치했던 좌천주재소의 모습이다.
당시의 모습이 남아 있다. 현재 도로건설로
철거예정이다.(부산시 기장군 장안읍 좌천
길 204-2번지)

▌일광면 이천리 3·1만세시위가 있었던 거
리의 모습. 기장면 3·1운동에 참가해 독립
선언서를 가지고 온 박영준이 중심이 되어
시위를 진행하였다.(부산시 기장군 일광면
이천리 835번지 일대 도로)

이처럼 부산지역에서의 시위는 3월 11일부터 시작하여 3월 말에서 4월
초순경에 절정에 달하였다. 한 곳에서 여러 번에 걸쳐 시위가 일어났으며
이후 의혈청년들의 열차 파손, 전차운전수의 파업, 만철관리국 철도공장초
량분공장 조선인 노동자 파업 등으로 일제에 항거하는 모습을 보여주었다.

(2) 양산

양산군의 3·1운동은 3월 13일 통도사 승려와 학생이 중심이 된 신평장
터 3·1운동과 3월 29일 양산장터 시위가 대표적이다. 양산장터 시위는 부
산과 동래장터 시위가 계기가 되었다. 3월 13일 동래장터 시위를 주도했던
엄진영과 당내간인 엄주태는 동래장터 시위에 참가하고 독립선언서를 가
지고 양산으로 와서 전병건과 의거를 계획하였다. 이들은 독립선언서를 등
사하고 동지들을 규합하여 양산장날인 3월 27일을 거사일로 정하고 엄주태
의 집에서 독립선언서를 제작하였다.

3월 27일 양산장터에서 시위 군중과 함께 준비한 독립선언서를 낭독하고
독립만세를 고창하며 양산군청을 향해 시가행진하였다. 이 소식을 들은 양
산헌병분견소에서 헌병과 순사들이 출동하여 주도인물들을 체포하였다. 이

에 성난 군중들은 체포된 청년들의 석방을 요구하며 헌병분견소와 양산군청으로 행진하였고 양산헌병분견소는 부산헌병분대에 지원을 요청하며 대치하다 체포된 청년들의 석방을 전제로 해산을 종용하여 시위대는 자진해산하였다. 그러나 다시 엄주태 등 주도인물들이 체포되면서 4월 1일 오후 2시 시위 군중이 다시 모여 만세시위를 전개하고 헌병분견소로 진격하여 구속자 석방을 요구하였으나 헌병경찰들에 의해 강제 진압당하였다. 현재 양산장터는 남부시장으로 존속되고 있으며, 헌병분견소 자리는 양산시 노인회관이, 양산군청 자리는 북부동 주민센터가 들어서 있다.

▐ 양산장터 3·1운동이 있었던 시장의 모습. 현재 상설시장으로 변모되었다.(경남 양산시 중부동 648번지 일대)

▐ 양산3·1운동 당시 검거된 주도인물의 석방을 요구하며 대치했던 헌병분견소가 있었던 자리. 현재 노인회관이 들어서 있다.

▐ 양산장터 3·1운동 당시 시위 군중들이 향해 갔던 양산 군청이 있던 자리로 현재 북부동 주민센터가 들어서 있다.

▐ 양산시 중부동에 위치한 양산장터 3·1운동을 주도했던 엄주태의 집터이다.(경남 양산시 읍내면 중부동 250번지)

통도사 승려들이 중심이 된 신평장터 3·1운동은 민족대표의 영향을 받은 시위로 서울에서 시위에 참가하고 내려온 오택언(吳澤彦)이 3월 5일 통도사에 도착하여 통도사 지방학림 학생대표·통도사 승려들과 함께 거사를 계획하였다. 3월 13일 신평장날을 거사일로 정하고 준비하던 중 계획이 발각되어 오택언이 검거되면서 무산되는 듯하였으나 3월 13일 신평장날 하북면 줄다리기 대회를 통해 군중집회가 개최되었다.[5] 시위는 통도사 지방학림 학생들과 불교 전수부 학생, 승려들이 주도하였고 시위 소식을 들은 헌병 경찰들에 의해 강제 진압되었다. 신평장은 현재도 5일장으로서 명맥을 유지하고 있다.

▌통도사 승려와 학생들이 중심이 되었던 신평장터 3·1운동이 있었던 현재 신평시장의 모습. 신평장터는 현재 상설시장으로 이용되고 있다.

(3) 김해

김해지역은 서울에서 내려온 배동석을 중심으로 3월 30일·4월 2일 김해면에서의 시위를 시작으로 3월 31일과 4월 5일에는 진영장터에서, 그리고 지금은 부산 강서구에 속하는 명지에서 4월 10일·11일에 시위가 있었고, 장유 무계리장터에서는 4월 12일에 만세 시위가 있었다. 김해지역에서도

---

5) 『독립운동사』에는 3월 29일에 시위가 있었던 것으로 나와 있지만 오택언의 재판 기록 등을 통해 볼 때 시위일은 3월 13일로 추정된다.

같은 장소에서 여러 차례 시위가 이어지고 있고, 특히 장유 무계리장터 3·1운동(장유면 3·1운동)의 경우에는 지역민이 체계적으로 동원되는 형태를 보여주고 있다.

▎4월 12일 장유면 유지들과 농민들이 시위를 벌였던 무계리장터의 모습

▎무계리장터 3·1운동 당시 시위 군중과 일본 헌병경찰과 대치하면서 사상자를 내었던 헌병주재소 자리. 현재는 상점이 들어서 있다.(경남 김해군 장유면 무계리 278번지)

1919년 당시 오산학교 출신 김종항이 서울 3·1운동에 참가하고 독립선언서를 숨겨 고향으로 내려와 지방유지 김승태와 상의하고 동지들을 규합하였다. 시위일자는 무계리 장날인 4월 12일로 정하였다. 지역별로 동원 책임을 분담하고 태극기와 독립선언문을 만들어 대표에게 나눠주었다. 4월 12일 연락을 받은 장유면민들이 무계리 시장으로 모여들고 내덕리에서는 새벽부터 모임을 알리고 태극기를 든 김승태를 선두로 동민들은 북을 치고 나팔을 불면서 무계리 시장으로 모여들었다. 12시경 3천 명이 넘는 사람들로 장터는 가득 찼고 독립선언서를 낭독하고 시가행진을 하며 헌병주재소를 포위하였다. 헌병대가 총을 난사하자 총을 빼앗으려던 김용이·김선오 등이 총에 맞아 순국하였다. 이에 성난 군중은 주재소를 파괴하는 등 헌병대에 맞서 저항하였으나 김해에서 온 지원 기마대에 의해 주도인물들이 검거되고 해산 당하였다. 이처럼 무계리장터 3·1운동은 김해지역에서 가장 조직적이고 대규모로 일어난 시위였다. 현재 무계리장터는 시장의 기능

을 계속하고 있으며 헌병주재소는 없어지고 그 자리에는 가게들이 들어서 있다.

▐ 4월 2일 3 · 1운동이 있었던 김해장터가 있었던 곳. 현재 규모도 커지고 재래시장으로서 현대식 시설을 갖추고 있다.

▐ 경남 3 · 1운동의 연락을 담당하고 김해면 3 · 1운동을 이끈 배동석의 집터이다. 현재 옛 모습은 볼 수 없고 여러 채의 집들이 들어서 있다. (김해시 동상동 981–1번지)

▐ 3월 31일과 4월 5일 3 · 1운동이 있었던 진영장터의 모습. 농산물의 집산지로서 당시 음력 5일 · 10일에 장이 열렸다.

(4) 창원 · 마산 · 진해

창원 · 마산 · 진해 지역은 현재 창원시로 합쳐졌지만 일제시기 당시에도 이 지역은 마산부와 창원군에 대부분 포함되어 있었다. 마산 · 창원지역은 3월 21일부터 4월 29일까지 시위가 일어났으며, 특히 4월 3일 삼진의거는 진전 · 진북 · 진동의 연합의거로 많은 사상자를 내었고, 수원 · 선천 · 수안 의거와 함께 4대 의거로 꼽힐 정도로 대의거 중 하나이다. 그리고 삼진의거를 이끈 변상태와 웅동·웅천 주도인물들이 논의 끝에 웅동과 웅천에서도 4월 3일 시위를 계획하고 이날 창원에서 대대적인 시위를 전개하고자 하였다.

마산·창원·진해지역의 시위전개를 보면 3월 21·26·31일 마산장터 3·1운동, 3월 23일과 4월 2일 창원 장터 3·1운동, 3월 28일 고현장터 3·1운동, 4월 3일 진전·진동·진북의 연합의거인 삼진의거, 4월 3일 웅동·웅천(진해) 3·1운동, 당시 창원군이던 4월 11일 천가면(현 부산) 3·1운동, 4월 22~23일 마산공립보통학교의 만세시위, 4월 29일 상남면 사파정 시위 등이 있었다.

마산의 경우는 3·1운동 발생 전 2월 23일 이갑성이 서울에서 민족대표 중 1명을 추대하기 위해 내려와 시위 사실을 알렸고, 3월 1일 이용성으로 하여금 독립선언서를 대구와 마산에 전달하게 하여 마산에는 3월 2일 임학찬에게 전달되었다. 3월 3일 마산에서 독립선언서가 배부되고 시위 계획은 비밀리에 진행되어 갔다. 그리고 의신학교 교사였던 박순천에게도 독립선언서가 전해지면서 창신·의신학교 교사들은 3월 12일 사표를 제출하고 학생들과 더불어 시위를 준비해 갔다. 3월 21일 구마산 장날을 의거일로 정하고 당일 대한독립이라고 쓴 큰 깃발을 앞세워 만세를 고창하면서 시가행진을 하였다. 이에 호응한 시위 군중을 향해 마산 중포병대대 대원과 마산헌병분견소 헌병·경찰들이 총검을 휘둘렀으나 시위는 저녁 무렵까지 지속되었다. 그러나 결국 진압되고 39명이 체포되었다. 3월 26일·31일 장날에도 시위는 계속되었다. 31일 시위에서는 감옥소로 진출하여 구속자 석방을 요구하였다. 감옥소에서도 시위대의 만세소리에 호응하여 만세를 불렀으나 시위는 저녁 6시경 진압되었다.

▌시위가 있었던 구마산 장터의 모습. 현재
부림 시장이 서 있다.

▌현재 헌병분견소의 모습. 등록문화재 제198호
로 지정되어 안내판이 세워져 있다. 마산분감
은 멸실상태이고 그 자리에 표지석이 서 있다.

　삼진의거는 1차와 2차에 걸친 진전·진북·진동 3개면 연합시위로 1차는
3월 28일 진동면 고현장터에서 전개되었다. 조선국권회복단과 대동청년단
원으로 활동한 변상태가 중심이 되어 시위를 조직하였는데 그는 서울에서
시위에 참여하고 마산에 내려와 함안·창원·고성 등 인근 동지들과 연락
하여 서울의 상황을 설명하고 각지에서 의거를 주도할 것을 역설하였다.

　또한 동지들을 규합하여 3월 28일 고현 장날(오서리 장날)을 의거일로 정
하고 태극기와 선전전단을 제작하고 시위를 준비하였다. 3월 28일 오후 1시
경 백승학이 단상에 올라 독립선언서를 낭독하고 주도인물들이 독립선언
서와 태극기를 배포하고 시가행진을 진행하였다. 일본인들이 많이 거주하
는 진동으로 시위대가 향하자 마산헌병분견소 헌병과 마산 중포병대대와
진해 요항부의 지원 병력이 동원되어 총칼을 휘두르며 무차별 진압에 나서
많은 사람이 체포되고 오후 5시경 해산되었다. 검거를 피한 변상태와 권영
대 등이 재차 거사를 준비하여, 진전면 동내 서당에서 태극기를 만들어 배
포하고 양촌리·봉암리 등을 다니며 시위 참여를 촉구했다.

▌고현시장은 현재 건물들이 들어서 옛 모습은
찾아볼 수 없고 도로명으로 확인할 수 있다.
(창원시 마산합포구 진동면 고현리 338번지 일대)

▌삼진의거 때 시위대와 헌병대가 대치했던
사동교의 모습(창원시 마산합포구 진동면
고현리 252번지 일대)

4월 3일 진전면 양촌리에 집결한 시위 군중은 독립선언식을 거행하고 진
북면을 지나 헌병주재소가 있는 진동면으로 향하였다. 이 시위에 진전 · 진
북 면장도 참가하였고 시위 군중은 5천을 넘었다. 시위대가 진북면 지산교
에 이르러 대오를 정비하고 사동교로 나아가려 하였으나 맞은편에서 배치
되었던 헌병과 일본 재향군인 30여 명이 총검을 휘두르고 무차별 사격을
가하면서 유혈충돌이 일어났다. 시위대가 투석으로 맞섰으나 결국 해산할
수밖에 없었다. 한편 백승학은 진북면 시위
대를 인솔하고 삼짇날 나들이를 가장해 진
동장터에서 진동주민들과 합류, 진동성터로
이동하여 독립선언서를 낭독하고 만세를
부르며 진동장터를 돌고 진동향교로 나아
갔다. 사동교의 충돌로 김수동 · 변갑섭 등
8명이 그 자리에서 순국하였고 많은 사람이
다쳤으며, 이에 성난 군중들이 헌병 경찰 3
명에게 중상을 입혔다. 이렇게 치열하게 전
개된 것은 주도자들의 조직적 준비만이 아
니라 일제 강압에 대한 창원지역 농민들의
불만이 표출된 것이었다. 이날의 의거를 기

▌고현마을 입구에 세워져 있는
8의사 창의탑의 모습

념하기 위해 사동리 고현마을 입구(지산교)에는 8의사 창의탑이 세워져 있다. 그리고 이날 순국한 8의사는 양촌리 8의사 묘역에 안치되었다.

진해 웅동과 웅천의 3 · 1운동은 웅동지역 사립계광학교 교사였던 주기용 · 배재황과 웅천지역 김창업 · 정운조 등이 협의하여 4월 3일을 거사일로 정하고 헌병주재소가 있던 웅천에서 시위를 진행하기로 결의하였다. 당일 아침 10시 웅동 주민들은 웅동면사무소로 나아가

▌웅동과 웅천주민들이 모여 시위를 하기로 했던 웅천소시장과 헌병주재소가 있었던 주변 모습. 현재 웅천읍성을 복원 중이다.

면장에게 시위 참여를 강제하여 참가시키고 나발등 고개를 넘어 웅천으로 향했다. 웅천에서도 웅동시위대가 시간 내에 도착하지 않자 먼저 독립선언서를 낭독하고 시가행진을 하면서 기다렸다. 웅동과 웅천 시위대가 함께 시위를 전개하면서 소식을 들은 헌병과 거류일본인들이 몰려와 총칼로 강제 해산시켰다.

(5) 울산

울산지역은 4월 들어 본격적인 시위가 일어났다. 그전인 3월 30일 울산군청 명의로 면리원의 사직을 종용하는 격문이 뿌려지기도 하였다. 울산지역 시위의 주도층을 보면 언양지역은 천도교인들이 중심이 되었고 병영 지역은 병영청년회가, 남창 지역은 지방유생들이 중심이 되어 시위를 계획하고 주도해 나갔다. 언양과 병영의 시위에서는 일본 경찰들과 투석전이 벌어지고 일본경찰들의 총격으로 사상자가 나오는 등 과격한 시위가 전개되었다.

언양장터 3 · 1운동은 3월 하순부터 상남면의 천도교 유지들이 중심이 되

어 계획되었다. 이무종(李武鐘)·이규인(李圭寅)·이성영(李成榮)·강경찬(姜庚贊)·최해선(崔海璇)·이규경(李圭庚) 등 6명이 중심이 되어 시위 일자를 언양장날인 4월 2일로 정하고 태극기와 독립선언서를 준비하였다. 4월 2일 본격적으로 시위가 전개되면서 주도인물 몇 명이 언양주재소로 체포되어 가자 성난 시위대는 주재소로 몰려가 그들의 석방을 요구하였다. 일군경이 공포를 발사하자 시위대는 투석으로 맞서고 군경의 총을 탈취하기 위해 육박전까지 벌어졌다. 이때 일경의 무차별 사격이 가해져 1명이 즉사하고 5명의 중상자가 발생하면서 시위대는 강제해산되었다.

▌현재 언양시장은 인근으로 장소를 옮겼고 이전 장터 자리
에는 건물들이 들어서 있고 거리명을 통해 이곳이 옛 장
터임을 알 수 있다.(울산광역시 울주군 언양읍 남부리
323번지 앞 도로)

울산군 하상면 병영리의 시위는 서울에서 유학 중이던 한면조와 이영호가 내려와 서울과 전국적으로 확산되던 시위 소식을 병영청년회 간부 이현우(李鉉禹)·이종욱(李鍾旭)·이문조(李文祚)·박영하(朴永夏)·이종근(李鐘根)·양석룡(楊錫龍)·김장수(金長壽) 등에게 전하였다. 이들이 중심이 되어 만세시위를 계획하였다. 이들은 시위일자를 4월 4일로 정하고 비밀리에 태극기, 독립선언서, 대형 깃발 등을 준비하였다. 4월 4일 오전 9시 병영청년회 회원들은 일신학교(현 병영초등학교)에서 독립선언서와 태극기를 배

포하고 일제히 독립만세를 외치면서 시가행진을 시작하였다. 이 소식을 들은 일본 경찰과 수비대는 무력행사를 통해 시위를 진압하였고 주도인물들은 체포되어 울산경찰서로 압송되었다. 4월 5일 검거를 피한 주도인물들을 중심으로 2차 시위가 진행되었다. 주도인물들은 오후 3시경 일신학교에 모여 만세를 고창하며 하상면주재소로 행진했고 여기에 주민들이 가세하여 주재소 앞에서 시위를 전개하였다. 일경들이 시위대를 향해 사격을 가하자 시위 군중들은 삽과 괭이를 들고 구속자의 석방을 요구하며 투석전을 벌였다. 일경들의 무차별적 사격으로 선두에 섰던 엄준을 비롯한 3명이 그 자리에서 순국하였고, 10여 명이 중경상을 입었다. 일제의 무력진압으로 결국 시위는 진압되었다.

▌병영리 3·1운동 때 집결지였던 일신학교 자리는 현재 병영초등학교이다. 병영초등학교 내에 3·1운동 기념탑이 서 있다.

온양면 남창리의 시위는 고종황제의 인산에 참가하고 내려온 웅천면 석천리의 이재락이 이수일에게 서울의 상황을 전하면서 시작되었다. 이수일은 문중사람들과 함께 계획을 세웠고 양산·언양·병영에서의 시위 소식에 자극을 받아 남창 장날인 4월 8일을 시위일자로 정하였다. 4월 8일 남창장날이 되자 주도자들은 오후 4시 20분경 장꾼들에게 태극기를 배포하고 선두에서 만세를 고창하면서 시위행진을 시작하였다. 소식을 듣고 출동한 일경들이 공포를 쏘는 등 무력진압에 의해 시위대는 해산되었다.

▌온양면 3·1운동이 있었던 남창장터는 현재
도 재래시장으로 5일장이 열리고 있다.

▌남창주재소는 현재 없어지고 그 자리에는
3·1운동 기념비가 서 있다.(울산 울주군
온양면)

(6) 밀양

밀양에서의 3·1운동은 3월 중순에서 4월 초순에 걸쳐 전개되었는데 3월 13~15일·20일, 4월 2일 밀양면에서 연속적으로 발생하였고 4월 4일 단장면 표충사의 만세운동, 4월 6일 부북면 시위, 4월 7일 대룡각 만세시위, 4월 10일 청도면 인산리 시위 등이 있었다. 밀양에서의 항일운동은 3·1운동 이전부터 비밀결사의 형태로 전개되어 왔으며 일합사, 연무단 등은 선구적 비밀결사로 3·1운동과 국외 운동에 중요한 자산이 되었다. 밀양에서의 일제에 대한 저항은 3·1운동 후 의열단 활동으로 연결된다.

밀양에서 첫 시위는 3월 13일 밀양장터 시위로 고종의 인산에 참가했던 윤세주·윤치형이 서울에서 전개된 3·1운동에 참가하고 내려와 전홍표의 지도 속에서 3·1운동을 계획하였다. 특히 밀양공립보통학교 졸업생들과 기독교인들이 중심이 되어 태극기와 독립선언서를 제작하고 의거일은 밀양장날인 3월 13일로 정하였다. 의거 당일, 주도인물들은 장꾼으로 가장하여 시장에 들어갔고, 1시 30분경 주도인물들이 태극기를 펼치자 군중들이 밀양공립보통학교로 모여들었고 윤세주의 독립선언서 낭독과 함께 군중들에게 태극기와 독립선언서가 배포되었다. 부산에서 급파된 일본군 헌병과 수비대는 현지 헌병경찰과 합세하여 총검으로 무자비한 탄압을 가해 시위 군중을 해산시켰다. 이어 14일에도 밀양공립보통학교 학생들이 중심이 되어 만세운동이 일어났다. 학생 160여 명이 거리로 나와 만세를 부르고 5명이 검거되었다고 한다. 15일에는 밀양면 유림들이 중심이 되어 밀양천변 솔밭광장에서, 20일에는 안희원의 영결식을 계기로 시위가 있었다. 이처럼 밀양면에서는 3월 중순에 4차례에 걸쳐 시위가 전개되었다.

4월 2일에도 시위가 진행되었다. 4월 2일 오후 9시 밀양소연단원인 밀립 공립보통학교 졸업생 및 재학생 등 60명은 단원 윤태선의 지휘 아래 야음을 틈타 독립만세를 고창하면서 면내를 행진하였다. 그러나 일본 군경의 탄압으로 시위는 해산당하고 주도인물들은 검거되었다.

▌밀양면 3·1운동이 있었던 밀양장터의 모습. 지금 시장의 규모도 확대되고 상설시장이 되었다.(밀양시 내일동 192번지 일대)

▌밀양공립보통학교가 있던 자리는 3·1운동 후 밀양경찰서가 세워졌다가 현재 밀양시장으로 변해 있다.

다음은 4월 4일 표충사 승려들과 학생들이 중심이 된 단장면 태룡리 장터 3·1운동으로, 이 시위운동은 3월 20일 통도사 승려 50여 명이 밀양 표충사로 와서 표충사 승려들과 비밀회합을 가지고 4월 4일 태룡리에서 열리는 단장 장날을 의거일로 정하였다. 이장옥을 비롯한 표충사 승려들은 독립선언서와 태극기를 만들고 인근 사찰과 단장면·산내면·산외면 등에 시위 계획을 알렸다. 4월 4일 12시 30분 이장옥·손영식 등은 조선독립만세라고 쓴 깃발을 시장 중앙에 세우고 나팔 소리를 신호로 구연운이 독립선언서를 낭독하였다. 많은 군중이 호응하여 시위를 벌이고 헌병주재소로 몰려가 주재소를 포위하고 투석하였다. 밀양헌병분견소에서 헌병들이 급파되어 시위 군중을 향해 발포하면서 시위대는 해산되었다. 그러나 일부는 다음날까지 수차례 주재소를 습격하였다. 이날의 시위는 표충사 승려들이 주도하고 농민들이 대거 참가하였으며, 346명이 검거되었고 71명이 검사국에 송치되었다.

▌단성면 3·1운동이 있었던 태룡리 장터는 현재 밭으로 변해 옛 모습을 찾기 어렵다.(밀양시 단장면 태룡리 190번지)

4월 6일의 부북면 만세시위는 춘화리·청운리·덕곡리 주민들에 의해 일어났다. 특히 대부분 기독교 신자였던 춘화리 김씨들이 주도적으로 참여하였다. 시위 계획은 평양에서 독립선언서를 가지고 돌아온 계성학교 교장 김래봉에 의해서 이루어졌다. 그는 김씨 문중 사람들(김응삼·김영환·김성수·김응진 등)과 함께 거사를 논의하고 4월 6일

▌시위 장소였던 춘화교회는 현재 없어지고 그 옆에 새 교회당이 들어서 있다. 그리고 밀양문화원에서 이곳에 표지석을 세워 독립만세운동 유적지임을 알리고 있다.(밀양시 부북면 396번지)

오후 12시 춘화리에서 의거하기로 결정하였다. 김성수는 계성학교 등사판을 가져와 선언서를 등사하고 학생들에게 태극기를 만들게 하고 춘화리·청운리·덕곡리 등에 시위 계획을 전달하는 등 시위를 주도하였다. 4월 6일 12시쯤 시위 군중이 모이자 김성수가 독립선언서를 낭독하고 시위 군중과 함께 만세를 고창하면서 여러 마을을 돌고 각 마을로 분산해 모닥불을 피우고 징과 북을 치면서 밤새 만세를 불렀다. 다음날 밀양분견소 헌병과 경

찰들이 출동해 53명을 검거했으나 대부분 농민들로 훈계 방면되었다.

2) 경남남부지역의 시위

(1) 진주

진주 3·1운동은 진주면에서 3월 18~21일, 4월 18일 시위와 3월 22일과 23일 이교윤과 김영재 등이 조선독립완문서를 뿌리고 시위행진을 시도한 사건이 있었고, 3월 22일 수곡면 창촌리, 25일·31일 문산면 소문리, 4월 3일 반성면 창촌리, 4월 22일에는 수곡

▌ 시위대가 모여들었던 공덕문 주변 모습

면(水谷面) 창촌리(昌村里)에서도 시위가 진행되어 3월에서 4월까지 꾸준히 지속되었다.

진주면 시위를 주도한 것은 조선국권회복단의 변상태와 통하고 있었던 김재화·이강우, 진주 의병장 유종환의 휘하에서 활동했던 박진환·강달영·강상호 등 의식 있는 청년들로 고종 인산을 목격하고 돌아와 시위를 준비하였다. 이들은 각 학교 단체와 사전 교섭하여 진주면 내를 3구역(옥봉동, 재판소, 시장부근)으로 나누어 동시다발로 시위를 계획하였다. 3월 18일 진주 장날을 시작으로 학생·주민·노동자·기생·걸인·농민 독립단들이 독자적인 대열을 이루어 시위에 참가하였고 상인들은 상점 문을 닫고 참가하였다. 진주는 기생과 걸인들이 시위에 참여했다는 점이 다른 지역에 비해 눈에 띄는 점이다. 게다가 광림학교 졸업생과 학생들이 악대를 선두로 하여 애국가를 불러 시위 열기를 고취시켰다. 3월 18일·19일 양일간 4천~1만 명의 군중이 집결하여 대규모 시위를 벌이고, 특히 19일에는 오전 11시부터 해산조치에 굴하지 않고 밤 11시까지 산발적 시위를 벌였다. 이곳도 이른

시기부터 주변 지역과 연계를 도모하여 18일 정촌면 농민들도 진주 시위에 합류하고자 하였으나 일본 군경에 차단되어 남강을 사이에 두고 만세 시위를 했다. 4월 18일 시위는 부산지법 진주지청에서 항일투사를 압송해 간다는 소식을 들은 많은 군중이 모여 시위를 전개했고 이 과정에서 무차별 총격으로 1명이 순국하고 많은 이가 부상당하였다.

(2) 사천군

사천 3·1운동은 3월 13일 곤양면 의거, 3월 21일 사천면 의거, 3월 25일의 삼천포 의거 외 4월 5일 곤명면 금성리, 4월 10일·16일 서포면 등지에서 크고 작은 시위가 전개되었다. 사천면 의거와 삼천포 의거는 3월 18~21일간 진주의 연속 시위에 영향을 받았다.

▌3·1운동 당시 사천공립보통학교 자리. 현 사천초등학교

곤양면 3·1운동은 3월 13일 곤양면 송전리에 사는 김진곤 외 4명의 주도 하에 계획되었다. 이들은 백지에 태극기를 그리고 뒷면에 '독립만세'라고 써서 당시 곤양주재소에 투입하고 주민들과 함께 만세시위를 전개하였다. 시위는 4월 6일과 19일에도 전개되었다. 이때 사천헌병분대에서 출동하여 주도자가 체포되고 시위 군중들은 해산당했다.

사천면 의거는 3월 18일 진주 3·1운동에 참가한 황순주·박기현·김종철 등이 중심이 되어 진주 3·1운동 주도자 중 한명인 강대창을 만나 사천 의거를 약속하고 돌아왔다. 그들은 사천공립보통학교 졸업반 이윤조를 참여시키고 거사일을 3월 21일 사천공립보통학교 졸업식이 끝나는 시간으로 정하였다. 이날은 사천장날이기도 하였다. 3월 21일 졸업식 날 진행된 축구대회 중 이윤조가 태극기를 흔들며 만세를 고창하자 학생들이 호응하며 만세시

위가 전개되었다. 그러나 사천헌병대의 진압으로 시위대는 해산되었고 주
도인물들은 체포되었다. 사천공립보통학교는 현재 사천초등학교 자리이며
의거를 기념하여 광복 후 사천읍
산성공원에 3·1독립운동 의거비
를 세웠다.

　3월 25일 삼천포에서도 공립보
통학교 학생을 중심으로 한 대대
적인 시위운동이 전개되었다. 진
주 3·1운동에 참가했던 박종실
이 진주에서 강달영으로부터 독
립선언서를 전달받고 삼천포공립

▌3·1운동이 있었던 삼천포공립보통학교가 있
던 자리. 현 노산공원 입구 모습

보통학교 교사인 황병두 등과 시위를 계획했다. 박종실은 학생들의 시위 참
여를 요청하고 지방 유지와 청년들을 규합하여 3월 25일을 거사일로 정하
고 진주와 마찬가지로 3대로 나누어 거사를 진행했다. 제1대는 황병두와
학생을 주축으로 노산공원에서, 제2대는 청년대를 주축으로 삼천포 중심
해변에서, 제3대는 일반 면민을 규합해 선구리 장터에서 봉기하기로 하였
다. 3월 25일은 삼천포공립보통학교의 졸업식이자 삼천포장날이기도 하였
다. 졸업식에 참여한 학생들이 먼저 만세를 부르며 거리로 뛰쳐나가자 일
본 경찰들이 출동하여 학생들을 구타하고 닥치는 대로 연행하고 삼엄한 감
시를 펼치기 시작하였다. 이에 제2대 청년대는 장소를 변경하여 장터에서
시위를 전개하였다. 시위대가 주재소에 가까워지자, 무장한 경찰과 기마병
이 선두를 차단하고 시위대를 총칼로 강제 해산시켰다.

　시위가 일어난 삼천포공립보통학교는 3·1운동 이후 불온사상의 소굴로
지목되어 현재 삼천포초등학교가 있는 선구동으로 이전되고 건물은 강제
철거당하였다. 2008년 10월에 학교건물인 호헌재는 한식 목조 기와 건물로
복원되었다. 주재소 터는 현재 삼천포노인복지관이 들어서 있다.

(3) 고성군

고성 3·1운동은 3월 20일 구만면·회화면 의거, 3월 22일 철성면 의거, 3월 28일 상리면 오산리 의거, 4월 2일 대가면 송계리 의거, 4월 3일 영오면 의거 등 3월 중순부터 4월 초순까지 시위가 각지에서 일어났다. 그중 큰 규모의 시위는 3월 22일 고성면 3·1운동과 3월 20일 배둔장터 3·1운동을 들 수 있다.

▎철성면 쌀장터는 사라지고 현재 고성읍 주민자치센터와 상가가 들어서 있다.(고성군 고성읍 성내리 72-42번지 일대)

철성면 3·1운동은 3월 15일 진주 이주현이 독립선언서를 가지고 철성의숙 박진완을 찾아와 동지 배만두, 이상은, 김상욱 등도 불러 국내사정을 설명하고 고성에서의 시위를 종용하면서 본격적으로 준비에 들어갔다. 배만두는 학생을, 이상은은 기독교인을, 김상욱은 농민과 일반시민의 참여를 이끌기로 하고 3월 17일을 의거일로 정하였으나 이 사실이 누설되어 배만두가 체포되면서 1차의거는 실패하고 말았다. 3월 22일 고성 장터에서 다시 시위를 전개하기로 하고 동지를 규합하는 동안 2·8독립선언에 참가한 안태원과 김정도, 부산상업학교 출신 서동조 등이 고성공립보통학교 학생들을 설득해 시위에 참가시켰다. 학생들이 앞장서 시가행진을 하였으나 총검을 든 헌병과 경찰에 의해 주도인물들이 검거되고 탄압으로 시위대는 해산되었다. 이를 본 군민들이 4월 1일에 더 큰 규모의 의거를 일으켰다. 이날 시위에는 삼산면의 천도교인과 읍내 노동자들이 참가하였고, 김진만·문상범 등이 선두에서 어시장을 돌면서 시위를 전개하였다. 시위대는 사천 일군 헌병분견대원과 고성 재향군인, 소방대원들에 의해 해산되었다.

그리고 구만면에서도 고종황제 인산에 참가하러 갔다가 3·1운동에 참여하고 온 최정원과 허재기가 변상태로부터 독립선언서를 받아 와 동지들을 규합하고 독립만세 시위를 계획하였다. 이들은 먼저 유림학자인 이종홍에게 독립선언서를 간략한 문장으로 작성하게 하고 이를 필사하여 12개 동리에 돌리고, 3월 20일 아침 나팔 소리를 신호로 주민들을 국천 모래사장에서 모이도록 하였다. 또 회화면으로 사람을 보내 서찬실, 김갑록 등에게도 의거 준비를 진행하도록 하였다. 3월 20일 오후 1시경 각 동리에서 국천 모래사장으로 사람들이 모여들고 개천면과 마암면 주민들까지 소식을 듣고 달려왔다. 이에 최정원이 독립선언

▌3·1운동을 기념하여 만든 창의탑의 모습. 창의탑은 1971년 회화면 배둔리에 건립하였는데 1988년 도로 확장에 의해 구만면으로 이전하고 다시 2007년 5월 배둔시외버스터미널 앞으로 이전하였다.

서를 낭독한 후 시위대는 만세를 부르며 회화면 배둔장터로 향하였다. 시위 소식을 들은 일본 헌병은 기마대를 앞세우고 총검으로 시위군중을 막아서로 대치하였으나, 결국 저지선을 뚫고 배둔장터로 밀고 들어갔다. 이미 회화면 군중들이 마중을 나와 합류하였고 수백의 군중은 만세를 고창하고 희생자 없이 해산하였다. 구만면 사람들은 면사무소로 가서 허재기가 작성한 한인관리 퇴직 권고문을 등사하여 면사무소 정문에 붙여놓고 해산하였다. 이 권고문은 각 도 군관공서에 발송하여 전국 한인관리의 퇴진을 촉구하였다.

(4) 하동군

하동 3·1운동은 3월 18일부터 4월 하순까지 이어졌다. 하동에서의 첫 시위는 3월 18일 하동장날에 전개되었다. 하동군 적량면장인 박치화가 전국의 3·1운동 소식을 듣고 면장직을 사임하고 만세시위를 준비하였다. 그리고

┃옛 하동장터 주변 전경(하동군 하동읍 읍내
리 319·388번지 일대)

직접 독립선언서를 만들었다. 3월 18일 장날에 박치화는 태극기를 장대에 달고 조선독립을 주장하는 연설을 하고 독립만세를 외쳤다. 이에 수많은 사람들이 호응하면서 시위군중이 점차 불어났다. 소식을 들은 헌병 경찰들에 의해 시위는 해산되었고 박치화는 체포되었다. 그러나 시위는 여기서 끝이 아니었다. 3월 23일 양보면 장암리 일진학교 교사 정섬기가 동지를 규합하여 만세시위를 전개하였고, 4월 7일에는 하동공립보통학교 학생 박문화 등이 중심이 되어 학교에서 시장을 향해 구보행진을 하면서 시위를 벌였다.

옥종면의 3·1운동은 3월 24일 안계리 문암시장에서 하일로의 주도로 이뤄졌고 시위 군중이 주재소를 포위하면서 일본 경찰들과 충돌하는 등 대립하였으나 결국 무차별 사격으로 강제 진압되었다. 그러나 3월 29일 다시 문암시장 부근에서 정남시 등에 의해 2차 의거가 전개되었다. 이들은 옥종면 월횡리에서 300여 명이 모여 시장을 향해 행진하던 중 일경의 탄압으로 해산되었다.

3월 29일 진교면에서도 시위가 전개되었다. 정재운(鄭在雲)·정재백(鄭在伯)·이원태(李源泰)·이홍식(李弘植) 등을 중심으로 진교리 장터에는 약 1천 명의 군중이 모여 태극기를 배포하고 시위를 전개하였다. 시위대는 진교리 주재소 앞에 이르러 독립만세를 고창하였다. 이때 경관이 주도인물을 검거하자 시위대는 주재소를 포위하고 주도인물의 석방을 요구하였다. 일본 군경이 응하지 않자 군중들은 주도인물을 구출하기 위해 주재소 내로 밀고 들어갔다. 그러나 하동경찰서에 지원 경찰이 오면서 총검으로 강제 해산되었다. 이로 인해 3명이 순국하고 7명이 부상당했다. 구속자 석방을 요구하는 시위는 다음날에도 계속되었다. 4월 6일 진교리 장날 다시 봉기

하였다. 금남면 대치리 주민들이
중심이 되어 진교까지 행진하였
다. 시위 군중들은 출동한 일경들
을 포위하고 곤봉과 죽창으로 이
들에 항거하고 총기를 탈취하고
뭇매를 가하였다. 이때 일경과 일
군이 급파되어 군중들에게 발포하
고 이로 인해 3명이 그 자리에서
순국하고 7명이 부상을 입었다.
이렇게 3차에 걸친 진교면 시위
는 종식되었다.

▌시위가 있었던 진교 장터는 현재 진교공설
시장자리이다.

　고전면 3·1운동은 이종인·박
영묵·정상정·정재기 등이 민족
대표 33인을 모방하여 일신단을
조직하고 4월 6일 배다리 장날을
의거일로 정하였다. 이들은 독립
선언서를 구하기 위해 정재기를
하동읍으로 파견하였는데 중간에

▌배다리 장터는 현재 사라지고 없고 장터 흔적
만 남아 있다.(하동군 고전면 698-1번지 일대)

일본경찰에 체포되었다. 그러나 조직에 대한 비밀은 누설되지 않아 의거를
진행할 수 있었다.

　4월 6일의 배다리장터 시위에는 고전면의 주민들과 인근에 있는 양보
면·진교면·금남면 주민들까지 합세하여 많은 군중들이 만세시위에 참여
하였다. 군중들은 만세시위를 저지하려는 일본인 헌병들과 경찰들을 폭행
하는 등 충돌이 발생하였다. 그러나 수비대가 출동하여 시위대를 강제 해
산시켰다. 다음날 아침 일병 헌병 20여 명과 경관 10여 명이 지소마을까지
들어와 주민 1명을 사살하는 등 주도자 색출로 난동을 부리자 주민들은 뒷
산으로 피신하고 박영묵이 스스로 나서 체포되었다.

화개면 3·1운동은 화개면 운수리 쌍계사의 승려인 김주석(金周錫)은 학생인 정상근(鄭湘根)·양봉원(梁奉源)과 협의하여 4월 6일 화개리 장날을 만세시위의 거사일로 정하였다. 약속한 4월 6일, 이들은 장이 거의 파할 무렵인 오후 6시에 태극기를 높이 들고 독립만세를 부르면서 시위를 전개하였다. 그러나 출동한 일제

▌화개장터 자리는 건물이 들어서 있어 옛 모습을 찾을 수 없지만 장터임을 알려주는 표지석이 서 있다.(하동군 화개면 탑리 662-7·710번지 일대)

경찰의 탄압에 의해 곧 해산되고 시위를 주도했던 인물들은 검거되었다.

(5) 남해군

설천면에 사는 이예모는 4월 2일 하동군에서 독립선언서를 가지고 와 동지를 규합해 시위를 계획하였다. 이들은 서당 학생들과 함께 4월 3일 남양리에서 집결하여 독립선언서를 낭독하고 태극기를 앞세워 남해면을 향해 시가행진을 하였다. 날이 어두워지자 다음날인 4월 4일 남해면 장날에 시위를 하기로 하고 해산하였다.

남해 장날인 4월 4일 설천면과 고현면 등지에서 모인 시위 군중은 오후 2시경 이예모 등 주도인물의 신호에 맞춰 일제히 만세를 고창하였다. 정흥조(鄭興祚)·정임춘(鄭任春) 등 10여 명은 사람들을 지휘해서 남해군청과 남해공립보통학교로 몰려갔는데, 내부로 들어간 이들은 독립만세를 고창하면서 유리창을 깨는 등 기물을 파손하고, 남해경찰관주재소·군청·우편국 등에 들어가 남해군수와 순사, 금융조합 이사 등에게도 조선독립만세를 함께 외칠 것을 요구하였다. 그리고 경찰 앞잡이 노릇을 하던 고현면장 김치관의 집을 습격하기도 하였다. 4월 6일 사천경찰서 일경과 헌병대가 급파되어 시위 군중을 검거하자 고현면 포상리에서 300여 명이 다시 봉기하여

남해면까지 행진을 하였다. 이 과정에서 일경과 충돌이 일어나 시위 군중 1명이 그 자리에서 순국하고 9명이 체포되었다. 이후 각 지역에서 산발적인 시위가 계속되었다.

┃ 남해장터의 모습은 볼 수 없고 그 자리에는 상가가 형성되어 있다.(남해군 남해읍 북변리 125번지 일대)

(6) 통영·거제

통영의 3·1운동은 민중들의 적극적 참여를 보여주는 시위로 특징지을 만하다. 먼저 3월 13일 면서기·군청 고원·삼림기수·통영 기독교 청년회원들과 통영 유치원 교사 등이 각각 독자적으로 통영 장날을 기해 시위를 전개하고자 모의하였으나 사전에 발각되어 피검되고 말았다.

그래서 통영의 첫 시위는 3월 18일로 한문학당의 어린 학생들과 이성철·이봉철 형제에 의해 촉발되었다. 배재학당 학생인 박상건이 휴교로 고향에 와 이전에 수학하던 한문학당의 어린 학생들에게 조선독립만세라고 쓴 수기(手旗)를 주고 만세를 부르며 마을과 신정시장 일대를 돌아다니자 주민들이 호응하였다. 급히 출동한 일본 경찰에 의해 박상건은 검거되었다. 이성철·이봉철 형제는 장날인 3월 18일 오후 3시경 부도정 장터에서 '대한독립만세'라고 쓴 기를 흔들고 독립선언서를 배부하며 시위를 주도하였다. 이들은 일본 경찰에게 곧 검거당하였다. 그러나 점차 민중이 적극적으로 참여하면서 3월 28일에는 포목상, 해물상, 재봉업자 등 중소상인과 자영업자가 운동을 모의하고 조직하여 시위를 전개하였다. 통영 3·1운동은 4월 2일 통영 부도정 장터 시위에서 절정에 달하였다. 이날 주도자는 서당학생, 어민, 제조업자, 해외독립운동 출신자 등이었다. 상인들은 철시하고 예기 조합 기생 33명은 금비녀·금팔찌를 팔아 소복 차림으로 시위 대열에 합류하였다. 이날 시위 군중에는 걸인들도 포함되어 있었다.

▌3월 18일 한문학당 학생들이 돌아다녔던 신정시장은 지금 주택가로 바뀌어 옛 모습은 볼 수 없다.(통영시 서호동 116번지 일대)

▌3월 18일·28일, 4월 2일에 걸쳐 부도정 장터에서 만세시위가 있었다. 부도정 시장은 중앙시장으로 명칭이 변경되었다. 사진은 시장의 현재 모습이다.

거제도 이운면(장승포) 일대는 천연 어장으로 개항 직후부터 일본의 어업이민이 이루어져 일찍부터 어장 침탈이 일어난 곳이었다. 거제의 3·1운동은 1919년 4월 3일 이운면 아주장터와 4월 6일 옥포리에서 일어났다. 거제에서 큰 규모의 시위는 아주리장터 시위로 전국적으로 시위가 확산되는 속에서 거제에도

▌아주리장터가 있었던 자리의 모습. 이곳에서 3·1운동이 일어났다. 현재 이곳은 대우조선해양주식회사 자리이다.

소식이 전해지고 아주리에 거주하던 윤택근을 중심으로 이주근(李柱根)·이인수(李麟洙)·이공수 등이 아주리 장날인 4월 3일을 거사일로 결의하였

다. 이들은 대한제국독립만세라고 크게 쓴 격문과 태극기 등도 제작하고, 4월 2일 격문은 눈에 잘 띄는 인가의 대문에 붙이거나 아주장터 길 위에 뿌렸다. 다음 날인 4월 3일 아주리 장날 윤택근·이주근·이인수·이중수 등은 오후 7시 반경 장터에 모인 이운면·연초면 주민들과 함께 시위를 전개하였다. 시위 소식을 전해들은 거제지역 헌병분견소와 송진포 해군방비대, 가조도 해군경비대 소속 헌병, 경찰들이 출동하면서 시위는 진압되었다.

▎거제 3·1운동을 기념하여 아주동 산170-12에 기념탑을 세웠다.

3) 경남서부지역의 시위

(1) 합천

합천군은 경남지방에서 시위의 횟수와 강도 면에서 가장 강력한 시위가 전개된 지역이었다. 시위운동은 3월 18일 삼가시위를 시작으로 3월 19·20·22일의 대양면민이 주도한 합천면 시위, 3월 20일의 대병면 창리 시위, 3월 21일 초계면 초계 시위 등등 장이 서는 날에 따라 이어졌다. 대병 시위와 초계 시위는 많은 사람들이 모인 대규모 시위였다. 3월 23일 다시 삼가장터에서 백산·상백·삼가·가희·대병·용주·대양면 및 의령군 대의면, 산청군 생비량면 등에서 군중이 모여 시위는 그 절정에 달했다. 게다가 시위 양상에 있어서도 일제 관공서 파괴·방화, 전선 절단 등 격렬하게 일어났다. 게다가 일본 군경의 무차별 사격과 탄압으로 많은 사상자를 내었다. 이 외에도 3월 22일 묘산면 시위, 3월 28일의 야로읍내 시위, 3월 31일 해인사 학생 시위 및 4월 3일 가야면 매안리 시위 등 10개소에서 13회의 시위가 있었다.

대양면 시위는 인산에 갔던 강홍렬이 독립선언서를 가지고 와서 합천지역에 전파하면서 시작되었다. 3월 19일, 합천 장날을 기해 장꾼들과 함께 시위를 진행하고 이 과정에서 심재기 등 16명이 잡히고 시위 군중은 해산되었다. 다음날 20일 대양면민들은 다시 대목리 앞 마정부락에서 모여 결사대를 조직하고 합천면으로 가 시위 군중과 합세하여 시위를 하고 오후 7시경 합천경찰서로 쇄도하여 구금자 석방을 요구하였다. 경찰서장은 해산을 명하고 시위대를 밀어내려 하였으나 시위대는 소방부와 맞서고 담을 넘어 경찰서 내로 돌진하려 했다. 이때 일본 경찰들이 엽총을 발포하여 시위 군중 4명이 즉사하고 11명이 부상을 입었다. 기록에는 22일에도 경찰서 습격이 있었다.

대양면 3·1운동이 일어났던 합천장터의 현재 모습. 3월 19일과 20일 이어서 시위가 발생했으며 이 과정에서 4명이 순국하고 11명이 부상당했다.(합천군 합천읍 합천리 681번지 일대)

3월 21일 초계면 3·1운동이 일어났던 초계 장터의 현재 모습. 이 시위에서 1명이 순국하고 여러 명이 부상당했다. 현재 사정교가 새로 건립되었고 이전의 장터 모습은 찾아볼 수 없다.(합천군 초계면 관평리 206-31번지 일대)

3월 21일 초계 시위는 두 계통에서 추진되었는데 하나는 초계면 무릉리의 유지 이원화와 전하선·성만영·김덕명 등에 의해 추진된 계통이며 다른 하나는 초계면 대평리의 부로 노호용, 부락의 학자이자 선비인 이몽우 그리고 행동대로서 정점시, 이 세 사람이 중심이 되어 추진한 계통이다.

이들은 모두 3월 21일 초계장날 거의하여 장터에 모인 군중들은 일군과의 연락을 차단하기 위해 우편소를 습격 전화선을 자르고 기물을 부순 후 초계주재소로 돌진하여 돌을 던지고 창문을 깨뜨렸다. 순사가 공포를 쏘자

화난 군중들이 순사 2명을 때려눕혔다. 지원병이 도착하여 시위 군중에게 총을 난사하여 시위 군중 1명이 현장에서 순국하고 10여 명이 부상당했다.

3월 18일과 23일에 일어난 삼가 시위는 백산면·상백면·가회면이 중심이 되어 일어났다. 백산면·상백면 지역의 3·1운동은 초계 정씨와 인천 이씨가 주도했다. 독립선언서의 전달 과정은 상백면은 서울에서 공부하던 정현상이 선언서를 가지고 와 백형 정현하에게 전달하고 상경했고, 백산면은 이원영이 선언서를 가지고 와서 하신리 숙실의

▌3월 18일·23일 삼가장터 3·1운동이 있었던 장터의 현재 모습. 이 시위에서 13명이 순국하고 30여 명이 부상당했다.(합천군 삼가면 일부리 916-10번지)

이계화와 상백면 평구리의 처남에게, 또 한 장은 대병면 주도자 중 한 명인 친구 이기복에게 전했다.

가회면은 산청군 산등면과 접하는 합천군 서부지역이며 북쪽의 대병면과 남쪽 삼가면 사이에 있다. 이곳은 보통학교도 없고 장도 없어 삼가장을 이용했다. 이곳은 남평 문씨와 김해 허씨가 대성이었다. 윤재현이 한필동과 함께 고종 인산에 참여하고 와 시위를 주도하였다. 가회면 덕촌리 만석군 김홍석이 자금을 대고 윤재현의 서재에서 독립선언서를 인쇄하였고 상백 지역과 연락하여 3월 18일 삼가장 날 시위를 진행하였다.

3월 18일 백산면 주민들은 운곡리 면사무소 앞에 모여 만세를 부른 후 장꾼으로 가장해 삼가장터로 가면서 상백면 시위대와 합류하여 오후 1시경 시위가 시작되었다. 가회면도 같이 합류하였다. 시

▌3월 23일 삼가면 3·1운동 때 불탄 면사무소 자리

위는 5시경 본격화되어 주도자들이 잡힐 때까지 끈질기게 계속되었다. 시위는 합천에서 온 경찰서장과 경찰·재향군인들의 폭력적 진압에 의해 겨우 해산되었다. 이어 23일에는 합천군 남부지역과 대양면·의령군·산천군 등 인근 지역 면에 이르기까지 유지·자산가의 배후 지원하에 전 주민에게 참여가 권유되어 조직적 동원이 이루어졌다. 3월 23일 백산면민과 상백면민은 삼가장으로 가면서 전주를 쓰러뜨리고 전선을 절단하여 합천경찰서와의 통신을 차단하였다. 각 면에서 모인 군중

▌삼가면 3·1운동을 기념하여 삼가시장 옆에 기념탑과 기념자료관을 설립하였다.(합천군 삼가면 일부리)

은 대오를 편성하고 독립기에 대장의 성명을 서명하였다. 이와 같이 대오를 짠 삼가 정금당 앞 광장에 모여 일제 성토대회를 개최했다. 마지막 연사인 임종봉이 연설하는 중에 일본 군경이 발포하자 군중은 포위한 군경을 향해 돌진하였고 군경은 주재소로 달아났다. 군중은 곤봉·호미·낫 등을 들고 주재소와 우편소로 쇄도하였다. 이에 군경이 총을 난사하여 13명이 즉사하고 30여 명이 부상하는 참극이 벌어져 결국 시위대는 해산하지 않을 수 없었다. 상백면으로 돌아온 시위대는 오후 7시경 상백면사무소로 가 집기와 문서를 불태우고 기둥을 절단하고 유리창을 부수었다. 3월 말까지 이곳은 계속해서 저항운동이 일어났다.

　합천지역은 영남 유림의 본고장이라고 할 수 있으며 일본인들의 침투가 거의 없어 강고한 유림질서가 경제적 기반과 종족마을을 기초로 유지되어 왔다. 또 이 지역은 의병으로 인한 타격을 입지 않아 유림 지도층이 3·1운동의 총 주도자로 배후에서 지휘하였다. 시위 준비과정에서 지역을 분담하여 주민을 동원하고 인근 면과 연대하여 지역 연합 시위를 전개하였다.

　합천면과 대양면 시위는 결사대를 조직하여 시위를 했다는 점이 독특하

몰려가 기물과 유리창·판자벽 등을 파괴했다. 또 군중은 순사부장의 사택에 들어가 순사부장을 구타하고 북촌(北村) 마산경찰서장을 구타하면서 함안군민이 독립만세를 불렀다는 사실증명서 작성을 요구하는 등 공세적 시위를 전개했다.

▌시위대가 습격했던 우편국의 현재 모습

▌시위 당시 파괴되었던 함안군청이 있었던 자리에 현재 함안중학교가 세워져 있다.

군북 시위는 함안 장날 시위를 준비하던 이희석이 군북면 사촌리의 조상규와 조용대를 만나 함안 시위에 동참할 것을 요청하고 이 자리에서 함안 장날 시위 후 20일 군북에서도 시위를 벌일 것을 결의하였다. 군북인사들은 19일 함안면 시위에 참가했고 검거가 시작되기 전 군북 시위준비를 위해 군북으로 철수하고 일제의 감시가 심해지자 두 단계로 나누어 진행했다. 먼저 조상규는 군북면 덕대리 남단 동촌리 신창야학교 교정에서 학생 50여 명과 함께 시위를 하였다. 제2단계는 군북장터에 예정된 시위를 위해 12시쯤에 모여 군북장터로 갔으나 인원이 많아 부득이 장소를 군북냇가로 변경하여 시위를 진행하였다. 시위대는 군북면사무소와 주재소를 포위하고 만세를 외치고 전날 함안면 시위에서 체포된 사람들의 석방을 요구했다. 시위대가 창문에 돌을 던지고 정문으로 돌진하자 일본 군경은 소방차에 검은 물감을 타서 군중에게 무차별적으로 뿌렸다. 이에 시위 군중이 격분하여 돌을 던지며 나아가자 군경은 조준 사격을 가하여 20여 명이 현장에서 순국하였다.

▌군북장터의 현재 모습(함안군 군북면 중암리)

▌신창야학교가 있었던 곳. 현재는 집과 텃
밭으로 변해 있다.(함안군 군북면 동촌리)

3월 23일의 칠원면 시위는 기독교와 유림세력이 결합해 시위를 전개한 곳
이다. 이들은 3월 23일 오후 4시경 1천 명이 장터에 모이자 태극기를 나눠주
고 독립선언서를 낭독하고 시가행
진을 하였다. 이때 잡힌 주도자 석
방을 위해 오후 9시경 시위 군중이
다시 칠원 주재소를 에워싸고 석방
을 요구했다. 다시 윤사문이 체포
되고 총검에 의해 시위대는 해산되
었으나, 4월 3일 제2차 시위를 벌
였다. 1차 시위보다 더 많은 시위

▌칠원면 3·1운동이 있었던 칠원 장터의 현재
모습.(함안군 칠원면 구성리 734번지 일대)

군중이 모여 시위를 벌였다. 주도자 2명이 잡히고 경찰과 마산중포병대 지
원병력이 공포를 쏘았으나 군중이 해산하지 않고 오후 5시 다시 시위 군중
이 모여 읍내를 누빈 후 칠원 주재소에 몰려가 구속자 석방을 요구하며 돌
과 몽둥이로 일본 군경에 맞섰다. 수비대가 출동해 주도자들이 또 체포되
자 시위대는 친일면장 김보한의 집을 습격하는 등 지속적으로 저항하였다.

(3) 의령군

의령의 3·1운동은 3월 14일에서 3월 20일에 걸쳐 의령면을 중심으로 부
림면·지정면·상정면 등지에서 시위가 전개되었으며 많은 인원이 참가하

▌의령경찰서 앞에서 시위했던 거리 모습. 군청과 향교 모두 현재까지 존속하고 있다.

였다. 의령면 3·1운동은 3월 14일부터 16일까지 계속해서 전개되었고 이에 영향을 받아 부림면과 지정면에서도 운동이 전개되었으며 상정면6)의 경우는 학생이나 종교인이 아닌 농민들이 중심이 되어 시위를 전개하였다. 의령 3·1운동의 도화선이 된 의령장터 3·1운동은 의령면 동동(東洞)에 살았

던 구여순(具汝淳)이 서울 3·1운동에 참여하고 독립선언서를 가져오면서 계획되었다. 구여순은 친구 정용식(鄭容軾)과 최정학(崔正學)·이우식(李祐植)·김봉연(金琫淵) 등과 거사를 논의하고 3월 14일 의령장날을 거사일로 정하였다. 독립선언서의 인쇄를 용덕면장에게 요청하고 면직원들의 도움을 받아 제작하였다. 구여순·최정학은 동지를 규합하는 한편, 의령 공립보통학교 학생들에게도 시위에 참여할 것을 권유하였다. 3월 14일 의령장날 장터에 군중들이 모였고 구여순의 호소 속에서 만세 시위가 시작되었다. 이때 의령공립보통학교 학생들이 중심이 된 300여 명의 군중도 합세하면서 시위대의 규모는 더 커졌다. 이들은 장터를 누비고 시가행진을 하고 경찰서 앞에서 자진해산하였다. 다음날 의령향교 앞에서 많은 인원이 다시 모여 시위를 전개하고 경찰서와 군청 앞에서 만세를 외쳤다. 이때 이화정 등이 이끄는 여자단체도 가담하면서 시위대의 사기는 더욱 높아졌다. 평화적 시위가 해산된 후 일경의 주도자 검거가 이루어졌고 이 소식을 전해들은 군중은 오후 4시경에 경찰서로 몰려가 구속자 석방을 요구하였다. 이때 마산 일군 포병대대 7~8명이 급파되어 경찰과 협력하며 군중들을 총검으로 위압, 해산시키고 다시 주도인물 10명을 검거하였다. 다음날 16일에도 시위

6) 상정면은 1935년 화정면이 되었다. 하지만 여기서는 1919년 당시 지명을 사용한다.

가 계속되었으나 진주에서 지원부대가 와 총검으로 시위 군중을 탄압 해산 시키고, 주도자를 검거하였다. 검거 인원은 100여 명에 달하였으나 이 가운데 30명이 형을 언도 받아 진주·대구·서울형무소에서 옥고를 치렀다.

의령면 의거는 다른 지역 의거에도 영향을 주었는데, 부림면 신반장터 3·1운동은 의령면 의령장터 3·1운동을 주도한 최정학이 직접 부림면 정주성에게 독립선언서를 전달하면서 의령면 시위 계획을 설명하고 신반리 의거 준비도 상의하면서 시위를 계획하였다. 그리하여 신반장날인 3월 15일로 거사일을 정하고 시위를 전개하였다. 지정면 봉곡장터 3·1운동은 의령면 의거에 참가했던 정호권이 동지를 규합하여 3월 16일 봉곡리장날에 기해 시위운동을 펼쳤고 이 과정에서 주재소 순사보를 구타하기도 하였다. 주도자 정호권은 3월 18일 창령군 남지장터 3·1운동을 주도하기도 하였다.

3월 20일 상정면 덕교리 3·1운동은 의령군 내 의거 소식과 합천 삼가 시위 소식이 전해지면서 이곳 유지인 조균구·조두환·김구현 등이 모여 시위계획을 협의하고 3월 20일 밤 덕교리 동구에서 모이기로 결의하였다. 3월 20일 밤 9시 주도인물을 비롯한 30여 명의 동민들이 모여 만세를 부르며 면사무소로 몰려가 면장을 앞세워 만세를 부르게 하고 2시간 동안 시위를 하고 자진해산하였다.

▌부림면 신반장터 3·1운동이 있었던 장터 주변 (의령군 부림면 신반리 345번지 일대)

▌지정면 봉곡리장터는 현재 농협이 들어서 있다.(의령군 지정면 봉곡리 769번지 일대)

▌덕교장터는 현재 3·1운동 기념공원으로 조성되어 있다.
(의령군 화정면 덕교리 865번지 일대)

(4) 창녕군

　창녕은 밀양 등과 같이 경남에서는 비교적 이른 시기에 시위가 일어난
지역으로 3월 13일의 영산면 시위와 3월 18일 남지면의 시위를 들 수 있다.
영산면 시위는 처음 민족대표의 영향을 받아 대표를 구성하고 평화적 시위
로 시작하였으나 이후 주도자들이 체포되면서 일본인 상점·주재소·우편
국 등을 습격하는 등 과격해졌다.

　영산의 3·1운동은 3월 13일에 일어나 말일까지 계속되었다. 영산 시위
는 23인 청년결사대의 시위와 이를 이은 보통학교 학생들의 시위로 나누어
진다. 시위운동은 영산 출신으로 보성고보를 졸업하고 천도교 인사와 가깝
게 지내던 구중회(具中會, 당시 21세, 천도교인)로 인해 비롯되었다. 그는
서울에서 경남 의령·밀양·창녕 등지 독립선언문과 독립신문을 전달하는
책임을 맡아 2월 23일 귀향했다. 밀양과 의령지역과 연락을 하고 500매가량
의 태극기와 큰 깃발 등을 준비했다. 3월 11일 구중회의 사랑방에서 24명의
결사대를 조직하고 선서문과 서약서 등과 투쟁방법을 결정하였다. 24명의
결사대 중 11명이 천도교 신자였다.

　3월 13일 오후 1시 개춘회(開春會)를 표방하고 남산에 모여 결사단원맹서에

서명한 뒤 구중회가 독립선언서를
낭독하고 미리 준비한 태극기를
흔들고 농악대를 앞세워 시위를
시작하였다. 오후 6시까지 시위대
는 영산면 읍내를 누비며 행진하
다가 해가 저물어 해산을 선언하
였다. 흥분한 시위 군중들은 해산

▌결사대가 모여 3·1운동을 준비한 남산의 모습. 독립선언문 비가 보이고 있다.(창녕군 영산면 동리 산 4번지)

을 거부하였으나 구중회가 독립에
대한 연설을 통해 해산시켰다. 결
사대의 일부가 창녕경찰서의 일경에게 잡히면서 오후 8시 남산에서 다시
시위를 재개하고 창녕경찰서로 향하다가 일경의 저지를 받아 해산당하고
구중회는 체포되었다.

다음날 3월 14일 창녕장날을 맞아 나머지 대원들이 장꾼으로 가장하여
창녕장터에 집결하였으나 창녕경찰서에서 미리 파시하여 장꾼들의 모습을
찾을 수 없었다. 그럼에도 불구하고 이들은 독립만세를 외치고 나섰다. 창
녕에서의 반응은 냉담하였고 주민의 호응을 얻지 못한 속에서 구금된 동지
들의 석방을 요구하며 창녕경찰서로 돌입하여 육탄전을 벌이고 나중을 위
해 빠져나온 3명을 제외한 전원이 구금되었다.

이렇게 23인의 결사대가 붙잡히자 영산보통학교 학생들이 일제히 일어
났다. 영산의 보림이라는 곳에서 모든 학생의 참가와 지휘체계 및 시위방
법 등을 정한 강령을 택하고 결의문을 정해 동맹 휴학에 들어갔다. 이날이
영산의 장날인 3월 26일로 이들은 대열을 이끌고 보림에서 영산장터로 나
아갔다. 그러자 장꾼들이 호응하고 일부 군중이 일본인 상점을 습격했다.
일경이 총칼을 휘두르고 공포를 쏘아 시위군중을 해산시키는 와중에 학생
5명이 체포되고 많은 부상자가 생겼다. 다음날 시위대는 잡힌 주도자를 석
방시키기 위해 창녕경찰서로 향했으나 일본인의 밀고로 실패하고, 30일 다
시 창녕경찰서를 공격하고자 하였으나 이 또한 일제의 감시와 방해로 실패

하였다. 이에 학생들은 전화선을 끊어 경찰서와의 연락을 지연시키고 일경의 정보원 구실을 한 일본인들을 습격하여 몰아내기로 하고 4대로 편성하여 동시 다발 공격을 계획하였다. 3월 31일 성내리 주변에서 만세시위를 해 일경과 일군의 주위를 돌리고 우편국을 습격해 전화선을 끊고 일본인의 집을 습격해 계획은 성공을 거두었다. 이처럼 영산에서 운동이 계속되자 일본의 탄압도 거세어져 검거와 고문을 자행하였다. 계속된 탄압과 지도자를 잃어가면서 운동은 수그러들 수밖에 없었다. 영산 3·1운동의 주도자들은 3·1운동 후 1920년대 청년 소년 농민운동 노동야학 등을 주도적으로 이끌어 갔다. 그들이 모였던 남산에는 기념비가 세워져 당시의 상황을 알려주고 있다.

남곡면 남지 장터 3·1운동은 3월 14일 의령읍 의거에 참가했던 의령군 지정면 도곡리에 살던 정호권에 의해 계획되었다. 그는 지정면 봉곡리 장날 시위를 주도한 후 봉곡리에서 가까운 남지리에서 동지를 규합하고 3월 18일 이곳의 장날에 맞춰 만세시위를 주도하였다. 그러나 일본 군경의 탄압으로 해산되었고 정호권도 체포되었다.

▌남지장터. 3·1운동이 있었던 장터는 현재 상설시장으로 바뀌었다.(창녕군 남지읍 남지리 530번지 일대)

(5) 산청군

산청 3·1운동은 3월 19~21일에 걸쳐 신등면·단성면, 3월 22일에는 산청면 장터, 4월 3일에는 시천면과 삼장면에서 시위가 전개되었다. 산청의 시위에서도 결사대를 조직하는 모습 등이 보이고 이 중 단성면 3·1운동은 서부경남에서 많은 희생자를 낸 곳 중 하나이다.

먼저 신등면·단성면 3·1운동은 1919년 3월 19~21일에 걸쳐 전개되었다. 신등면 평지리의 김영숙(金永淑)은 윤병모 선생과 논의하여 그의 아들인 윤규현과 자신의 아들 김상준(金相峻)을 상경시켜 서울의 정세를 알아보게 하였다. 그들이 독립선언서를 가지고 귀향하자, 제자들과 함께 태극기를 만들고 독립선언서를 등사하는 등 만세시위를 준비하였다. 3월 19일 신등면 단계장터에서 시위 예정이었으나 갑자기 들이닥친 헌병에 의해 주도자 전원이 헌병대로 압송되었다. 이들은 잡혀가면서 대한독립만세를 외쳤고 이에 군중들이 호응하여 만세를 고창하자 당황한 일병들이 군중을 위협하고 구타하면서 일대 유혈사태가 전개되었다. 시위가 실패한 후, 정태륜 · 권숙린(權肅麟) · 김선림(金善林) · 김상문(金相文) 등은 3월 20일 단계장터에서, 3월 21일 단성면 성내리 장터에서 재의거하기로 약속하였다.

3월 20일의 시위는 신등면 단계장터에 모여 단성면 성내리 장터로 이동하는 형식으로 진행되었다. 오후 2시 단계장터에 시위 군중이 모여들었다. 시위 주도자들은 대형 태극기를 앞세우고 독립만세를 외치면서 성내리 장터로 향하였다. 이에 군중이 합세하여 그 수는 점점 늘어났다. 놀란 일본헌병대에서는 김상준 등의 구금자 5명을 석방하는 대신 김영숙과 정태륜에게 군중을 해산시켜 줄 것을 요청하였다. 그러나 이들은 그 제안을 받아들이지 않았고, 시위대는 거리를 누비면서 밤이 깊도록 만세시위를 계속하였다. 진주와 거창으로부터 지원군이 도착하자 헌병대는 주동자 29명을 검거하였다.

▮단계장터가 있었던 곳. 현재는 전답으로 변형되어 옛 모습을 볼 수 없다.(산청군 신등면 단계리 681번지 일대)

▮단성 성내리 장터 시위 때 일본 헌병들과 대치했던 단성공립보통학교(현 단성초등학교)가 있었던 곳. 이 일대에 성내리 장터와 주재소 등이 있었다.

다음날인 21일은 단성장날로 많은 인파가 장터로 모여들었고 장터에 모인 군중이 시가행진을 하자 일본 헌병들이 단성공립보통학교 앞에서 공포를 쏘면서 제지하고자 하였다. 이에 성난 군중들이 총기를 탈취하고 헌병주재소로 몰려가 구속자 석방을 요구하고 교섭위원을 뽑아 석방을 위해 협의하였는데, 이때 헌병들이 군중을 향해 일제 사격을 가하면서 그 자리에서 11명이 순국하였고 수십 명이 부상당하였다.

산청면 3·1운동은 3월 22일 산청장날을 시위일로 해서 동경 유학생인 오명진을 중심으로 시위가 계획되었다. 오명진은 서울의 3·1운동이 일어나자 바로 귀국하여 독립선언서를 구해 고향으로 내려와 민영길, 오원탁 등과 비밀화합을 가지고 투쟁방법과 날짜 등을 각 마을에 통보하였다. 3월 18일 결사대를 조직하고 3월 22일 산청장날을 거사일로 정하였다. 그리고 군 전체로 시위를 확대하기 위해 산청군수 홍승균을 포섭하고자 하였

▌산청면 3·1운동이 있었던 산청장터의 현재 모습
(산청군 산청읍 171-2번지 일대)

으나 그가 일본군 헌병대에 고발하면서 3월 21일 주도인물들이 체포되었다. 그러나 이미 시위 소식이 전해져 있어 주민과 장꾼이 모여 12시경 다같이 독립만세를 외치며 시위를 전개하였다. 이에 놀란 헌병대와 수비대가 출동하여 시위대에게 무차별 사격을 가하여 많은 부상자가 나왔다.

(6) 거창군

거창 3·1운동은 가조장날인 3월 20일 장기리 장터에서 전개되었다. 시위는 가북 용산리 김병직과 가조면 석강리 어명준이 중심이 되어 3월 20일 가조면 장기리 장터에서 시위를 할 것을 계획했다. 3월 20일 장날 많은 농민들이 모여 가북 용산리 일본헌병분견소를 습격하여 기물과 서류를 파손

하는 등 항거하다 일본 헌병경찰에게 체포되었다. 이 소식을 전해들은 주민들은 3월 22일 거창장날을 기해 시위를 도모하고, 당일 장기리 만학정에서 시위 군중을 모아 검거된 주도인물들을 구출하기 위해 거창면으로 향하던 중 일본 헌병들의 무차별 사격에 4명이 순국하고 다수가 부상당하였다. 현재 가조면 장기리 장터는 유실되어 그 흔적을 찾아볼 수 없고 가조·가북 3·1운동을 기념하여 가조면 장기리에 거창기미만세기념탑을 세웠다. 이곳에서 3·1절 기념행사를 행하고 있다.

4월 8일 가조면의 시위 소식이 전해지면서 위천면 장기리의 정대필, 남산리 유희탁·정수필·이준형·유한탁 등이 시위 계획을 세웠다. 위천면·북상면·마리면을 중심으로 4월 8일 위천 장날 만세 시위를 알리고 참여하도록 연락하였다. 4월 8일 위천 장날 주도인물들이 장터 중앙으로 나가 독립만세를 선창하자 시위 군중이 이에 호응하여 시위를 전개하였다. 출동한 일본 헌병에 의해 무력으로 강제 해산되었다. 현재 위천면 장기리 장터는 지금도 재래시장이 서고 있다.

▍위천면 3·1운동이 있었던 장기리 장터의 모습
(거창군 위천면 장기리 511-2번지)

(7) 함양군

함양 3·1운동은 3월 28일 함양장터 3·1운동과 3월 31일 안의 3·1운동을 크게 들 수 있다. 함양면 의거는 전국적으로 3·1운동이 전개되면서 정순길(鄭淳吉)·윤보현(尹普鉉)·정순귀(鄭淳貴)·노경식(盧璟植) 등이 3월 28일 함양장날을 거사일로 정하고 동지규합과 시위를 준비하였다.

3월 28일 함양 장날에 많은 사람들이 모이자 일경은 삼엄한 경계를 펼치고 감시에 들어갔다. 오후 3시경 수천 명의 군중이 모인 가운데 경찰의 감시가 누그러들자 주도자들은 준비해 온 태극기를 장터 한복판에 세운 후

작은 태극기를 재빨리 군중에게 나
누어주고 시위를 전개하였다. 일본
헌병들은 총검으로 군중들을 해산
시키고 주도자들을 연행해갔다. 이
에 시위대는 그들이 끌려간 일본
군 헌병분견소로 몰려가 구속자 석
방을 요구하며 시위를 이어갔다.

▍시위가 있었던 함양장터 일대의 현재 모습
(함양군 함양읍 용평리 831번지 일대)

　이날 시위 후 김한익(金漢益)은
4월 2일 장날에 시위를 이어가기로 하고 태극기를 만들고 시위 준비를 하
였다. 4월 2일 12시경 장터에 시위 군중이 모이자 김한익은 독립선언을 하
고 독립만세를 고창하였다. 시위대가 이에 호응하면서 시가행진을 하였다.
일본군이 몰려와 김한익을 검거하자 군중들이 다시 헌병분견소로 몰려갔
다. 이때 유혈사태가 벌어져 많은 사상자를 내었다.

　안의 3·1운동은 수동면 상백리
에 사는 고재경(高哉景)·정재원(鄭
在元)이 중심이 되어 시위를 준비
하였다. 그들은 3월 25일 안의장터
에서 시위할 것을 계획하고 방을
써서 상백리 주막집에 붙여 호응
을 얻었으나 사실을 알게 된 일본
군경의 감시로 거사하지 못하였다.

▍현재 안의장터 일대의 모습

　그 후 유지 전병창·임채상(林采尙)·정순완(鄭淳完)·전재식(全裁植)·
조제헌(趙濟憲) 등이 지곡면 급천서당 청년학생 김채호(金采鎬)와 금천리
최석룡(崔碩龍) 등과 3월 31일 안의 장날을 거사일로 정하고 시위를 계획하
였다. 3월 31일 장날 주도인물들은 장터에 잠입해 오후 1시 30분경 김병창
등이 장 복판에서 태극기와 독립선언서를 배포하고 독립만세를 부르려는
순간 달려온 일본 경찰에게 주도자 중 5명이 체포되었다. 오후 2시경 최석

룡이 만들어 온 태극기를 다시 군중에게 배포하고 시위를 전개하였다. 오후 7시경 시위대가 구속자 석방을 요구하자 주재소에서 거창수비대에 지원군을 요청하여 시위대를 해산시켰다.

참고문헌

조선헌병대 사령부, 『조선소요사건상황』, 극동연구소출판회, 1919.

일본육군성, 『조선소요사건관계서류』 4, 1919.

_____, 『조선소요사건관계서류』 7, 1920.

독립운동사편찬위원회, 『독립운동사』 2, 1971.

_____, 『독립운동사』 3, 1971.

_____, 『독립운동자료집』 4, 1971.

_____, 『독립운동자료집』 5, 1971.

_____, 『독립운동자료집』 6, 1973.

강대민, 『부산지역학생운동사』, 국학자료원, 1987.

김동철·강재순, 「1920~1930년대 초 기장지역 사회운동」, 『한국민족문화』 8, 부산대학교 한국민족문화연구소, 1996.

김진호·박이준·박철규, 『국내 3·1운동 II −남부』, 한국독립운동사편찬위원회 독립기념관 한국독립운동사연구소, 2009.

남부희, 「마산·창원지역의 3·1운동 성격」, 『한국민족운동사연구』 15집, 1997.

도진순·박철규·전갑생, 『군북 3·1독립운동사』, 2004.

변지섭, 『경남독립운동소사』, 삼협인쇄사, 1966.

이정은, 『3·1 독립운동의 지방시위에 관한 연구』, 국학자료원, 2009.

장미정, 「울산지역의 3·1운동」, 울산대 교육대학원 역사교육과 석사학위논문, 1999.

정연태, 「경남지방의 3·1운동」, 『3·1 민족해방운동 연구−3·1운동 70주년 기념논문집』, 역사문제연구소, 1989.

한국문화원연합회 경상남도지회, 『경남지역 3·1독립운동사』, 2007.

4장

의열단과 의열투쟁

전성현

1. 의열단의 탄생

3·1운동은 독립을 염원하며 국내외에서 활동하던 명망가들에게 민중의 직접 혁명이 가능하다는 것을 인식시켰다. 3·1운동을 전후하여 국내외에서 각각 성립되었던 독립운동단체들이 각각의 노선에 따라 독립을 위해 힘쓸 때, 외교독립론에 반대하며 무장투쟁노선을 견지하던 일부 인사들은 민중의 직접 혁명을 촉발시키기 위한 의열투쟁 방법을 제기하기 시작했다. '의열투쟁'은 일반적으로 '의·열사들의 투쟁'을 의미하며 이는 사리를 버리고 의로 나아가 자기희생을 의연히 선택하는 것을 의미했다. 따라서 의열투쟁은 이미 일제에 의해 조선이 병탄당할 때부터 조직적 또는 개인적으로 진행되고 있었다. 이와 같은 움직임을 집대성하여 일제의 중심부를 와해시키고 민중의 직접 혁명을 통한 독립을 쟁취하고자 하는 움직임이 상해는 물론 길림 등 만주에서 진행되었다. 3·1운동 결과 설립된 상해임시정부가 초기 독립전쟁론에서 외교독립론으로 전환하기 시작하자, 이에 반발하여 무장독립투쟁을 견지하던 김대지는 만주 길림으로 와 동향의 황상규 등과 논의하여 의열투쟁을 진행하기 위한 준비에 들어갔다. 길림에는 1919년 3·1

▌김대지 생가지(내이동 847번지)

김대지는 김경수의 장남으로 밀양에서 태어나 일찍이 일합사를 조직하여 독립운동에 투신했다. 1917년부터 만주와 국내를 오가며 국권회복운동에 가담했으며 1919년 임시정부 임시의정원 의원에 선출된 이후 교통차장, 내무위원 등을 역임했다. 그 사이 의열단 활동에도 관여했으며 1928년 신민부, 정의부, 참의부의 삼부통합을 위해 애쓰다가 실패하자 의료업에 종사하며 지하활동을 계속했다. 이후 빈궁과 병마와 싸우다가 1942년 빈강성 파언현에서 영면했다.

---

* 이 글은 『한국독립운동사연구』 제38집(독립기념관 한국독립운동사연구소, 2011)에 수록된 「일제강점기 경남지역의 의열투쟁과 지역성─1920년대 초 의열단의 활동을 중심으로─」를 토대로 수정·보완한 것이다.

운동 이전부터 이미 박찬익, 정원택, 여준, 조소앙, 김좌진, 황상규 등이 중심이 된 대한독립의군부가 결성되어 무장독립론을 주장하며 조선독립군정사로 명칭을 바꾸고 조직적 무장투쟁을 위해 착착 준비하고 있었다. 이러한 분위기 속에서 1910년대 중반 중국에 들어와 있던 김원봉은 남경에서 봉천으로 가던 도중 3·1운동 소식을 접하고 봉천에서 김약수를 만나 독립운동 방법을 협의했다. 그리고 길림에 도착하여 황상규 등 대한독립의군부 인사들과 만나 논의한 끝에 일제에 대한 암살 파괴활동을 통한 폭력혁명노선을 선택하게 되었다.

동향의 선배이며 친척인 김대지, 황상규의 조력 하에 김원봉은 뜻있는 동료들과 함께 신흥무관학교에 입학하여 그곳에서 이종암(양건호), 이성우, 신철휴, 서상락, 강세우, 김옥(김상윤), 한봉근, 한봉인 등과 '직접행동'의 필요성을 견지하고 길림으로 함께 와 숙의한 끝에 의열단을 결성하게 되었다. 1919년 11월 9일 길림성 파호문 밖 중국인 반씨 집에서 김원봉, 윤세주, 이성우, 곽경(곽재기), 강세우, 이종암, 한봉근, 한봉인, 김상윤, 신철휴, 배동선(배중세), 서상락 등 13명이 모여 국내외에서 의열투쟁을 전개하기로 결의하고 의열단을 결성했다. 이때 의열단의 단장격인 의백에 김원봉이 추대되었다.

의열단은 의열투쟁을 전개하기 위해 미리 폭탄 사용 및 제거법을 교습하는 등 활동방향을 일찍부터 확실하게 규정하고 있었다. 의열단의 조직 목적과 추진 방법은 공약 10조를 통해 규정하고 암살대상과 파괴대상을 명확하게 제시했다. 공약 10조는 다음과 같다.

1. 천하의 정의로운 일을 맹렬히 실행한다.
2. 조선의 독립과 세계의 평등을 위하여 신명을 희생한다.
3. 충의(忠義)의 기백과 희생정신이 확고한 자라야 단원이 된다.
4. 단의(團義)을 우선시하고, 단원의 의리를 지킴을 급무로 삼는다.
5. 의백(義伯) 1인을 선출하여 단을 대표토록 한다.
6. 언제 어디서든 매월 1차씩 사정을 보고한다.

7. 언제 어디서든 부름과 모임에 반드시 응한다.
8. 죽음을 피하지 않고 단의(團義)를 위해 목숨을 바친다.
9. 하나가 아홉을 위하여, 아홉이 하나를 위하여 헌신한다.
10. 단의(團義)를 거스르거나 배반하는 자는 처벌한다.

암살대상은 조선총독 이하 고관, 군부 수뇌, 대만총독, 매국적(賣國賊), 친일파 거두, 적탐(敵探), 반민족적 토호열신(土豪劣紳)이며, 파괴대상은 조선총독부, 동양척식주식회사, 매일신보사, 각 경찰서, 기타 왜적의 중요기관이었다. 이에 따라 의열단은 1920년대 중반기까지 국내외에서 의열투쟁을 맹렬히 전개했다.

2. 우정을 나눈 '친우'에서 피를 나눈 '동지'로

1) 뜨거운 밀양강변 모래사장에서 풋볼을 차던 친우들이 의열단원이 되다

의열단의 결성과 경남지역에서 전개된 의열투쟁을 '의열단'이라고 하는 독립운동단체의 활동으로만 이해하고 살펴보는 것은 이미 이루어졌다. 이를 통해 의열단과 의열투쟁은 개인적인 여러 관계를 넘어 '독립'이라고 하는 대의 속에서 단결하여 진행된 것으로 파악되었다. 하지만 의열단 결성과 경남지역에서 전개된 의열투쟁의 의미를 보다 구체적으로 살펴보기 위해서는 그 선결조건과 운동대상에 대한 이해가 전제되어야 한다고 생각된다. 따라서 여기서는 의열단의 결성과 경남지역에서 전개된 의열투쟁을 지역과의 관계(지역성과 장소성)를 통해 보다 구체적으로 살펴보도록 한다. 먼저 의열단 결성과 지역에서 전개된 의열투쟁에 가담한 인물들을 정리하면 [표 1]과 같다.

[표 1] 의열단 및 의열투쟁 참여자 명단

연번	성명	이명/별호	생년	출신지	참여사건	주요이력
1	황상규	白民(호)	1890	경남 밀양	창, 밀	동화학교, 일합사, 대한광복회
2	김대지	一峰(호)	1891	경남 밀양	창, 밀	동화학교, 일합사, 상해임시정부
3	김원봉	若山(호)	1898	경남 밀양	창, 밀, 부경	동화학교, 연무단, 신흥무관학교
4	곽재기	郭 敬	1893	충북 청주	창, 밀	대동청년단, 길림소년단
5	강세우		1901	함남 삼수	창	신흥무관학교
6	권 준	權重煥	1895	경북 상주	창	신흥무관학교
7	김상윤	金玉(鈺)	1897	경남 밀양	창, 밀, 밀경	동화학교, 신흥무관학교
8	배중세	裵東宣	1893	경남 창원	창, 밀, 경북	대동청년단, 조선국권회복단, 3·1운동
9	서상락	徐永林	1893	경북 달성	창, 밀	신흥무관학교
10	신철휴	申愚童	1898	경북 고령	창, 밀	신흥무관학교
11	윤세주	尹小龍	1901	경남 밀양	창, 밀	동화학교, 연무단, 3·1운동
12	이성우		1899	경남 밀양	창, 밀	신흥무관학교
13	이종암	梁建浩	1896	경북 달성	창, 밀, 밀경, 경북	신흥무관학교
14	한봉근		1894	경남 밀양	창, 밀	동화학교, 신흥무관학교
15	한봉인		1898	경남 밀양	창, 경북	동화학교, 신흥무관학교
16	이낙준	安鐘默	1891	함남 단천	창, 밀	안동임시교통국
17	이수택	李一夢	1891	경북 칠곡	창, 밀	광복단원
18	윤치형		1893	경남 밀양	창	일합사, 3·1운동
19	이병철		1887	경남 밀양	밀	3·1운동
20	김병환		1889	경남 밀양	밀	3·1운동
21	김기득		1899	경기 서울	밀, 부경	대동청년단
22	이주현		1892	경남 진주	밀	
23	김재수		1888	경남 부산	밀	
24	최수봉	崔敬鶴	1894	경남 밀양	밀경	동화학교
25	고인덕		1887	경남 밀양	밀경, 경북	동화학교
26	박창수		1897	경남 밀양	부경	부산상업학교

'창'은 창립기 조직원, '밀'은 밀양폭탄사건 관련자, '부경'은 부산경찰서 투탄의거 관련자, '밀경'은 밀양경찰서 투탄의거 관련자, '경북'은 '경북의열단사건' 관련자임.

[표 1]을 통해 볼 때, 의열단 창단과 경남지역에서의 의열투쟁에는 두 가지 중심축이 있음을 알 수 있다. 하나는 밀양을 중심으로 하는 경남지역 출신자들이며 대체적으로 의열단의 핵심을 이루고 있다. 다른 하나는 신흥무관학교를 중심으로 하는 축이다. 신흥무관학교 관련자를 다시 출신지로 살펴보면 경남 밀양과 경북에 집중되어 있다. 즉, 의열단은 선배 원로격인 황상규, 김대지, 윤치형과 단장인 김원봉을 중심으로 하는 밀양출신자들을 중심으로 하고 이종암 등 신흥무관학교 및 경북출신자들로 구성되었음을 알수 있다. 그렇다면 의열단 결성과 경남지역에서의 의열투쟁에 밀양을 중심으로 인물들의 인적 관계를 살펴보면 어떤 영향을 미쳤는지를 파악할 수 있을 것이다. 이들의 인적 관계를 파악하기 위해서는 혈연, 지연, 학연을 살펴볼 필요가 있다. 전통적인 요인이며 근대적인 요인이기도 한 인적 관계망을 혈연, 지연, 학연을 통해 살펴보는 것은 그 추구하는 목표가 조선의 독립임을 드러내는 것만큼 중요한 의미를 지닌다. 이는 의열단이 비밀결사이며 긴밀한 유대감을 가져야만 효과적인 의열투쟁을, 특히 암살파괴투쟁을 진행할 수 있기 때문에 목숨과 같은 유대감을 나누기 위해서는 혈연, 지연, 학연 등이 각각 따로 떨어질 수 없고 모두 씨줄과 날줄로 복잡하게 얽여야만 그 의미를 지닐 수 있기 때문이다. 또한 이러한 혈연, 지연, 학연은 지역을 중심으로 상호 유기적으로 중첩되어 있기 때문에 지역의 입장에서 파악할 필요가 있다. 따라서 우선 밀양지역의 객관적 조건인 역사적 환경을 살펴본 이후 주관적 조건인 인적 관계의 중층적인 연결고리를 편의상 구분하여 살펴보도록 하자.

밀양지역은 밀양강과 낙동강에 의해 충적된 비옥한 토지 때문에 개항 이후 낙동강과 경부선을 통한 일본인들의 내륙 진출이 러일전쟁 이전부터 추진되었다. 더불어 대규모의 일본인 농촌이민도 추진되는 등 일본인 식민회사와 대지주의 토지 침탈이 이른 시기부터 가속화되었던 곳이었다. 특히 밀양군의 중심지역인 밀양면과 낙동강의 수운 중심지인 삼랑진은 경부선의 건설과 함께 일제시기 이전부터 일본인 및 일본인 대지주의 토지침탈이

진행되고 있던 곳이었다. 더군다나 밀양면과 삼랑진 사이의 상남면은 낙동
강의 지류인 밀양강과 낙동강의 사이에 위치한 약 30리의 충적토로 토지가
비옥하여 농업경영에 적합한 지역이었다. 다만 두 강이 자주 범람하여 수
해가 빈번히 발생했고 이 때문에 아직 개간하지 못한 땅이 대부분이었다.
그래서 밀양강 오른쪽 낮은 구릉을 중심으로 조선인 마을이 존재했고 그
인근의 땅만 조선인들이 경작했다. 이와 같은 점을 일찍부터 조사하여 간
파한 일본인들은 러일전쟁을 전후하여 본격적으로 이 지역에 진출하여 수
리시설을 설치하고 토지를 개간하여 소유하기 시작했다.

　대표적으로 밀양면과 인접한 상남면 일대는 밀양강을 중심으로 하는 충
적토로 식민회사와 일본인 이주농촌에 의해 수리조합이 결성되고 수리시
설이 설치되어 토지가 개간되기 시작했다. 먼저 밀양군 밀양면 가곡동, 예
림리 및 상남면 기산리 인근에 [지도 1]의 ㉠과 같이 유아사무라(湯淺村)가
조성되었다. 유아사무라는 삼랑진에 거주하던 히로시마현 사람 유아사 한
페이(湯淺凡平)가 조성한 이주농촌으로, 이후 후쿠오카현 사람 노세 히로요
시(野瀨廣吉), 오카야마현 사람 마츠시타 사다지로(松下定次郎) 등에 의해
대대적인 일본인 이주농촌으로 조성되었다. 이들은 이주농촌을 건설하고
밀양수리조합을 결성하여 밀양강 오른쪽에 제방을 쌓아 [지도 1]의 ㉮와 같
이 토지를 개간하여 비옥한 농토를 만들었다. 1915년 현재 이곳에 이주한
일본인은 97호, 471명이었으며 조선인과의 관계 속에서 치안을 유지하기
위한 각종 조직을 결성했다. 이어서 그 아래 상남면 마산리 인근에는 [지도
1]의 ㉯와 같이 밀양강과 낙동강의 범람을 막고자 조성된 수리시설을 토대
로 동양척식주식회사의 대규모 토지가 위치했다. 이 두 지역의 토지는 일
본인 대지주 및 동척 소유지로 일부 일본인들의 자작지를 제외하고 대부분
밀양면과 상남면 등에 거주하는 조선인들에 의해 소작되었다.

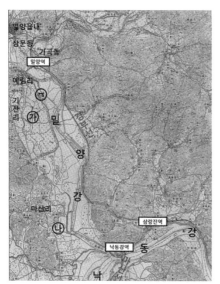

[지도 1] 밀양군 지도(1924)

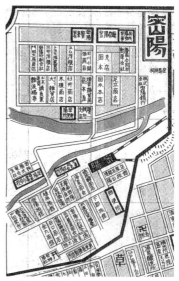

[지도 2] 밀양시가지도(1930)

뿐만 아니라 [지도 2]처럼 경부선 밀양역을 중심으로 한 가곡동에 일본인 시가지가 조성되었고 점차 삼문동을 거쳐 밀양강을 넘어 밀양 읍내로까지 일본인들의 영역이 확장되었다. 밀양 읍내에는 인근 지역은 물론 멀리 인천으로부터 물류가 모이는 밀양시장이 섰기 때문에 이곳의 물자를 밀양역을 통해 부산을 거쳐 일본으로 이동하기 위한 상업 활동이 일본인들에 의해 추진되었다. 따라서 일제시기 이미 밀양 읍내에는 일본인 회사, 상점 등이 진출하고 있었다. 경남에서 일본인거류지가 있었던 부산과 마산을 제외한 내륙지역 중 통영, 진주, 밀양에 일본인 진출이 가장 많았던 점도 이 때문이었다. 물론 1920년대로 넘어가면 진주, 방어진 등 다른 지역의 일본인 거주가 늘어나면서 밀양군내 일본인 거주는 정체하고 있었다. 그렇더라도 1913년 현재 밀양군 전체에 일본인은 2,636명이 거주했으며, 밀양읍에만 1,048명이 거주했다. 이후 1920년대 전반에도 밀양군 전체에 2,500명 내외, 밀양읍내에 1,000명 내외의 일본인이 거주했다. 이처럼 일본인들은 이른 시

기 밀양지역의 철도역을 중심으로 농촌지역에 진출했으며 뒤이어 점차 읍
내지역까지 영역을 확장하여 조선인과의 사이에서 갈등이 크게 고양되었
다. 이로 말미암아 1919년 전국적으로 전개된 3·1운동이 밀양지역에도 영
향을 미쳐 밀양읍내를 중심으로 일어난 3·1운동은 3월 13일 밀양시장과
밀양공립보통학교를 시작으로 4월 2일까지 5차례에 걸쳐 지속적으로 전개
되었다.

▌황상규 집터(내이동 957번지)

▌김원봉 생가지(내이동 901번지)

▌윤세주 생가지(내이동 880번지)

▌윤치형 집터(내이동 977번지)

　이제 의열단과 의열투쟁의 인적 관계와 관련된 주관적 조건을 살펴보도
록 하자. 우선 의열단의 구성원 중 친인척관계가 적잖게 드러난다. 의열단
성립에 막후 역할을 한 황상규와 의열단을 이끈 김원봉은 고모부와 처조카

사이였다. 어릴 때부터 김원봉은 황상규를 따랐던 것으로 보이며 김원봉의 민족의식 고취에 막대한 영향을 미쳤던 것을 여러 정황을 통해 알 수 있다. 또한 밀양읍내 3·1운동을 주도했던 윤치형과 윤세주는 사촌형제 사이로 밀양 3·1운동을 견인할 정도로 함께 항일독립운동에 적극적이었다. 게다가 이른 시기 중국으로 건너가 독립운동을 전개한 한봉근과 한봉인은 친형제 사이였다. 이 경우 지연관계 이전에 출생을 통한 혈연관계로 보다 더 끈끈한 유대관계를 형성하여 그 연대감이란 말로 표현하기 어려울 정도로 강고했기 때문에 그들의 독립운동에 상호 중요한 역할로 작용했다. 다른 관련자들과의 혈연관계는 차후 좀 더 살펴보아야 하겠지만 가깝지 않더라도 김원봉의 부친 김주익의 조모가 윤씨였기 때문에 김원봉과 윤세주도 먼 인척관계로 보인다. 이처럼 혈족 관계 속에 포함되는 인물들도 적지 않을 것으로 판단되며 이른바 이웃사촌 또는 의형제처럼 지낸 인물들도 상당 존재했다.

[지도 3] 의열단 및 밀양지역 의열투쟁 관련인사의 거주지(밀양시내)

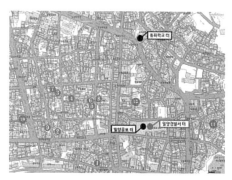

1. 전홍표(밀양군 부내면 내이동 928번지)
2. 황상규(밀양군 부내면 내이동 957번지)
3. 김대지(밀양군 부내면 내이동 847번지)
4. 윤치형(밀양군 부내면 내이동 977번지)
5. 김원봉(밀양군 부내면 내이동 901번지)
6. 윤세주(밀양군 부내면 내이동 880번지)
7. 김병환(밀양군 부내면 내이동 848번지)
8. 이장수(밀양군 부내면 내이동 882번지)
9. 정동찬(밀양군 부내면 내이동 991번지)
10. 고인덕(밀양군 부내면 내이동 1009번지)
11. 강인수(밀양군 부내면 내일동 254번지)
12. 박창수(밀양군 부내면 내일동 520번지)

그 외 밀양역 인근에는 한봉근·한봉인(가곡동 557번지), 이병철(가곡동 367번지)이 거주했고 외곽에는 김상윤(기산리 1648번지), 최수봉(마산리 792번지)이 거주했다.

한편, 같은 동향이라고 하는 지연 관계 또한 의열단 결성과 경남지역에서의 의열투쟁에 중요한 요인으로 작용했다. [표 1]과 [지도 3]에서도 드러나듯이 의열단 결성과 의열투쟁에 무려 17명의 밀양출신자들이 포함되어 있다. 이들은 단순히 같은 동향이기만 한 것이 아니라 어린 시절 같은 동네에 살며 이웃으로 돈독한 유대관계를 맺었다. 그들은 멀리 떨어져 왕래가 드문 친족보다도 더 관계가 끈끈한 이웃사촌으로 지냈으며 경우에 따라서는 의형제와 같이 동고동락하며 지냈다. 이러한 관계는 표피적이지만 이들의 거주지를 표시한 [지도 3]과 밀양시가지도를 통해서도 부분적으로 파악할 수 있다. 두 지도 상에서 밀양군의 읍치인 부내면을 살펴보면 아래 밀양강을 건너 오른편으로 영남루를 지나 곧바로 올라가면 복원된 동헌과 마주치게 되고 다시 동헌으로부터 북서쪽으로 청도·대구 방면의 큰 도로가 나 있다. 이 도로와 함께 지도 가운데를 가로지르는 작은 도로가 나 있다. 이 도로를 기점으로 오른쪽이 밀양읍성이었을 것으로 추정되는 행정 중심지이고 일제시기 행정구역상 밀양군 부내면 내일동에 해당한다. 그리고 그 왼편은 밀양읍성 서문 밖에 해당하며 행정구역상 부내면 내이동에 해당한다. 일제시기로 들어와 시가가 확장되면서 읍성은 허물어졌던 것으로 보이며 점차 내이동 쪽으로 시가가 확장되었다. 그렇다고 하더라도 일제시기 내일동과 내이동은 모두 한동네에 포함되었다.

이상과 같이 내일동과 내이동이라고 하는 행정 구역 내에 의열단원의 본적지 또는 거주지가 거의 모두 포함되어 있음을 [지도 3]을 통해 알 수 있다. 그렇다면 의열단원들은 단순히 행정상의 '동향'일 뿐만 아니라 어린 시절 애국 사상의 고취와 함께 "뜨거운 강변 모래사장에서 풋볼을 찼고, 겨울 아침 상학전에는 등산과 냉수욕을" 하는 등 밀양강과 영남루를 오르내리며 함께 뛰어놀며 유년 시절을 보냈으며, 대부분 [지도 3]에 표시(검은 점)되어 있는 동화학교와 밀양공립보통학교를 다니며 일제강점기라는 암울한 시절 민족의식을 고취시키며 긴밀한 유대관계를 맺었다. 이는 김원봉의 유년 시절 회고에서도 확인되는 대목이다. 한편 부내면에 거주하지 않은 밀양출신

의열단원들은 [지도 1]과 [지도 2]에서처럼 밀양강 너머 밀양역이 설치되어 시가가 확장되고 있던 가곡동을 비롯하여 전통적인 농촌마을인 상북면 기산리와 마산리에 거주하고 있었다. 즉, 가곡동에는 이병철, 한봉근, 한봉인 등이 거주했으며, 상북면 기산리와 마산리에는 김상윤, 최수봉이 인근에 거주했다. 이들 또한 철도 부설지와 유아사무라(湯淺村) 및 동양척식주식회사 소작지를 통해 내륙으로 진출한 일본인들의 침략적인 모습을 지켜보며 민족의식을 키웠고 어린 시절 밀양군 부내면의 동화학교와 밀양공립보통학교를 다니며 다른 의열단원들과 돈독한 유대관계를 쌓으며 지냈던 것으로 파악된다.

[표 2] 밀양공립보통학교 및 동화학교 수학자명단

학교명	명단
밀양공립보통학교 (前 개창학교)	윤치형(1911), 김원봉(중퇴), 한봉근(1913), 윤세주(1914), 한봉인(1914), 김소지(1914), 정동찬(1915), 최수봉, 김상윤(중퇴)
동화학교	황상규, 김대지, 김원봉, 윤세주, 최수봉, 고인덕, 김상윤, 김소지, 박소종, 정동찬

▌밀양공립보통학교(내일동 583번지)

개창학교를 이은 밀양공립보통학교는 원래 밀양시장 안에 위치했으나 3·1운동의 중심이 되었기 때문에 밀양강 건너 삼문동으로 이전했다. 현재 밀양시 삼문동 3번지 밀양초등학교에는 설립자인 손정현을 기리는 기념비가 세워져 있다.(사진 출전 : 밀양백년청사)

▌동화학교터(내일동 477번지)

동화학교는 전홍표가 대한제국 초기 밀양읍 내일동에 있는 군관청에 창설한 사립학교로 지역의 수많은 항일투사를 길러낸 학교였기에 1919년 3·1운동 이후 일제의 사학 탄압정책에 의해 폐쇄되었다.

앞에서도 어느 정도 언급한 것처럼 동향 출신이지만 신의를 가지고 자신의 목숨을 희생하며 의열투쟁에 뛰어들 수 있도록 추동한 요인 중 학연도 뺄 수가 없다. 밀양지역에는 근대교육의 일환으로 광무연간에 이미 적잖은 학교가 설립되고 있었다. 그중 일제의 침략에 맞서 민족교육을 실시하는 학교도 존재했고 그러한 학교가 이들 동향의 인물들을 같은 목적 하에 독립운동에 뛰어들도록 추동했다. 밀양에도 근대교육의 필요성에 의해 개화관료출신의 손정현에 의해 개창학교가, 성호 이익의 학풍을 잇고 있던 부북면 퇴로리의 항재 이익구와 성헌 이병희에 의해 화산의숙이, 그리고 광무연간에 전홍표에 의해 설립된 동화학교가 있었다. 이 가운데 개창학교를 이은 밀양공립보

∥화산의숙 및 정진학교터

밀양군 부북면 퇴로리에 1890년 설립된 화산의숙은 1910년 폐교된 이후 야학으로 유지되다가 1921년 3월 25일 사립 정진의숙(정진학교)으로 다시 개교했고 민족교육을 실시했다는 이유로 일제의 탄압을 받다가 1939년 강제 폐교되었다.

통학교와 민족의식이 강했던 동화학교는 의열투쟁 관련자들을 연결하는 중요한 고리역할을 했다. 밀양공립보통학교는 1919년 3 · 1운동 당시 밀양시장과 붙어 있어 밀양지역 3 · 1운동의 중심지였다. 그러나 이 때문에 1920년 즈음 장소를 옮겨 현재의 삼문동으로 이전했고 원래의 학교 자리에는 밀양경찰서가 세워졌다. 한편, 동화학교는 국권회복을 강조하는 민족교육의 산실이었기에 민족의식이 남달리 투철했던 많은 의열투쟁 관련자들을 모이게 했으며 이곳에서 그들은 독립의지를 키워나갔다. 동화학교 관련자들을 살펴보면, 의열단 설립에 막후 역할을 했던 황상규와 김대지가 일찍이 동화학교를 나와 모교에서 후배를 양성했고, 밀양공립보통학교의 일본인 교사로부터 배우기를 거부한 김원봉, 윤세주 등도 자격은 없었지만 동화학교에서 전홍표 이하 민족의식이 남달랐던 교사들에게 교육을 받으며 연무단

이라는 비밀결사까지 만들어 독립의지를 불태웠다. 앞의 [표 2]는 밀양공립
보통학교와 동화학교에서 수학한 적이 있는 의열투쟁 관련자들이다. 특히
어린 시절 같은 동네에서 유대관계를 맺었던 인물 이외에 같은 지역이지만
밀양강을 사이에 두고 있었던 한봉인·한봉근 형제와 김상윤, 최수봉 등은
모두 밀양공립보통학교와 동화학교를 통해 유대관계를 형성했다.

이상과 같이 의열단과 의열투쟁은 밀양이라고 하는 지역 공간을 중심으
로 하는 지연, 학연, 혈연관계를 토대로 하여 결성되었고 진행되었음을 알
수 있다. 특히 일제의 간담을 서늘하게 만들고 조선 민중에게 희망을 준 의
열단의 동지애와 희생정신은 지역에서 어린 시절부터 맺었던 유대관계 속
에서 이루어졌다. 따라서 독립운동과 지역은 단순히 운동이 전개된 곳만이
아니라 운동이 전개될 수 있도록 기반을 제공한 곳이기 때문에 향후 이 점
에 유의하여 독립운동의 전개과정을 살펴볼 필요가 있다.

2) 정공단에서 결의형제를 맺은 친우들이 의열투쟁에 가담하다

다음으로 의열단의 경남지역 의열투쟁의 중요한 장소였던 부산지역을
역사적 환경과 인적 관계를 중심으로 살펴보자. 주지하다시피 부산지역에
서 전개된 대표적인 의열투쟁은 박재혁에 의해 이루어진 부산경찰서 투탄
의거이다. 부산경찰서 투탄의거와 관련하여 투탄의거 당일 일제에 의해 수
많은 지역 인사들이 검거되어 고문을 받았지만 끝까지 관련 사실을 함구하
여 이 사건은 박재혁의 단독 행동으로 일단락되었다. 하지만 당시 일제의
관련자 검거와 해방 이후 관련 인사들의 회고, 유고 등을 통해 볼 때 박재
혁 혼자만의 의거로 보기는 어렵다. 물론 결정적인 의열투쟁은 박재혁에 의
해 이루어졌지만 이 의거가 이루어질 수 있도록 음으로 양으로 도운 지역
의 인사들이 적지 않았다. 따라서 관련 인사들의 회고 자료와 1920년 10월
2일 일제의 「부산경찰서 폭탄 투하에 관한 건」(高警 제31192호)에 기록된
관련 인사들을 통해 의열투쟁과 부산지역, 특히 부산진 지역(좌천동과 범일

동 일대)과의 관계를 살펴보도록 하자.

[표 3] 부산지역 의열투쟁 관련자명단

연번	성명	별호/이명	생년	출신지	참여사건	주요이력
1	박재혁		1895	경남 부산	부경	육영재, 부산상업학교/광복단, 구세단
2	김원봉	약산(호)	1898	경남 밀양	창, 밀, 부경	동화학교/일합사, 대한광복회, 구세단
3	최천택	소정(호)	1896	경남 부산	부경	육영재, 부산상업학교/광복단, 구세단
4	김영주		1896	경남 부산	부경	부산상업학교/광복단, 구세단
5	오재영	오택, 오준영	1897	경남 부산	부경	육영재, 부산상업학교/광복단, 구세단
6	김병태	김빈, 조국동	1899	경남 부산	부경	육영재/광복단, 구세단
7	김기득		1899	경기 경성	밀, 부경	
8	박창수		1897	경남 부산	부경	부산상업학교
9	김인태	김철성, 김일	1896	경남 부산		광복단, 구세단
10	왕치덕		1896	경남 부산		부산상업학교/구세단
11	장건상	소해(호)	1883	경남 부산	밀, 경북	좌천재(육영재?)/임시정부

'창'은 창립기 조직원, '밀'은 밀양폭탄사건 관련자, '부경'은 부산경찰서 투탄의건 관련자, '밀경'은 밀양경찰서 투탄의거 관련자, '경북'은 '경북의열단사건' 관련자임.

먼저, 부산경찰서 투탄의거를 포함하여 의열단과 관련된 인사들은 앞에서 언급한 것처럼 일제의 보고에 의하면 [표 3]과 같이 10명 정도로 파악된다. 이 가운데 부산경찰서 투탄의거와 직접적인 관련성은 희박하지만 김원봉 및 의열단과 직간접적으로 관련이 있는 장건상, 김인태, 왕치덕 또한 포함된다.

장건상은 의열단의 고문으로 활동하며 1차(밀양), 3차(경북) 암살파괴계획에 관여했다. 김인태의 경우 김원봉이 학업을 중단하고 조선의 명승고적을 돌아본다는 핑계로 각지의 독립운동세력들을 살펴보고 관계를 맺던 무전여행 때 부산에서 만났던 가장 인상 깊었던 인물 중 한 사람이었다. 이를 인연으로 이후 국내에서도 자주 연락했으며 1917년경 상해에서도 다시 만나 의열단에 관계했고 줄곧 김원봉과 함께 독립운동에 투신했다. 왕치덕의 경우도 해방 후 김원봉의 부산 방문 때에 자신의 범일동 집에 초대하는 등

■ 장건상 집터(좌천동 311번지)

　장건상은 1882년 12월 경상북도 칠곡에서 태어나 1883년 부산 좌천동으로 이사했다. 좌천기(佐川奇)라는 서당에서 한문을 익혔으며 신학문을 가르치던 육영제에서 12년간 수학한 후 미국으로 유학갔다. 이후 상해임시정부 등 해외에서 활발한 독립운동을 펼쳤다.

의 일화와 김원봉, 오택, 김인태와 함께 찍은 사진, 그리고 의열투쟁 관련 유족들의 증언을 고려해 볼 때 직간접적으로 의열단과 의열투쟁에 관여했을 것으로 파악된다. 더군다나 김원봉과의 만남 이후 김인태도 독립운동을 위한 목적 하에 계획한 무전여행 때 왕치덕과 오택이 송별을 위해 함께 동행했다. 이들은 도중에 간도와 중국에 대한 의견을 구하고자 김원봉을 만나러 밀양에 갔

지만 김원봉이 출타 중인 관계로 만나지 못하고, 결국 밀양강을 배경으로 사진만 찍고 돌아온 일도 있어 1914년을 전후하여 김원봉과 이미 관계를 맺고 있었다고 볼 수 있다. 따라서 이러한 유대가 부산경찰서 투탄의거로 이어졌다.

■ 좌측 사진은 김인태가 무전여행 도중 김원봉과 만나기 위해 밀양에 갔다가 김원봉의 출타로 만나지 못하고 그곳까지 배웅했던 왕치덕, 김인태와 함께 밀양강을 배경으로 찍은 사진이다(좌로부터 김인태, 왕치덕, 오택).
■ 우측 사진은 해방 이후 김원봉이 부산을 방문했을 때 왕치덕, 오택, 김인태와 함께 찍은 사진이다(아래 김원봉, 뒤줄 좌로부터 오택, 왕치덕, 김인태).
　(사진 출전 : 『부산출신독립투사집』)

그러면 먼저 부산진 지역의 역사적 환경을 살펴보고 이어서 긴밀한 인적 관계를 형성하게 된 주관적 조건을 살펴보도록 하자. 부산진은 부산진성을 둘러싼 전통적인 조선인마을이었다. 물론 임진왜란을 거치면서 국방상 중요한 의미를 지니고 있었지만 조선후기가 되면서 그 중요성은 점차 줄어들었다. 개항과 더불어 새로운 변화의 기운이 불어왔지만 변화의 바람은 이 지역의 전통적인 조선인마을을 비껴갔고 새로운 사람과 새로운 지역의 성장을 가져왔다. 따라서 부산진 조선인마을은 부산 지역의 여느 조선인마을보다 열악한 처지에 놓이게 되었다. 이웃한 초량 조선인마을의 경우 개항과 더불어 개항장 객주들이 자리 잡았고 일부는 일본인 거류지를 중심으로 한 부산항의 발전과 더불어 신흥 세력으로 성장해갔다. 게다가 동래는 동래대로 읍치의 명맥을 어느 정도 유지해갔다. 물론 초량이나 동래지역에 대한 일본인들의 토지 침투는 지속적으로 이루어져 조선인들은 점차 외곽으로 밀려나게 되었고 일부의 조선인 상공업자만이 명맥을 유지하고 있었다. 이렇게 밀려난 조선인들은 초량 인근의 영주동과 부산진 조선인마을은 물론이고 시외로까지 밀려났으며 이 때문에 부산진 조선인마을의 처지는 더욱더 열악해졌다.

[표 4] 부산지역 일본인과 조선인 인구 비교(1920년 현재)

지역	부산항		초량		부산진	
구분	일본인	조선인	일본인	조선인	일본인	조선인
인구수(명)	17,224	1,119	3,903	12,613	1,013	6,032

일본인 시가 중심의 부산항은 옛 전관거류지였던 富平町, 大廳町, 福田町, 西町, 幸町, 南濱町, 辨天町, 琴平町, 本町과 북빈 매축 및 영선산 착평을 통해 만든 常盤町, 左藤町, 池ノ町, 埋立新町, 大倉町, 中町, 岸本町, 高島町, 東高砂町, 西高砂町, 榮町, 相生町, 藏前町을 포함하는 지역이다. 조선인시가 중심인 초량은 瀛州町, 草梁町, 水晶町을 포함하는 지역이다. 부산진은 左川町, 凡一町을 포함하는 지역이다.

위 [표 4]와 [지도 4]를 통해 보면, 부산항을 중심으로 하는 일본인시가가 1910년대부터는 북빈 매축, 영선산 착평, 부산진 매축 등을 통해 동북쪽으로 점차 확장되고 있음을 알 수 있다. 특히 민족별 인구와 관련하여 전통적인 조선인마을인 부산진 쪽의 인구가 개항과 더불어 경제적 발달에 따라 초량 쪽으로 이동했음도 알 수 있다. 더군다나 일본인들의 진출에 따른 도시화가 진전되는 두 지역에 낀 부산진 조선인마을은 상대적으로 지역적 발전이 더디었을 뿐만 아니라 일제에 의해 변화의 바람이 불었을 때에도 도리어 침탈의 현장이 되었다.

[지도 4] 1910년대 후반 부산항 및 부산진 지도

▌위 '부산부근' 지도는 일본인 중심의 부산항과 조선인 중심의 초량, 부산진까지 포함한 1918~1922년 사이의 모습을 담은 것으로 추정된다. 이 지도를 통해 부산항을 중심으로 하는 지역이 이미 도시화가 진행되었고 점차 해안선을 따라 북빈 매축, 영선산 착평, 1·2잔교의 설치, 부산진 매축 등을 통해 동북쪽으로 확대되고 있음을 알 수 있다. 이 가운데 부산진 부근을 확대한 것이 오른쪽 지도이다.

그리고 부산의 일본인들에 의해 1909년 설립된 부산궤도주식회사의 경편철도가 부산진성으로부터 동래까지 부설되었을 때 부산진 조선인마을은 그 선로 안에 포함되지 못하고 배제되었다. 왜냐하면 경편철도는 부산지역 일본인들의 교외 휴양지인 동래 온천과의 연결을 위해 만들어졌기 때문이었다. 이후 이 경편철도는 전철로 바뀌게 되고 조선인마을을 관통하게 되지만 전철역은 조선인마을의 중심이 아니라 그 외곽에 위치하고 있는 것을 확인할 수 있다. 더불어 경부선과 부산동래간 전철에 의해 조선인마을이 두 구역으로 분리되는 공간 분할의 처지에 놓이게 되었다. 이 과정에서 전차에 의한 조선인 사망사고가 빈번히 발생했고 이에 따라 조선인들의 '전차 전복 사건'으로까지 비화되기도 했다.

한편 대륙 침략의 발판을 마련하기 위한 일제의 식민정책으로 말미암아 부산항은 점차 일제의 '대륙 관문'으로서의 위치를 공고히 하며 도시공간을 확장하기 위해 [지도 4]와 같이 동북쪽으로 매립과 매축이 지속적으로 추진되었다. 부산진은 일제시기 내내 그 매립과 매축의 중심지였고 이를 통해 새롭게 조성된 토지는 대대적인 물류 유통의 중심지 및 공업지구로 확장되면서 조선인마을은 유통과 공업지구의 조선인 노동자 거주지구로 심화되었다. 특히 [지도 4]에서처럼 1917년 완공된 조선방직주식회사는 부산진 조선인마을을 노동자 거주지로 만들었고 이후 전개되는 공업화 과정에서 부산진 조선인마을은 식민도시 부산에서조차 변방, 변두리로 배제되었다.

이제 지역을 둘러싼 주관적 조건인 인적 관계를 살펴보도록 하자. 이들의 인적 관계 가운데 직접적인 혈연관계는 장건상과 최천택 정도만 보인다. 그러나 의로 맺어진 혈연, 즉 의형제를 맺고 있는 부분이 주목된다. 원래 주례에서 태어난 오택은 신학문을 접하기 위해 당시 부산진에 설립된 사립 육영학교(부산진보통학교)에 수학하면서 부산진의 여러 인사들과 친분을 맺었고 이어서 대부분의 친구들이 진학한 부산공립상업학교를 통해 더욱 친분 관계를 돈독히 했다. 특히 같은 또래였던 박재혁, 최천택은 모두 독자였기 때문에 유고시 서로의 부모님을 돌보아 드리자고 하는 결의형제까지 맺었을 정도로 우의가 돈독했다. 실제로 최천택은 해방 후까지 박재혁의 노모를 자신의 집에서 모시고 있을 정도였다. 그 밖의 인사들도 혈연관계는 아니지만 이미 언급한 부산진 조선인마을에서 나고 자라는 한편, 정공단의 육영재를 비롯하여 이후 옮긴 범일동의 사립 육영학교(부산진보통학교)와 영주동의 부산공립상업학교를 다니면서 긴밀한 유대관계를 맺었다. 먼저 주소지가 명확하게 확인되는 「부산경찰서 폭탄 투하에 관한 건」(高警 제31192호)에 기재된 관련 인사들의 본적지 및 거주지를 통해 지연관계를 살펴보도록 하자. 이를 정리하여 표시한 것이 [지도 5]이다.

[지도 5] 부산지역 의열투쟁 관련 인사 거주지와 당시 부산진 조선인마을 전경

▌부산지역 의열투쟁 관련인사의 거주지와 관련하여 김인태와 왕치덕의 거주지는 대체적으로 동일 지역 내에 위치했던 것은 확실하다. 참고로 왕치덕이 경영하던 일광의원은 좌천정 317번지였다. 오른편 사진은 1905~1913년 정도로 추정되는 부산진 조선이 마을 전경이다.(사진 출전 : 『사진으로 보는 부산 50년』)

    부산지역 의열투쟁 관련 인사들은 부산지역 의열투쟁 관련 인사 거주지 지도처럼 전부 좌천동과 범일동에서 태어나거나 거주하고 있다. 좌천동과 범일동은 부산진성의 안팎으로, 부산의 대표적인 조선인마을이었다. 그러나 전통적인 조선인 행정 중심지인 동래, 개항장과 함께 새롭게 성장하는 조선인마을인 초량과는 달리 부산 중에서도 변방, 주변에 해당했다. 그렇기에 부산항의 발전과 함께 초량의 경우 상업이 발전하면서 조선인 상인들이 모여들었고 이들 중 자본가로 성장한 자들도 많았다. 이에 비해 부산진의 경우 경편철도 부설공사 및 부산진매축 등에 필요한 노동자들이 농촌으로부터 유입되고 있었다. 따라서 당시 부산진 조선인마을은 전형적인 농촌마을로 기와집이 거의 없이 전부가 초가집인 가난한 조선인마을이었다. 이렇게 부산진의 조선인마을은 임진왜란 때 허물어지고 일본에 의해 부산진 왜성으로 축조되어 이후 증대산성과 자성대가 부분적으로 남아, 그 주위로 부산진시장과 함께 마을이 형성되었다. 부산이 개항되고 부산항을 중심으로 무역이 활성화되자 조선인들은 초량과 부산진에 대거 몰려와 살기 시작했고 초량으로부터 이곳에서도 조선인들을 위한 학교(일신여학교, 육영학

교)와 교회(부산진교회)가 세우지는 등 신학문이 보급되기 시작했다.

한편 부산항을 중심으로 '일본인사회'를 형성한 일본인들은 러일전쟁 승리 이후 본격화되는 일제의 침탈 활동에 부화뇌동하며 그 선두에 서서 활동했고, 부산에서도 일본인사회를 확장하고자 갖가지 개발 사업을 전개했다. 특히 자신들이 거주하는 부산항을 중심으로 하는 거류지를 명실상부한 '대륙의 관문'으로 만들기 위해 시가지 확장을 추진했다. 이에 초량과 부산진의 조선인마을로 한편에서는 교통기관을 통해, 다른 한편에서는 매축을 통해 진입하기 시작했다. 개항 초기 일본인거류지와 초량을 가로막고 있던 영선산에 의해 일본인사회와 조선인사회의 분리된 이원적 도시 구조가 경편철도(이후 전철)라는 교통기관과 부산진 매축을 통해 혼합된 '이중사회'로 전환되었다. 그리고 그 경계에서 일본인사회의 일방적 힘의 우위 속에서도 갈등, 배척, 저항, 융합, 동화 등이 일어났다. 그 갈등의 한 표현이 부산진 지역에서 일어난 '전차 전복 사건'이었다. 일제의 조선 침탈이 부산에서 부산진으로 전철이 관통되면서 실현되었고 그 과정에 조선인이 치여 죽는 사건이 발생하자 부산진의 조선인 천여 명이 전차를 전복시키는 사건을 일으켰던 것이다. 이 사건에도 최천택, 오택 등 부산진의 청년들이 중심에 있었다고 하니 이들의 강고한 연대감은 일제의 침략과 그에 따른 현실적 위기감에 대한 반대급부로 더욱 공고해졌을지도 모를 일이다.

이러한 시대적 분위기 속에 부산진의 조선인 학생들은 일본 제국주의의 침략을 몸소 체험하며 이질적 문화에 저항하기 위한 신체와 정신을 단련시켰다. 따라서 이들 마을의 조선인 학생, 청년들은 일본과의 전쟁에서 순국한 선현들을 기리고 있는 상징적 공간인 정공단과 일본을 통하지 않고 신문화를 습득할 수 있는 부산진교회 등을 비롯한 신식 학교를 중심으로 민족의식을 고취했고, 다른 한편 일제의 강제병합과 함께 독립의식을 더욱 고취·확립해갔다. 특히 이들 부산지역 의열투쟁 관련 인사들은 다른 조선인들과 달리 개항과 더불어 불어온 새로운 근대화에 적극 적응하는 한편, 부산항으로부터 확장하는 일본인들의 진출을 몸으로 느끼며 이에 저항하는 민족의식도 어릴 때부터 키웠다. 이러한 민족의식은 교육을 통해 이루어졌고 그러한 교육의 장은 학연을 통해 더욱 심화되었다. 아래 [표 5]는 이들의 출신 학교를 통해 학연 관계를 나타낸 것이다.

[표 5] 사립육영학교와 부산공립상업학교 수학자명단

학교명	성명
사립육영학교(육영재)	박재혁, 최천택, 오택, 김병태
부산공립상업학교	박재혁(4회), 최천택(4회), 김영주, 오택(4회), 박창수, 왕치덕(3회)

육영재는 최초 정공단에 설치되었다가 1908년 사립학교규칙에 따라 사립육영학교로 전환되어 범일동에 설립되었다. 일제시기에는 부산진보통학교로 전환했다가 현재 부산진초등학교로 이어지고 있다. 부산공립상업학교는 개성학교의 후신으로 1908년 부산실업학교에서 1911년 부산공립상업학교로 교명이 바뀌었고 이후 부산진상업학교, 부산 제2상업학교로 바뀌었다가 해방이후 부산상업고등학교로 개명되었다. 현재는 개성고등학교로 전환했다.

▮부산진보통학교(현, 부산진초등학교) 현관에 걸려 있었던 육영재 편액 사진

▮1916년 당시 영주동에 소재한 부산공립상업학교(사진 출전 : 『부상백년사』)

[표 5]에서와 같이 이들은 어린 시절 거주지 근처 정공단의 육영재에서 한학을 수학했다. 당시 주례에 거주하던 오택은 한학을 공부했고, 대마도에서 순국한 최익현의 장례행렬이 주례를 지나갈 때 만장을 들고 행렬에 참여했으며, 이튿날 선생으로부터 최익현의 충성담을 들었다고 한다. 최천택도 육영재에서 한학을 공부했고, 1907년 장지연의 시일야방성대곡을 어른들로부터 들으며 일제의 침탈에 의한 나라 잃은 슬픔을 몸소 체험하며 저

항의식을 키웠다고 한다. 이런 와중에 사립학교규칙에 따라 육영재가 사립
육영학교로 전환되고 일제시기에 이르러 부산진보통학교로 개명하자 오택
또한 부산진까지 통학하며 부산진의 친구들과 돈독한 유대관계를 맺었다.
이러한 유대는 한일병합 이후 부산공립상업학교 진학과 함께 그대로 이어
져 항일운동으로 전환되었다.

▌최천택 집터(좌천동 496번지)
최천택은 '동국역사 사건', 구세단 결성을 주도
했으며 이후 부산청년회, 부산청년동맹에 참가
했고 신간회 부산지회 부회장 및 지회장 등을
역임했다.

최천택의 회고에 의하면 한일
병합과 함께 자신은 광복단에 가
입하고 암암리에 동지들을 규합
했는데 그들이 박재혁, 김인태, 김
병규, 김주영, 장지형, 오택 등이
었다고 한다. 회고이기에 사실여
부를 확인할 수 없지만 이후 정황
을 통해 볼 때 중국 및 영남과 충
청을 중심으로 전개된 광복회 조
직과 어떤 연관성이 있을 것으로
보이며 이에 대해서는 보다 심도

깊은 연구가 필요하다. 한편, 최천택을 중심으로 하는 '동국역사 사건'도 일
어났다. 이는 1908년 사립학교규칙과 1911년 조선교육령에 의해 조선의 글
과 역사를 배울 수 없게 되자 이를 안타깝게 여긴 최천택, 박재혁, 김병태,
박흥규가 1912년 동국역사를 등사하여 비밀리에 학우들에게 배부하다가 부
산경찰서에 검거된 사건이었다. 이처럼 이들은 단체에만 가입한 것이 아니
라 실제 독립사상의 고취와 독립운동 실천에도 적극 나섰다.

1914년 봄 부산공립상업학교 동창생들을 중심으로 비밀결사조직이 결성
되었다. 구세단이 그것이었다. 구세단에는 박재혁, 오택, 최천택 등은 물론
박흥규, 김병태, 김인태, 왕치덕, 김영주, 장지형, 조영상 등 16명이 참여했
다. 구세단은 경남 각지의 유능한 청년들을 모아 독립운동에 직간접적으로
매진하기 위한 단체였다. 구세단은 아마도 광복회의 연장선상에서 청년들

을 연결하기 위해 결성된 것으로 볼 수 있다. 구세단 활동의 일차적이 목표가 독립사상이 투철한 유능한 청년을 모으고 연결하는 일이기에 이들은 방학을 이용하여 여행을 핑계로 다른 지역을 돌아다니며 수많은 청년들과 연대를 형성했다. 이러한 활동 과정에서 앞에서 언급한 것처럼 김원봉과도 연결되었다. 최천택의 경우 양산 3·1운동을 주도적으로 전개한 엄주태와도 연결을 맺었고 주로 경남동부지역의 독립운동단체 또는 독립운동에 뜻을 두고 있는 인사들과 연결되었다. 김원봉이 중국으로 건너가기 전까지 상호 왕래가 잦았던 것은 김인태, 왕치덕, 오택의 무전여행 일화에서도 알 수 있다. 이러한 움직임은 이후 경남동부지역의 3·1운동 전개 및 확산은 물론이고 신간회 및 청년회운동 등 이후의 민족운동에도 영향을 미쳤다. 그러나 반년도 지나기 전에 일제에 의해 조직이 발각되고 주동자들은 부산경찰서에 검거되어 모진 취조와 고문을 받았다. 결국 구세단의 단원들은 해체한다는 조건하에 모두 방면되었다.

이후 이들은 모두 요주의 인물로 감시와 사찰을 받게 되었으나 그런 가운데 각자의 생계활동 또는 정치활동 속에서도 독립운동에 대한 신념을 잊지 않고 동지에 대한 신의를 간직한 채 생활했다. 이와 같이 어린 시절 같은 동네, 같은 학교에 다니면서 육체적 정신적 유대감을 형성하며 직접 독립운동에 뛰어들어 서로의 신의를 몸소 체험했던 이들 인사들은 각자의 길을 걸어가는 도중에 부산경찰서 투탄의거에서 다시 만나 중요한 역할을 했다.

3. 민중혁명의 '뇌관'이 되기 위해 의열투쟁에 나서다

의열단이 1920년대 전개한 의열투쟁을 살펴보면 다음 [표 6]과 같다.

[표 6] 의열단의 초기 의열투쟁

일자	관련 내용 및 사건	관련자
1920.6 피검	제1차 암살파괴계획(밀양 중심의 폭탄의거로 일명 '밀양폭탄사건' 또는 '진영사건')	곽재기, 이성우, 김기득, 이낙준, 황상규, 윤세주, 신철휴, 윤치형, 김병환, 배중세, 이주현, 김재수, 강상진, 최성규, 곽영주(무죄)
1920.9.14	부산경찰서 투탄의거	박재혁, 최천택, 오택, 김영주, 김병태, 박창수, 김기득
1920.12.27	밀양경찰서 투탄의거	최수봉, 이종암, 김상윤, 고인덕
1921.9.12	조선총독부 투탄의거	김익상
1922.3.	상해 황포탄의거(육군대장 다나카 암살계획)	김익상, 오성륜, 이종암
1923.3 피검	제2차 암살파괴계획(서울 중심의 폭탄의거로 일명 '황옥사건')	김시현, 황옥, 유석현, 홍종우, 박기홍, 백무현, 조황, 남영득, 유시태, 유병하, 조동근, 이경희
1923.12.12	일본황궁 투탄의거	김지섭
1924.2.28 피검	제3차 암살파괴의거	구여순, 문시환, 강홍열, 오세덕, 김정현, 배치문(무죄)
1925.3.	북경밀정 처단의거	이인홍, 이기환
1925.11 피검	'경북의열단사건'	이종암, 한봉인, 김재수, 이병태, 이병철, 김병환, 신철휴, 이기양, 이주현, 배중세, 고인덕
1926.12.28	조선식산은행, 동양척식주식회사 투탄의거	나석주

[표 6]과 같이 의열단의 의열투쟁은 시기적으로는 1920년대 중반까지 집중되었으며 지역으로는 주로 초기에는 경남, 이후에는 서울을 중심으로 전개되었다. 특히 일제의 간담을 서늘하게 만들며 의열단의 명성을 드높였던 의거는 경남지역을 중심으로 하여 계획되고 전개되었던 대규모의 폭탄의거계획인 두 차례의 암살파괴계획(밀양폭탄은닉사건과 '경북의열단사건')과 두 차례의 경찰서 폭탄투척의거(부산경찰서 및 밀양경찰서 폭탄투척의거)였다. 이를 포함하여 경남지역에서 개별적으로 전개된 의열투쟁의 현장 또는 관련자의 유적지를 표시한 것이 [지도 6]이다.

[지도 6] 경남지역 의열투쟁지 및 의열투쟁 관련인사 유적지

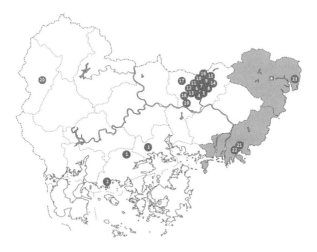

① 노응범 집터 - 경남결사대 체포지	경남 고성군 구만면 화림리 97
② 최우순 집터	경남 고성군 하일면 학림리 산 7
③ 황태익 집터	경남 마산시 진전면 일암리 333
④ 이병철 집터	경남 밀양시 가곡동 367
⑤ 한봉근, 한봉인 집터	경남 밀양시 가곡동 557
⑥ 고인덕 집터	경남 밀양시 내이동 1009
⑦ 김대지 생가터	경남 밀양시 내이동 847번지
⑧ 김병환 집터	경남 밀양시 내이동 848
⑨ 윤세주 생가터	경남 밀양시 내이동 880
⑩ 김원봉 생가터	경남 밀양시 내이동 901
⑪ 황상규 집터	경남 밀양시 내이동 957
⑫ 윤치형 집터	경남 밀양시 내이동 977
⑬ 정동찬 집터	경남 밀양시 내이동 991
⑭ 강인수 집터	경남 밀양시 내일동 254
⑮ 이장수 집터	경남 밀양시 내일동 516
⑯ 옛 밀양경찰서 터 투탄의거지	경남 밀양시 내일동 583번지(시장 안)
⑰ 김성수 생가터	경남 밀양시 부북면 춘화리 255
⑱ 김상윤 집터	경남 밀양시 상남면 기산리 1648
⑲ 최수봉 집터	경남 밀양시 상남면 마산리 792
⑳ 방한상 집터	경남 함양군 수동면 화산리 572
㉑ 박재혁 집터	부산 동구 범일동 354
㉒ 부산경찰서 터	부산 중구 동광동2가 10-5
㉓ 서진문 집터	울산 동구 일산동 206 [생가터 209번지]

1) 밀양·진영 폭탄은닉사건과 현장

의열단의 의열투쟁은 창립 멤버들의 구성을 통해 볼 때 지역적 연고가 있는 경남지역이 가장 유력했고 이 때문에 최초의 의열투쟁 계획('제1차 암살파괴계획')도 밀양을 중심으로 이루어졌다. 당시 신문에 보도된 일명 '밀양폭탄사건' 또는 '진영사건'이 바로 그것이었다. 후에 '제1차 암살파괴계획'으로 붙여진 밀양폭탄은닉사건은 밀양과 진영에 직접 제조한 폭탄을 철도와 해로를 통해 각각 들여와 은닉한 후 대부분의 단원이 국내로 잠입하여 폭탄투척의거를 추진하려다가 일경에 탐지되어 대대적으로 검거되어 드러났다.

▌이병철 집터(가곡동 367번지)

먼저 김원봉, 곽재기, 이성우 등 3인이 상해에서 무기를 구입하여 제조한 폭탄 3개를 임시정부 외무차장 장건상의 이름으로 된 소포우편으로 연락기관인 원보상회 이병철에게 넘겨주고 이병철이 다시 화물로 위장하여 원동을 거쳐 밀양역 운송점에서 직접 찾아 밀양의 김병환에게 전달하여 부내면 내일동의 김병환의 상점에 숨겨두었다. 이때 원동의 역전 운송점을 통해 전달된 것으로 보아 경의, 경부철도를 따라 밀양역을 거쳐 밀양시장에서 미곡상을 하던 김병환에게 전달되었던 것으로 볼 수 있다. 조선과 대륙 침략을 위해 설치한 철도가 그들의 침략 야욕을 분쇄하고 격파할 폭탄의 운송로로 조선인들에 의해 전유되고 있는 것은 아이러니가 아닐 수 없다.

▌밀양읍내 3·1운동이 일어났던 밀양시장 과거 모습(좌)과 현재 모습(우)이다. 3·1운동 이전에는 밀양공립보통학교가 위치해 있었다.

김병환과 그의 상점은 지난해 밀양읍내 3·1운동의 구심이었고 또한 3·1운동의 중심지였던 밀양시장 안에 위치하고 있었다. 밀양시장은 바로 옆의 밀양공립보통학교와 함께 한 해 전 읍내 3·1운동이 거세게 일어났던 중심이었다. 이 때문에 원래 인근 영남루 옆에 있었던 밀양헌병분견대가 3·1운동 이후 보통경찰관제의 전환과 함께 밀양경찰서로 전환되자, 일제는 밀양 3·1운동의 중심이었던 밀양시장 옆 밀양공립보통학교를 밀양강 건너 삼문동으로 옮기게 하고 그 중심에 경찰서를 위치시켰다. 조선인들과 조선인 학생이 대거 몰려드는 시장과 학교를 분리시키고 그 중심에서 조선인들을 철저하게 감시, 통제하기 위한 이전이었다. 그렇기에 이곳에 폭탄을 숨겨둔 것은 타격 대상을 명확하게 밀양경찰서로 계획하고 있었던 것임을 미루어 짐작할 수 있다.

이때 경성을 거쳐 밀양에 들어온 곽재기는 밀양역 인근 가곡동 한봉근의 집에서 신철휴, 윤세주와 폭탄이 밀양에 들어와 있다는 사실을 알리고 신철휴와 윤세주가 적당한 시기에 협력 거사를 실행하기로 계획했다. 다시 곽재기는 경성으로 가서 국내에 들어

▌한봉근, 한봉인의 집터(가곡동 557번지)

와 있던 서상락, 김상윤에게 폭탄이 들어와 있는 사실을 알리며 거사 실행에

대한 준비를 주문하고 상해로 건너가 김원봉에게 국내의 상황을 보고했다. 따라서 밀양에 들어와 있던 폭탄의 주요 타격 대상은 밀양은 물론이고 더 나아가 철도를 통해 이동이 용이한 경성의 식민 탄압 기구였음을 알 수 있다.

█ 창원시 상남동 상남공원 안에 건립되어 있는 창원 출신 의열단원 단정 배중세의 순국기념비

뒤이어 김원봉과 이성우는 다시 폭탄 13개를 제조하여 권총 2자루, 탄환 100여 발과 함께 선편으로 안동현의 이병철에게 보냈다. 다시 이병철은 이를 수수 20가마니에 포장하여 경의, 경부철도를 이용하여 부산진역으로 보내 창원의 배중세에게 전달했고 배중세는 이를 진영역 근처에 숨겨두었다. 그런 후 김원봉 외 2인을 제외하고 모든 단원들이 국내에 잠입하여 의열투쟁을 전개하기 위해 시간을 기다렸다. 의열단원들은 폭탄이 반입되어 있던 밀양과 부산에 각각 보관 및 운반을 위한 의열단원과 실행을 위한 의열단원을 각각 배치하고 나머지 단원들은 모두 경성에 잠입하여 실행할 시기를 기다리고 있었다.

두 번째 폭탄을 진영역 근처에 숨겨두었다는 것은 아마도 철도를 이용하여 가깝게는 부산과 마산, 멀게는 경성 등을 타격 대상으로 계획하고 숨겨두었음을 짐작할 수 있다. 더군다나 일제의 조사에 의해 밝혀진 바에 의하면 이수택과 윤치형이 부산 구포에 은닉하며 이 폭탄을 사용할 계획을 세우고 있었던 것으로 보아 주요 타격 대상은 가깝게는 부산과 멀게는 철도를 통한 경성의 식민 탄압 기구였을 것이다. 또한 밀양도 같은 상황이었기 때문에 결국 의열단의 타격 대상은 폭탄이 숨겨져 있는 장소와 의열단원이 대기하고 있던 장소들을 통해 볼 때 밀양과 부산의 식민 탄압 기구 또는 철도를 통해 식민 탄압 기구의 심장인 경성지역을 타격 대상으로 삼았음을 알 수 있다.

그러나 의열투쟁은 1920년 7월 10일경 거사일로 예정하고 사전에 모의하던 의열단원들이 부산경찰서와 경기도경찰부의 급습을 받아 체포되면서 불행히도 좌절되고 말았다. 그 과정에서 폭탄 은닉처도 드러났다. 이로 말미암아 의열단원 등 관련자 20명이 일경에 피검되어 그중 15명이 기소되어 재판을 받았다. 관련자들은 곽재기, 이성우, 김기득, 이낙준, 황상규, 윤세주, 신철휴, 윤치형, 김병환, 배중세, 이주현, 김재수로 대부분 밀양 또는 경남출신자들이었으며 1차 의거의 대상지가 전국을 목표로 했다고 해도 폭탄 은닉처로 볼 때 경남지역이었음을 알 수 있다. 이렇게 1차 암살파괴계획은 실패로 돌아갔다.

2) 밀양경찰서 폭탄투척의거와 그 현장

한편 '제1차 암살파괴계획'이 발각되어 대부분의 동지들이 검거되자, 다음 절에서 살펴볼 것처럼 상해의 김원봉을 중심으로 하는 의열단은 대체 의거로 부산경찰서 폭탄투척의거를 계획했다. 다른 한편, '제1차 암살파괴계획'에서 몸을 숨긴 국내의 의열단은 또 다른 폭탄투척의거를 계획했다. 이러한 과정에 밀양경찰서 폭탄투척의거가 부산경찰서 폭탄투척의거에 이어 전개되었다. 밀양경찰서 폭탄투척의거는 최초 일제의 조사와 판결문에 의하면 의열단원 최수봉의 단독 행동으로 결론이 났다. 이는 최수봉이 부산경찰서 폭탄투척의거를 전개한 박재혁과 마찬가지로 끈끈한 형제애와 동지애로 말미암아 끝까지 혼자 실행한 것으로 진술했기 때문이다. 하지만 밀양경찰서의 조사와 이후 연이은 의열단관련 의열투쟁이 전개되고 1925년 '경북의열단사건'이 드러나는 과정에서 제1차 암살파괴계획에서 몸을 숨긴 의열단에 의해 밀양경찰서 폭탄투척의거가 추진되었다는 점이 밝혀졌다. 따라서 당시의 일제 판결문이 아니라 당시 밀양경찰서의 조사와 사후에 밝혀진 사실을 토대로 기록한 경상북도 경찰부의 『고등경찰요사』를 중심으로 밀양경찰서 폭탄투척의거와 그 현장을 살펴보도록 하자.

1차 계획이 발각되고 대부분의 동지들이 경성, 밀양, 부산 등지에서 검거

되자, 함께 국내에 잠입했다가 검거망을 피해 잠행 중이던 이종암과 김상
윤은 독자적인 의열투쟁을 계획하고 김상윤의 옛 친구인 최수봉(최경학)을
1920년 11월 상남면 기산리 묘지에서 만났다. 상남면 기산리는 밀양군 부내
면에서 밀양강을 건너 밀양역이 있는 삼문동과 가곡동을 지난 지점에 위치
한 일제의 감시로부터 어느 정도 떨어진 곳이었다. 또한 일제의 탄압기구
와 일본인들이 주로 거주하는 밀양읍내와 밀양역이 있는 가곡동과 달리 조
선인마을이 있는 곳으로 김상윤이 나고 자란 곳이었다. 그런 점에서 일제
의 검거망을 피할 수 있었고 또한 새로운 동지를 규합할 수 있는 지리적 조
건을 갖추고 있었다.

▌경남 밀양시 상남면 마산리 마을 앞에 건립되 ▌경남 밀양시 상남면 기산리 마을 앞에 설립되
어 있는 최수봉 의사 추모비 전경. 최수봉은 어 있는 김상윤 의사 추모비 전경. 김상윤은
1894년 이곳 마산리 792번지에서 태어났다. 1897년 이곳 기산리 1648번지에서 태어났다.

한편, 최수봉은 1894년 경남 밀양군 상남면 마산리에서 태어나 밀양공립
보통학교와 사립 동화학교를 다니며 김원봉 등 의열단원이 된 수많은 밀양
출신의 동료들과 함께 항일의식을 키웠고 오랜 기간 독립운동에 뜻을 두고
있었다. 최수봉이 태어나 살던 마산리는 기산리로부터 한참을 더 들어가야
만 되는 외진 농촌 마을로 최수봉이 학교를 가거나 밀양읍내로 들어가기
위해서는 항상 거쳐야만 하는 곳이 기산리였다. 아마도 그날 최수봉은 의
열단의 제1차 폭탄의거계획이 누설되어 일경에 검거된 자신의 친구들과 아
직도 검거되지 않은 친구들의 소식이 궁금하여 읍내로 갔다가 돌아오는 길

이었는지도 모른다. 아니면 기산리 인근에 은닉하고 있던 김상윤의 연락을 받고 접촉했을지도 모른다. 사전 연락에 의해서든 그렇지 않고 우연찮게 만나게 된 것이든 이미 친분을 가지고 있던 김상윤과의 만남은 수많은 친구들의 검거 소식에 크게 분개하고 있던 최수봉의 의열단 가입으로 이어졌다. 그리고 이들은 곧바로 밀양경찰서 폭탄투척의거를 계획했다.

이종암과 김상윤은 국외 망명 시절 폭탄제조법을 배웠던 밀양의 고인덕을 소개받아 의열단에 가입케 하고 밀양 외곽 산속에서 폭탄을 제작하게 했다. 고인덕은 동화학교를 나왔을 뿐만 아니라 이종암과 같은 대구의 계성중학(啓星中學) 출신으로 1918년 11월 독립운동에 투신하기 위해 만주로 건너가 폭탄 제조법을 배웠다고 한다. 그리고 의열단이 밀양 폭탄사건을 계획하고 국내로 들

■고인덕 집터(내이동 1009번지)
고인덕은 밀양교회를 세운 고삼종의 2남으로 태어나 동화학교, 계성중학을 졸업하고 독립운동에 투신, 1920년 밀양경찰서 투탄의거에 참여했다. 1921년 밀양교회에서 기독교청년회가 주최한 강연회에서 조선독립을 역설했다가 체포되었고, 1926년 경북의열단 폭탄의거에 연루되어 검거된 후 그해 대구 감옥에서 순국했다.

어와 있을 때 고인덕 또한 고향인 밀양에 내려와 있었고 이후 이종암과의 관련 속에서 의열단에 가입하고 폭탄 제작에 관여했다. 이들은 협의 하에 밀양경찰서장 와타나베(渡邊末次郎)가 매주 월요일 아침 관내 순사들을 소집하여 훈시하는 순간을 노려 거사 일을 1920년 12월 27일로 잡았다. 밀양경찰서는 밀양시장이 있는 곳이었기 때문에 조선인의 왕래가 잦았다. 또한 최수봉은 어려서부터 동화학교를 다니며 그 도중에 있는 밀양시장을 수도 없이 왕래했기 때문에 전혀 문제없이 밀양경찰서까지 진입할 수 있었다.

전날 강 건너 삼문동에서 폭탄 2개를 건네받은 최수봉은 27일 아침 홀로 밀양경찰서 정문을 통과하여 창문을 통해 경찰서 안으로 폭탄을 투척했다. 당시의 현장 상황을 일제의 판결문을 통해 살펴보면 다음과 같다.

▌밀양경찰서 투탄의거 현장(어제와 오늘)

밀양경찰서 사무실에서 동 순사부장 이하 19명을 모아 놓고 훈시 중, 범인은 현관에서 둘째 창가로 와 갑자기 무언가를 내던져, 그것이 유리창 하나를 깨뜨리고 도순사부장 남경오(楠慶吾)의 오른쪽 팔에 부딪쳤다가 청바닥에 떨어졌다. 따라서 서원이 범인을 체포하려고 사무실을 뛰쳐나가려는 순간, 그 서원을 겨냥하여 제2탄을 던져 골마루 바닥 위에 떨어지자 일대 폭음과 더불어 작열했다. 그러나 고작 집기·찻잔 등속을 파괴했을 뿐 서원 기타에는 하등 사상을 가하지 못했다.

일제의 조사 내용이라 파괴 사실을 경미한 것으로 처리하고 있지만 일제 탄압 기구의 중심에 그것도 경찰서장 이하 19명이 모여 있는 자리에 폭탄을 투척한 것은 그들이 봐도 아찔하고 위험천만한 일로 간담이 서늘했을 것이다. 그러나 이 폭탄은 밀양 인근에서 직접 제조한 것으로 시험을 거쳤다곤 해도 성능은 그다지 좋지 못했다. 따라서 첫 번째 폭탄이 터지지 않자, 다시 두 번째 폭탄을 현관 입구에 투척하고 바로 밀양읍성 서문 쪽 민가로 피신한 최수봉은 사태를 수습한 일경이 추격해오자 스스로 자결하고자 시도했으나 뜻을 이루지 못했다. 결국 일경에 체포된 최수봉은 1921년 7월 8일 형 집행으로 순국했다. 두 달 전 박재혁의 경우처럼 수많은 조선인들이 몰려나와 또 다른 소요사태를 일으킬까 두려워한 일제는 그의 시신조차 유가족에게 돌려보내지 않았고 시신을 수습하여 장례를 집행하고자 한 밀양청년회원들을 기소하는 등 장례까지 치루지 못하게 했다. 당시 최수봉이 폭탄투척의거 후 자결 기도 때 입었던 피 묻은 옷은 가족들에게 전달되어 보관되어 오다가 학생들의 교육을 위해 잠시 사용되던 중 사라졌다고 한다. 이후 가족들은 혈의(血衣)를 찾기 위해 백방으로 노력했지만 끝내 찾지 못하였다.

3) 부산경찰서 폭탄투척의거와 그 현장

첫 번째 의거가 일경에 발각되자 김원봉 등 의열단은 곧바로 다음 의거를 준비했다. 부산 범일동에서 태어난 박재혁은 부산상업학교 시절 최천택, 오택 등과 비밀결사 구세단을 조직하는 등 독립운동을 전개했고 앞에서 살펴본 것처럼 김원봉과는 이미 어느 정도 관계를 맺고 있었다. 이처럼 밀양과 부산 등 동부 경남지역의 뜻있는 인사들은 일제의 강제병합 이후 이런 저런 경로를 통해 이미 유대관계를 맺고 있었다. 이 가운데 1차 밀양·진영 폭탄은닉사건이 일제에 발각되어 새로운 타격 대상을 물색하고 있던 김원봉과 조국의 독립을 위해 고민하던 박재혁이 만나게 되었다.

▍박재혁과 그의 집터(범일동 354번지),
(사진출전 : 『부산출신독립투사집』)

박재혁은 부산진의 형제와 같은 친우들과 민족의식을 고취하며 각종 독립운동을 전개했다. 그런 가운데 부친의 죽음으로 일단 가사를 책임지기 위해 조선가스전기주식회사(1911년 부산의 전기, 가스, 전철을 설치 경영하기 위해 설립)에 취직했다가 이내 그만두고 친척이 경영하는 경북 왜관의 곡물무역상이 되어 1917년 6월 상해로 건너가 무역업에 종사했다. 이때 동료인 김인태도 함께 상해로 건너갔고 김인태는 상해에서 김원봉 등과 관계를 맺으며 독립운동에 매진했다. 한편 박재혁은 가사 일을 핑계로 바로 독립운동에 매진하지 못했고 좀 더 기회가 무르익기를 기다리고 있었다. 그러던 중 1920년 4월경 상해에서 김원봉을 만나 의열단에 가입해달라는 권유를 받았다. 일단 가사 일을 핑계로 거절하고 다시 부산으로 돌아왔다. 동년 8월 다시 상해로 건너갈 때 김원봉은 박재혁의 친구인 김병태의 명의로 김영주에게 여비 100원을 건네 박재혁을 상해로 건너오게 하고 재차 만나 가입을 권유했다. 박재혁은 결국 마음 한구석에 자리 잡고 있던 독립운동의 의지를 뿌리칠 수 없었고 이에 곧바로 응했다. 김원봉과는 이미 구세단 시절부터 알고 지냈기 때문에 쉽사리 접촉할 수 있었다. 상해에 있던 김병태도 이미 김원봉과 의열단 결성에 대해 논의한 바가 있었고, 이후 김원봉과 함께 활동하고 있었기 때문에 같이 접촉했다. 김원봉은 의열단 결성 이후 처음으로 계획한 거사가 일제의 감시망에 포착되어 대부분의 의열단원들이 일제에 검거되었기 때문에 곧바로 다른 의거를 추진하기로 하고 박재혁과 협의하여 거사에 들어갔다. 박재혁은 김원봉이 전해준 폭탄 1개, 군자금 300원, 여비 50원을 수령한 후, 상해에서 부산으로 곧바로 들어오지 않고 나가사키와 쓰시마를 거쳐 부산으로 들어왔다. 이미 부산항의 감시 상황을 상세히 알고 있던 박재혁은 검문검색이 심한 관부연락선을 타지 않고 고깃배를 타고 우회하여 들어왔다.

부산이라고 하는 공간은 물론 박재혁이 나고 자란 곳이라 속속들이 잘 아는 장점도 분명히 있었다. 특히 의열투쟁과 같이 위험을 무릅쓰고 전개되는 독립운동의 경우 대상 지역에 대한 이해와 타격 대상에 대한 정보가 많으면 많을수록 성공할 확률이 높기 때문에 그 지역적 의미는 중요하다. 더군다나 당시 부산이라고 하는 공간이 지닌 또 다른 지역적 특징이 있었다. 오택의 유고에 의하면 박재혁은 처음부터 김원봉의 지시와 달리 부산 경찰서를 타격 대상으로 삼았던 것 같지는 않다. 왜냐하면 박재혁은 1920년 9월 14일 폭탄투척 당일까지 일주일 정도를 친구들과 어울리며 동래, 해운대 등을 위장 유람하는 중이었고 이 과정에서 타격 대상을 논의하고 고민

┃지금은 수정터널 고가도로에 편입된 오택 집
　터(좌천동 573번지)

했던 사정이 이를 말해준다. 그
리고 거사 당일인 14일 타격대상
을 확정하고 오택에게 맡겨둔 폭
탄을 건네받을 때 "차일피일하는
동안에 만일 사건이 발각이 되면
나의 계획은 수포로 돌아가고 악
형만 남을 것이니 차라리 대상의
대소를 불구하고 나의 결심을 단
행하는 것이 본의라고 단정을 내리고 말았다"고 박재혁이 말했던 점으로
미루어 보아도 이것은 명백하다.

┃위 사진은 1917년 즈음의 부산항으로 부산경찰서 투탄의거가 일어난 당시 부산항의 모습으
로 이해해도 무방하다. 박재혁은 일제 관헌의 감시를 피하려고 왼편 1부두의 관부연락선을
이용하여 부산항에 입항하지 않고 오른편 구 잔교 등 연안항로의 선박 및 어선이 출입하는
곳을 통해 부산으로 들어왔다.

　그렇다면 부산이라는 공간의 또 다른 지역적 특징은 무엇이었을까. 부산
은 일제의 입장에서 보면 조선으로 들어오는 현관이었을 뿐만 아니라 대륙
으로 진출하는 가장 중요한 출입구였다. 당시 일본인들의 표현에 의하면
부산은 제2의 오사카였을 뿐만 아니라 '대륙의 현관'이며 '대륙의 인후'였기
에 '조선의 일본'이었다. 또한 일본에서 식민지 조선으로 들어오는 모든 사
람들이 부산을 거쳐 가는 것은 당연한 일이었다. 특히 부산항 부두는 식민지

조선은 물론이고 중국, 러시아 등을 방문하는 일본의 황실인사, 조선 총독을 비롯한 정무총감 등 총독부 고급관료, 일본의 제국의회 의원 등 정치인, 중국과 러시아에 부임하는 외교관, 조선군을 비롯한 중국 및 러시아 파견 장교 등 수많은 일본의 권력자들이 드나들며 대대적인 환영행사가 벌어지던 공간이었다. 게다가 그러한 식민권력자들은 바쁠 경우에도 바로 경성 또는 중국으로 가지 않고 열차시간에 맞춰 부산 시내를 유람하거나 철도호텔에서 잠시 휴식을 취했다. 시간적 여유가 있을 경우에는 부산시내 또는 동래에서 하룻밤을 지내기도 했다. 아예 며칠 또는 그보다 훨씬 오랫동안 머무르며 정양하는 경우도 비일비재했다. 3·1운동 이후 새로 부임한 사이토 총독도 또한 부산항을 통해 조선에 발을 내디뎠다. 따라서 박재혁이 폭탄을 맡기며 타격 대상을 숙고하고 있을 때 그의 심중을 이해한 오택은 박재혁과의 만남 이후 줄곧 "국문신문 외에 각종 일문(日文)지를 구독하여 요인 왕래와 총독을 매일 조사"했다. 박재혁이 부산으로 들어와 일주일 이상을 위장 요양하며 그 기회를 엿보고 있었던 것은 이와 같은 거물급 타격 대상을 찾고 있었던 것이며 시기가 점점 길어지고 일제의 포위망이 차츰 좁혀지자 거사의 실패를 우려한 나머지 부산경찰서를 타격 대상으로 삼았던 것이다.

▌식민도시 부산의 상징적 공간인 용두산 신사에서 폭탄투척지점인 부산경찰서와 그 주위를 확인하고 기념촬영까지 한 박재혁(왼쪽)과 최천택은 어떤 심정이었을까? 기념 촬영한 위 사진에서 박재혁은 모든 것을 초월한 듯한 모습이며 최천택은 친구를 걱정해서인지 오히려 경직된 모습이다.(사진출전 : 『부산출신독립투사집』)

　1920년 9월 초 부산에 들어온 박재혁은 가져온 폭탄을 오택의 집에 보관(친구 최천택의 숙모였던 변금봉 여사의 집에 숨겨두었다는 설도 있음)하고 타격 대상을 물색하고 의지를 추스르며 거사 계획을 은폐하기 위해 최천택, 김기득, 박창수 등 친구들과 동래, 해운대, 범어사 등을 유람하며 지냈다. 9월 13일 일제의 포위망이 좁혀져 오자 타격 대상을 부산경찰서로 정하고 최천택과 함께 부산경찰서가 내려다보이는 용두산공원에 올라 주위를 살피는 한편, 함께 기념사진까지 찍고 내려왔다. 거사 당일 오후 1시 박재혁은 오택의 집에 들러 맡겨둔 폭탄을 찾고 오택과 함께 인근의 정공단에서 거사의 성공을 기원하는 한편, 다시 최천택과 영가대 정류소에서 전차를 타고 부산우체국 앞에서 내려 부산경찰서까지 걸어서 이동했다. 전차를 타고 가는 짧은 시간 동안 두 사람은 아무 말 없이 창밖의 부산항을 하염없이 바라보며 회상에 잠겼을 것이다. 함께 갔던 최천택은 용두산공원에서 기다리기로 하고 박재혁은 오후 2시 반쯤 중국 고서 상인으로 위장하고 부산경찰서로 유유히 들어갔다. 당시 1층 집무실에서 집무를 보던 부산경찰서장 하시모토 슈헤이(橋本秀平)와 책상을 두고 마주보는 상태에서 박재혁은 폭탄을 투척했다. 이 과정에 하시모토는 경상을 입었다고 부산일보 호외는 보도했다. 그러나 사건이 있고 몇 주 후 하시모토는 경찰에서 물러났고 3개월 뒤에 사망했다. 따라서 박재혁의 폭탄투척의거는 당시 부산일보 호외기사의 내용과 달리 오히려 심각했음을 알 수 있다. 박재혁도 큰 부상을 입고 현장에서 붙잡혀 인근의 부립병원으로 이송되었다. 부산경찰서 투탄의거 현장을 "매우 처참하다"고 표현한 부산일보 호외 기사를 보면 당시의 상황과 현장의 모습을 생생하게 알 수 있다.

▌부산경찰서 투탄의거 현장(어제와 오늘)

폭탄 파열의 현장은 하시모토(橋本) 서장의 책상과 수부 계원석의 중간 지점으로 폭발 파편은 서장이 앉아 있는 중형 반상 안락의자의 오른쪽 앞 다리를 분쇄했고 의자의 하단을 관통한 파편은 서장 옆의 중요 서류상자의 덮개를 분쇄했다. 그리고 한편으로 또한 천정을 뚫고 이층 사법실의 마룻바닥을 관통하였는데 그때 마침 집무 중이던 와다(和田) 사법주임의 의자 뒤쪽을 조금 뚫고 지나갔다. 기타 수 개의 파편은 사무실 사방으로 퍼져 유리창, 의자, 책상 등을 파괴했다. 현장은 범인의 부상 때문에 선혈이 낭자하여 마루바닥을 붉게 물들여 매우 처참했다.

　비록 폭탄 투척이 순조롭지 못해 자신도 심각한 부상을 입었지만 박재혁의 부산경찰서 폭탄투척의거는 일제 권력의 중심이라고 할 수 있는 부산경찰서를 발칵 뒤집어 놓을 만큼 충격적인 사건이었다. 부산경찰서는 또한 부산부청과 인접해 있어 당시 식민권력자들은 크나큰 충격을 받았다. 이 때문에 부산경찰서 형사들은 동분서주 폭파 현장을 뛰어다니며 닥치는 대로 주위의 행인들을 검거했다. 한편, 즉각 부산지방법원 검사들은 조사에 착수했고 연이어 여러 차례 피검된 경력이 있던 다른 친우들을 검거하기 시작했다. 이때 용두산공원에서 박재혁을 기다리던 최천택은 박재혁이 경찰서에서 나오지 않자 거사가 실패했음을 알고 자신의 집으로 돌아갔다가 체포되었다. 오택, 김영주 등도 자신의 집 근처에서 동시에 검거되었다. 박재혁의 폭탄투척의거는 일본 본국까지 즉각 알려졌다. 『오사카마이니치(大阪每日)』, 『오사카아사히(大阪朝日)』 두 신문은 부산경찰서 폭탄투척의거 소식을 전하며 조선인과 일본인 양 민족의 융화는 근본적으로 실패라고 비난하는 내용을 대서특필했다. 더불어 부산이라고 하는 공간을 도쿄 또는 오사카와 동일시하였는데, '일본인들의 공간'에서 이러한 폭탄 사건이 일어난 것은 매우 충격적인 일이라고 보도했다. 그 정도로 식민지 조선에서 부산이라고 하는 지역이 지니는 의미는 다른 지역과 남달랐다. 현장에서 체포된 박재혁은 부상으로 인해 인근의 부립병원으로 옮겨졌고 치료 후 부산형무소에 수감되었다. 이후 부산지방법원에서 무기징역을 선고받고 대구형무소로 이감되어 대구복심법원에서 사형을 선고받았다. 그러나 박재혁은 "왜놈 손에 사형 당하기 싫어 단식 중"에 기진하여 1921년 5월 11일에 순국했다. 박재혁의 시신은 경부선을 이용하여 5월 14일 고관역으로 옮겨졌고 근처 부산진매축지 공터에서 장례가 치러졌다. 일제는 조선인들의 소요사태를 두려워하여 남자 2명, 여자 3명만 장례식에 참가토록 하였으며 박재혁은 인부 2명에 의해 쓸쓸히 부산진 공동묘지에 묻혔다.

　두 차례 경남지역에서 전개된 직접투쟁을 거쳐 일제의 간담을 서늘케 한 의열단의 의열투쟁은 더욱더 적의 심장에 가까이 다가갔으며 중단없이 계속되었다. 다만 초기 의열단의 중심인물들이 지역출신일 뿐만 아니라 대거 투옥되었기 때문에 이후 의열투쟁은 지역에 한정된 것이 아니라 좀 더 직접적이며 상징성이 높은 곳으로 확대되었다. 김원봉은 본거지를 북경으로 옮기고 단원을 충원하여 의열단의 조직기반을 재구축했다. 이후 의열단은 1921년 김익상에 의한 조선총독부 폭탄투척의거, 1922년 일본 육군대장 다나카 기이치(田中義一)를 적격하고자 한 상해 황포탄의거를 연이어 전개했다. 이때 김원봉을 중심으로 하는 의열단은 그들의 투쟁노선의 정당성을 당당히 밝히기 위해 신채호를 통한 「조선혁명선언」까지 작성하여 발표했다. 그리고 그해 초 김상옥사건을 비롯하여 고려공산당원과 함께 대대적인 제2차 암살파괴계획(일명 '황옥사건')을 수립했으나 일경에 발각되었다. 다시 의열단은 대규모의 폭동계획을 수립하고 남만주, 국내, 일본에 동시다발적인 의거를 계획했다. 일명 '제3차 폭동계획'이며, 이 계획은 의열단만이 아니라 서간도의 통의부와 의군부, 북경의 천도교계 독립운동가, 박열 중심의 한인 무정부주의자그룹, 만주의 무장 비밀결사인 적기단과 연계할 정도로 대대적인 계획이었다. 하지만 이 역시 자금 조달문제로 유예되었다. 뒤

이어 1924년에는 김지섭이 일본 황궁 폭탄투척의거(일명 '이중교 폭탄사건')를 감행했고, 1925년 북경밀정 처단의거와 경북의열단사건이 발생했으며, 1926년 나석주에 의한 식산은행 및 동양척식주식회사 폭탄투척의거 등 크고 작은 암살파괴의거를 지속적으로 계획하고 진행했다.

그러나 1924년부터 식민지 조선을 둘러싼 정치지형은 의열단의 희생적 의열투쟁보다는 대중운동으로 전환되고 있었다. 이 때문에 의열단 내에서도 민족주의자, 무정부주의자, 공산주의자로 분화되기 시작했다. 충격효과는 컸지만 성공은 미비했던 희생적 암살파괴의거로는 이러한 독립운동상의 전환에 대응할 수 없었다. 이에 김원봉을 중심으로 하는 의열단은 활동 방향을 군대 건설과 노동운동으로 전환했다. 그리고 김원봉은 1926년 황포군관학교에 스스로 들어가 제4기로 졸업했으며, 1927년 안광천과 제휴하여 레닌주의정치학교를 개설하고 청년간부를 양성하는 한편, 국내에 파견하여 국내 노농대중운동에 합세했다.

1931년 일제에 의해 만주사변이 발발하자 김원봉은 의열단의 본거지를 남경으로 옮기고, 1932년 민족협동체인 대일전선통일동맹을 결성했다. 더불어 남경의 장개석 국민당 정부와 제휴하여 조선혁명간부학교를 개설하고 청년들을 양성했다. 1935년 김원봉은 당 조직인 조선민족혁명당을 지도하면서 중국 관내지역 민족해방운동을 주도했다. 이후 1938년 10월 군관학교 졸업생을 규합하여 조선의용대라는 강력한 군사조직을 편성하고 직접 무력 활동에 들어갔다. 1939년 김구와 〈동지 동포에게 고하는 글〉을 공동 명의로 발표하고 중국 관내 조선인들의 통일단결을 촉구했다. 1940년 10월 조선의용대를 화북 전선으로 이동시키고 간부회의에서 화북 진입을 결정했다. 김원봉은 이때부터 조선의용대와 떨어져 중국의 남경정부와 함께 중경으로 옮겨 1942년 대한민국 임시정부에 합류하고 광복군 부사령관으로 활동했다. 1944년에는 대한민국임시정부의 국무위원 및 군무부장으로 독립운동을 지도하다가 8·15광복 후 귀국했다.

귀국 후 김원봉은 민족통일국가수립을 위해 민족혁명당(이후 인민공화당으로 바뀜) 당수로서 활동했다. 당시 한반도의 정치지형은 모스크바 삼상회의의 결과를 둘러싸고 신탁통치반대와 삼삼회의 지지로 나뉘어 좌우익간에 심각한 분열 상태에 빠져 있었다. 이에 김원봉은 최초 임정요원과 함께 했던 비상국민회의에서 나와 삼상회의를 지지하고 임시정부의 수립을 촉구하는 민주주의민족전선에 참여하고 공동의장으로 추대되어 김규식과 함께 좌우합작운동을 전개했다. 또한 이승만이 주장하고 유엔이 추인한 남한 단독선거를 거부하며 김구와 함께 평양의 남북연석회의에 참여하여 주석단의 1인으로 참여했다. 이후 북한에 남아 남북정당사회단체협의회에 참여하는 한편, 해주에서 개최된 남조선 인민대표회의에서 최고인민회의 대의원으로 피선되었다. 1948년 9월 북한에 조선민주주의 인민공화국이 수립되자 국가검열상에 취임했다. 이어 노동상, 최고인민회의 상임위원회 부위원장을 거쳐 1950년 말 숙청된 것으로 알려졌다.

참 고 문 헌

慶尙北道警察部, 『高等警察要史』, 1934.

慶尙南道警察部, 『高等警察關係摘錄』, 1936.

姜大敏, 「一峰 金大池의 抗日獨立運動」, 『釜大史學』 19, 부산대학교사학회, 1995.

강만길 편, 『밀양의 독립운동사』, 밀양문화원, 2003.

권오현, 『어둠을 밝힌 사람들』, 부산일보사, 1983.

김삼근, 『부산출신독립투사집』, 태화인쇄사, 1982.

김영범, 『한국 근대민족운동과 의열단』, 창작과비평사, 1997.

_____, 『의열투쟁 1 - 1920년대』, 한국독립운동사편찬위원회 · 독립기념관한국
        독립운동사연구소, 2009.

김정명, 『조선독립운동』 1~6, 원서방, 1966~1967.

독립기념관 한국독립운동사연구소, 『한국독립운동사 자료총서』, 1988.

독립운동사편찬위원회, 『독립운동사자료집 11 : 의열투쟁사자료집』, 1976.

_____, 『독립운동사 제7권 : 의열투쟁사』, 1976.

박태원, 『약산과 의열단』, 깊은샘, 1947.

염인호, 『김원봉 연구』, 창작과비평사, 1992.

이원규, 『약산 김원봉』, 실천문학사, 2005.

전성현, 「일제강점기 경남지역의 의열투쟁과 지역성 - 1920년대 초 의열단의
        활동을 중심으로 -」, 『한국독립운동사연구』 38, 2011.

한상도, 『대륙에 남긴 꿈, 김원봉의 항일역정과 삶』, 역사공간, 2006.

5장

신간회 지회의 설립과 활동

하지영

1. 신간회 운동이란 무엇인가

3·1운동 이후 일제의 기만적인 문화정치하에서 『동아일보』를 중심으로 한 일부 민족주의 계열의 인물들은 식민지하에서도 발전할 수 있다는 환상을 가지며 자치론으로 기울고 있었다. 이는 『조선일보』를 중심으로 한 비타협 민족주의 계열 인물들과 사회주의 계열 인물들의 격렬한 반발을 초래하였다. 이 무렵 코민테른에서는 제2차 대회에서 '식민지와 민족문제에 관한 테제'를 통해 프롤레타리아 계급의 세력이 미약한 동안에는 일시적으로 부르주아 민족주의 세력과 제휴하여 제국주의를 몰아낼 수 있다는 방침을 채택하였다. 또한 중국에서는 국공합작으로 국민당과 공산당이 연합하여 성공적인 민족해방운동을 전개하고 있었다. 이러한 대내외적 정황 속에서 조선 내에서도 민족해방운동을 단일전선으로 통일시켜야 한다는 주장이 제기되었다. 이러한 주장은 1920년대 민족해방운동의 중심세력으로 자리잡기 시작한 사회주의 세력이 먼저 제기하였다.

사회주의 세력과 비타협 민족주의 세력의 민족협동전선은 1926년 11월 사상단체인 정우회가 단일 정치전선 결성의 필요성을 주장하는 '정우회선언'을 발표하면서 구체화되었다. 정우회는 화요회, 북풍회, 조선노동당, 무산자동맹회가 연합해서 결성한 사상단체였다. 방향전환론으로 일컬어지는 이 선언은 민족주의 세력과의 제휴 필요성을 강조하는 새로운 방향을 천명하는 것이었는데, 국내외 많은 사상단체 및 청년, 노동단체 등의 지지를 받았다. 민족협동전선은 신간회(新幹會)의 조직으로 그 결실을 맺었는데, 신간회는 1927년 2월 15일 서울 종로 기독교청년회관에서 250여 명의 회원과 1천 명의 방청객이 참석한 가운데 창립대회를 가졌다. 신간회 조직에 중심적인 역할을 한 사람은 사회주의 계열의 인물과 신석우, 안재홍 등 조선일보계 비타협 민주족의 계열의 인물들이었다. 이날 회장에는 당시 조선일보 사장이었던 이상재, 부회장에는 홍명희가 선출되었다. 창립대회에서 채택된 강령은 "첫째, 우리는 정치적, 경제적 각성을 촉진한다. 둘째, 우리는 단결을 공고히 한다. 셋째, 우리는 기회주의를 일체 부인한다."는 것이었다. 일제의 감시와 탄압하에서 발표된 3개의 강령은 추상적이고 애매한 것이었지만 민족의 독립을 위해 단결해야 하며 기회주의적 노선에 대해서는 철저하게 맞선다는 대원칙은 잘 드러나 있었다.

신간회는 경성에 본부를, 각 지방에 부군(府郡) 단위의 지회를 두고 활동을 시작했는데, 창립 열 달 만에 지회 100개소 돌파 기념식을 가질 정도로 조직이 빨리 확대되었다. 각 지방 지회의 활동으로 1931년 5월에는 전국 지회의 총수는 140여 개소, 회원은 4만 명에 달할 정도였다. 신간회의 일상적인 활동은 지회를 중심으로 전개되었는데, 지회의 활동방침은 각 지회가 결정하였다. 지회는 각 지역에서 오랜 운동경험을 가졌던 이들이 중심이 되어 설립되었던 만큼 그 지역의 청년운동과 노동운동, 농민운동과 관련을 갖는 경우가 많았다. 지역사회는 그 나름으로 민족협동전선 운동을 발전시킬 필요성과 동력을 가지고 있었다. 지역의 운동가들은 이러한 필요성에 의거해 중앙 차원의 민족협동전선 운동이 신간회 결성으로 구체화되어가자 여기에 능동적으로 결합하는 방식으로 지회운동을 전개하였던 것이다. 물론 민족협동전선 운동을 전개하는 주체적, 객관적 조건은 중앙 본부와 다르고 또 지역 간 편차도 매우 컸다. 신간회 지회는 지역의 당면요구에 따라 활발한 투쟁을 벌이며 지역에서 일어나는 크고 작은 사건에는 직간접으로 개입하는 것이 일반적이었다. 때문에 신간회 활동은 중앙 본부보다 지회의 활동이 더욱 돋보였다.

신간회 지회는 30명 이상의 회원이 모집되면 본부에 지회설립 신청을 하고 승인을 받아 설립대회 날짜를 정하여 설립되었다. 이균영의 『신간회 연구』에 따르면, 일단 설립이 완료되었던 지회는 149개, 해소 당시의 지회 수는 124~126개에 달했다고 한다. 각 도별로 설립된 지회의 수와 부군별 조직률을 살펴보면 [표 1]과 같다.

[표 1] 행정구역 분포상의 신간회 지회 수와 조직률

행정구역 분포/ 부군 수(개)		지회 수(개)	조직률(%)
경상북도[1]	24	19	87.5
경상남도[2]	21	20	95.2
전라북도	15	8	53.3
전라남도	23	14	60.9
충청북도	10	5	50.0
충청남도	14	6	42.9
경기도	22	9	40.9
황해도	17	6	35.3
강원도	21	7	33.3
평안북도	20	7	35.0
평안남도	16	3	18.8
함경북도	12	10	83.3
함경남도	17	10	58.8

*출전 : 이균영, 『신간회연구』, 역사비평사, 1993, 250쪽.
1) 이윤갑, 「일제하 경상북도 지역의 신간회 지회운동」, 『동방학지』 123, 2004에 의거한다.[1]
2) 경상남도의 경우 이균영은 21개 군 가운데 19개의 지회가 설립된 것으로 제시하고 있으나, 234~237쪽의 〈별표〉를 통해 총 20개의 지회가 설립된 사실이 확인된다.

[표 1]에서 각 도별 지회 수는 경상도 지역이 압도적으로 많은데, 경남지역에는 가장 많은 20개의 지회가 설립되었다. 조직률에서도 21개의 부군에 20개의 지회가 설립된 경상남도가 95% 이상의 높은 조직률을 보이고 있다. 경상북도가 87.5%, 함경북도가 83.3%로 그다음 순이며, 80% 이상의 지회 조직률을 보이는 곳은 이들 3개 도뿐이다.

---

1) 대구부와 달성군이 밀접히 연결되어 있었던 관계로 대구에 지회를 설치하고 달성군에는 화원면에 별도의 회관을 설치하였으며, 인적 교류가 빈번하였던 칠곡군과 성주군은 칠곡군에 통합지회를 설치하였다. 때문에 경북지역에는 총 19개의 지회가 설치되었으나 지회 설립에 참여하였던 군은 21개 군으로, 조직률은 이 수치를 근거로 산출한 것이다.

지회 설립대회에는 본부 특파원이 파견되었는데, 본부 특파원은 경상남 북도와 전라남북도 지역으로 집중적으로 파견되고 있어 이들 지역의 조직 력 강화에 특별히 주력한 것으로 보인다. 그러나 전라남북도 지역 지회의 조직률은 50~60% 내외로 낮았다. 지회의 조직률이 비교적 높았던 경북지역 에서도 1928년 조선공산당 및 고려공산청년회 사건과 1930년의 경북공산당 사건 등으로 지회원들이 대거 검거되면서 지회의 활동은 다소 침체되었다. 반면 경남지역 신간회 지회는 신간회가 해소될 때까지 지속적으로 활발한 활동을 전개해 나갔다. 때문에 경남지역에서는 지회 활동에 대한 탄압도 심하였다. 당시 경상남도 경찰 당국과 인터뷰한 언론의 기사에서도 "全朝 鮮을 通하여 慶南道와 같이 言論集會가 不自由한 곳은(다른 곳도 不自由하 지만) 업스리 만큼 道青年聯盟 其他 會員을 一切 禁止함은 경남이 제1위가 된다는 바, 新幹支會에 대한 設立禁止로 朝鮮 第一 처음이라"[2]고 하여 경남 지역에서의 신간회 운동에 대한 탄압이 특히 강하였음을 인정하고 있다.

신간회 활동에 어느 정도 관망하는 자세를 취하였던 일제는 신간회의 활 동, 특히 중앙 본부와는 달리 급속하게 번진 전국 각 지회의 활동에 크게 당황하였다. 그 때문에 일제는 1928년 2월 열릴 예정인 정기대회도 금지했 는데, 이 대회에서 지역 문제와 밀접하게 연계된 의안들이 토론될 예정이 었다. 이듬해에도 정기대회가 불허되자 신간회 각 지부는 1929년 7월 복대 표대회를 열어 새 임원을 뽑고 새 규약을 채택했다. 이 대회에서는 간사제에 서 중앙집권제인 집행위원제로 조직을 개편하기로 결의하고 신임위원장에 사회주의 계열의 허헌을 선출하였다. 위원장을 비롯하여 사회주의 세력이 간부진의 대다수를 차지하자 경성지회에서는 조병옥을 지회위원장으로 선 출하고 노골적으로 허헌 위원장 반대운동을 벌였다. 이러한 와중에 1929년 11월에 광주학생운동이 일어나고 신간회를 중심으로 한 여러 단체에서는

---

2) 『중외일보』 1928.2.15, 「壓迫一貫의 慶南警察部長, 今後新幹支會設置을 絕對禁止 한다고」.

12월에 전국적인 민중운동을 일으키기로 하였으나 일제는 이에 대해 대대적인 검거로 탄압하였다. 이로 인해 허헌, 홍명희, 한용운 등 핵심간부들이 구속되어 신간회는 거의 마비상태에 빠지고 말았다. 이 틈에 자치론자인 김병로가 중앙집행위원장으로 선출되면서 신간회 운동은 점차 온건화되었다.

2. 신간회 지회의 설립

정우회선언으로 1927년 2월 비타협적 민족주의자들과 사회주의 세력의 민족협동전선으로 신간회가 출범한 이후 전국에 걸쳐 부군 단위의 지회가 설립되었다. 경남지역에서는 1927년 6월 19일 신간회 사천지회의 설립을 시작으로 2부 19군 가운데 2부 16개 군에서 20개(1군 2지회 2곳 포함)의 지회가 설립되어 약 95% 이상의 높은 조직률을 보였는데, 이러한 부군별 조직률은 전국적으로도 가장 높은 것이었다. 활동사실이 확인되지는 않지만 지회가 설립되었거나 혹은 설립시도가 있었던 것으로 보이는 창녕과 삼천포를 포함한다면 2개 군을 제외한 거의 모든 지역에서 신간회 운동이 전개되었다. 시기적으로는 1927년 6월부터 1929년 12월까지 설립되었는데, 1927년 10월에는 8개의 지회가 집중적으로 설립되었다. 이는 절반 이상의 지회가 1927년 6월부터 9월 사이에 설립된 경북지역보다는 다소 늦은 움직임이지만 전국적인 추이에서 특정 시기에 지회가 집중적으로 설립되는 사례는 경북과 경남지역에서만 보이는 특징이다. 경남지역 대부분의 지회 설립은 1928년 4월까지 마무리되는데, 구체적인 설립 상황은 [지도 1]과 같다.

[지도 1] 경남지역 신간회 지회 설립 상황

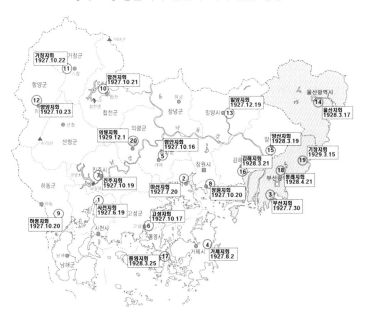

[지도 1]에서 경남지역 신간회 지회는 1927년 6월 19일에 사천지회가 처음으로 설립되었는데, 신간회 지회가 본격적으로 설립되기 시작한 시기는 조선사회단체중앙협의회가 끝난 1927년 5월 중순 이후로, 사천지회는 전국에서 4번째이다. 이후 7월 들어서는 마산과 부산이라는 2개 부에서 먼저 지회가 설립되었고, 8월에는 거제, 10월에는 거창과 고성, 진주, 창원, 하동, 함안, 함양, 합천 등 경남서부지역을 중심으로 지회설립 운동이 확대되어 갔다. 1927년 12월에는 밀양지회가 설립되면서 경남동부지역에서도 지회가 설립되기 시작했는데, 1928년 3월에는 울산과 양산, 통영에서, 4월에는 동래에서 지회가 설립되었다. 신간회 지회 설립은 지역 내의 운동역량과 관련이 있어서 부산과 마산 등 부문운동이 활발하게 전개되었던 부군에서 비교적 이른 시기에 지회가 설립되고 있으며, 이는 인근 지역으로도 영향을 미쳐 경남서부지역의 경우 진주지회의 설립을 시작으로 하동, 합천, 거창,

함양으로,3) 경남동부지역에서는 울산지회의 설립과 함께 양산, 김해, 동래
로 지회설립 운동이 확대되고 있다. 울산지회의 설립시기가 비교적 늦은
것은 지역 내 운동가들 사이의 계파대립이 큰 영향을 미쳤기 때문이다.
1929년 3월에는 기장지회가, 12월에는 의령지회가 경남지역에서는 마지막
으로 설립되었다. 지회설립 과정에서 거제와 울산, 통영, 김해, 양산지회는
경찰로부터 설립대회를 금지당하여 몇 차례에 걸친 재시도 끝에 지회를 설
립할 수 있었다. 양산, 김해, 통영지회의 경우 시기적으로 신간회 본부의 정
기대회가 금지되어 있었던 시기와 맞물려 있었기 때문인 것으로 보이나 같
은 시기 설립대회가 금지된 지회는 경남지역뿐이다.4)

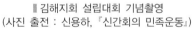

▌김해지회 설립대회 기념촬영
(사진 출전 : 신용하, 『신간회의 민족운동』)

▌울산지회 설립 1주년 기념촬영

---

3) 하동지회는 설립일자를 진주지역과 협의 후 정한다 하였고, 진주지회는 홍명희와
   안재홍 등 본부 특파원이 함안과 고성지회의 설립대회에 참석하기 위해 방문한
   것을 계기로 설립대회 일자를 정하였다 하는 것으로 보아, 지회의 설립대회 일자
   는 본부 특파원의 참석 여부로 조정되었던 것으로 보인다.
4) 『중외일보』 1928.2.15,「壓迫一貫의 慶南警察部長 今後新幹支會設置을 絶對禁止
   한다고」. 여기에서 경남경찰부장은 김해와 양산, 통영지회의 설립대회를 금지한
   사실과 관련해서 불온한 단체인 신간회 본부가 총독부로부터 집회금지를 당하였
   으므로 그 소속인 지회의 집회 역시 금지한 것이라 하였고, 울산지회의 설립대회
   를 금지한 것은 이와는 다른 이유라고 말하였다. 『동아일보』 1927.12.16 기사에는
   울산경찰서에서 울산청년동맹 창립대회와 울산지회 설립대회를 금지한 이유로
   "불온한 취지서의 旨意를 그대로 선전하여 다수의 회원을 모집한 불온한 言動이
   발견되었기 때문"인 것으로 보도하였다.

주지하다시피 신간회 지방지회는 1구역, 즉 1개의 부 혹은 군에 1개의 지회를 설립하는 것으로 규정되어 있으나, 경남지역에서는 동래군과 통영군에 별도의 명칭을 가진 2개의 지회가 설립되었다. 동래군에 속하는 면 단위인 기장지역에서는 비교적 늦은 시기인 1929년 3월에 지회가 설립되었다. 이는 일제시기 기장면에서의 지역사회운동이 독자적으로 전개되었던 사실과 관련된다. 통영군에서는 통영지회에 앞서 거제지회가 설립되었다. 거제지역은 당시 행정구역상으로는 통영군에 포함되어 있으나 1914년 부제(府制) 실시 이전에는 독립적인 행정구역이었던 지역으로, 별도의 운동세력이 형성되어 있었기 때문에 지회 설립이 가능했던 것으로 보인다. 한편 사천지역의 경우 사천지회 외에 삼천포지회를 설립하기 위해 설립준비위원회가 구성된 사실은 확인되는데,[5] 그 설립 여부는 정확하게 알 수 없으나 지회 설립을 시도한 사실만으로 독자적인 운동세력이 존재했던 것을 짐작할 수 있다.[6] 이 외에 창녕에서는 1928년 2월 15일 본부 제54회 총무간사회에서 지회설립 신청이 승인되고는 있으나 그 후의 설립이나 활동사실은 확인되지 않는다. 산청[7]과 남해[8]에는 지회가 설립되지 않았다.

신간회 지회는 대개 그 지역에 존재하고 있던 각종 단체들의 지지나 후

---

5) 『조선일보』 1927.4.30 기사는 삼천포청년회 회원들이 신간회 지회를 습격하여 지회 설립위원들을 폭행했다고 보도하고 있는데, 이로써 삼천포지회는 설립되었거나 혹은 설립을 시도하다가 좌절되었을 것으로 추측된다.

6) 실제로 사천읍과는 별개로 독자적인 대규모 3·1운동이 일어났을 뿐 아니라 청년운동도 사천읍보다는 삼천포지역에서 더 활발하게 전개되었고 '용산독서회' 사건이나 '삼천포적색농민조합' 사건 등으로 확인되듯 사회주의운동 또한 활발하게 전개되었던 지역이다.

7) 청년회의 활동은 확인되지만 군 단위의 청년연맹이나 동맹을 결성하지 못한 것으로 보아 지역 내 사회운동이 활발하게 전개되지 못한 것으로 짐작된다.

8) 기존 연구에서는 남해가 지리적 특성상 교통·통신이 불편한 관계로 여타 지역과의 문화적 교류가 활발하지 못하였을 뿐만 아니라 경남지역에서 자작농 비율이 가장 높았던 사실 등을 지적하며 3·1운동 외에는 크게 거론할 만한 독립운동이 없었던 곳으로 평가한다.

원에 의해서, 그 단체들 중의 한 단체나 혹은 단체와 단체의 연합에 의하여 구성되는 경우가 많았다. 이 중에서도 청년단체, 특히 청년동맹의 결성은 지회 설립의 가장 강력한 조직적 기초였다. 청년단체들은 혁신총회 혹은 개혁총회 등을 통하여 지회 설립을 촉구하였다. 이들 단체의 지지형태는 존립하는 사상단체의 해체와 파벌박멸을 통한 전선의 통일, 신간회에 대한 지지와 후원의 표명이었다. 사천지회는 1927년 5월 지역유지 및 청년단체, 조선일보 지국 연합으로 사천지회 설립준비에 들어갔다. 합천청년회는 정기총회에서 신간회에 가입할 것을 결의하고 집행위원 7명을 선출하였다. 마산의 각 사회단체 대표들은 1927년 2월 신년간담회를 가지고 신간지회 설립을 결의하였다. 거제에서는 사상단체 화화회(火花會)와 거제신흥청년회에서 신간회 지지를 표명함으로써 지회설립이 준비되었다. 고성에서는 고성청년회에서 "신간회를 본떠 좌익민족주의 단체를 조직하기로" 결의함으로써, 진주에서는 12개 단체가 사회단체협의회를 결성함으로써 신간지회 설립의 바탕이 마련되었다. 그 주도세력은 지역에서의 청년, 사상, 노동, 농민운동의 전개 상황에 따라 지역마다 다른 양상으로 나타났다.

▌고성청년회 기념촬영
고성청년회는 신간회를 본뜬 민족단체를 조직하기로 결의, 고성지회 설립의 단초를 마련하였다.(사진 출전 : 고성향토사연구회, 『고성의 독립운동사』)

　동래지회는 1928년 동래청년회를 중심으로 동래청년동맹이 결성된 이후 지역 활동가들을 중심으로 지회 설립이 추진되었다. 설립 당시에는 종교계 인물 또는 민족주의 계열 인물들의 참여가 두드러졌다. 그러나 1929년 이후 사회주의 계열 인물들의 진출을 확인할 수 있는데, 이는 전국적인 현상이기도 하다. 기장지회는 1927년 지역 유치층을 중심으로 설립이 시도되었다가 실패한 이후 정진청년회를 중심으로 한 청년 운동가들 중심으로 설립되었다. 여기에는 기장면뿐만 아니라 일광면, 좌천면 등 기장 인근지역 인사들이 포괄적으로 포함되어 있다. 특이한 점은 청년운동이나 소년운동 등 기장면의 다른 부문운동은 모두 동래지회의 지부 내지는 분회로 조직되어 활동하고 있으나, 신간회 지회만 동래와는 독자적인 지회활동을 하고 있는 점이다. 창원지회는 진해청년회가 중심이 되어 설립되었다.

　사상단체인 화화회가 민족적 단일당을 목표로 스스로 해체하면서 설립된 거제지회, 사상단체 혁진회(革進會)를 해체하면서 설립된 고성지회에는 사회주의 계열 운동가들이 대거 참여하였다. 하동지회는 하동청년회에서 활동하던 젊은 청년들을 중심으로 설립되었다. 이들 가운데에는 사상단체 정진회(正進會) 구성원도 일부 포함되어 있어 정진회와도 일정 정도 관련이 있어 보이며, 1929년 이후로는 사회주의 계열의 인물들이 대거 집행위원으로 활동하고 있다.

▌동래유치원 터(부산시 동래구 복천동 381번지)
동래지회 설립대회가 개최된 장소로, 1942년 동래유치원이 현재의 위치인 수안동으로 이전한 이후 동래구청이 자리잡고 있다.

▌하동청년회관(하동군 하동읍 읍내리 441-1번지)
하동지회 설립대회가 개최된 장소이자 활동 근거지로, 건물 내부는 리모델링되었으나 지붕과 외벽 등은 예전 건물 그대로 보존되고 있다.

　양산지회는 3·1운동 참가자와 상해임시정부에 재정적 지원을 하는 민족적 성향의 인물들에 의해 설립이 주도되었으나, 1929년 중반 이후 양산청년동맹원들이 중추적 역할을 하게 되었다. 특히 전혁, 김룡호, 신영업 등 사회주의 계열 활동가들이 양산지회 운동을 주도적으로 이끌어 갔다. 이들 가운데에는 양산농민조합을 조직하고 지도한 인물들도 있다. 진주지회는 다른 지역과 달리 청년단체에 소속된 인물보다는 노동·농민운동 단체에 소속된 인물이 많았다. 이러한 추세는 1929년 8월 임시대회에서 노동운동 관련 인물이 집행위원장으로 선출되면서 더욱 두드러진다. 이는 진주지역 사회운동이 청년운동보다는 노동·농민운동을 중심으로 전개되었던 것과도 관련이 있어 보인다.

　부산이나 마산과 같은 도시지역에서는 지역적 특성상 노동운동의 발전이 지회 설립에 많은 영향을 미쳤다. 부산지회는 부산청년회와 사회주의 계열 운동가가 주축이 되어 설립되었는데, 이 가운데에는 부산노동회나 부산철공조합 등에서 활동하던 인물, 부산인쇄직공조합 동맹파업을 이끌었던 인물들도 포함되어 있다. 설립 후 부산지회는 노우회(勞友會)에 가입하여 대중적 조직기반을 확보하는 방법으로 노동단체를 이용하며 부산지역 노동운동을 조직적으로 지원하였다. 마산지회는 3·1운동을 주도하거나 노동야학 교사로 활동하였던 비타협 민족주의 진영 인사들 주축으로 설립되었다. 그러나 후기로 올수록 사회주의자들이나 노동운동 관계자들이 주도권을 잡게 되었다.

▌마산노동야학 터(창원시 마산합포구 남성동 69번지)
1907년 설립된 마산노동야학는 국내 최초의 야학으로, 마산지회 간부진들은 마산노동야학 교사로 근무하면서 인간적 신뢰를 유지하며 그 인적망을 형성할 수 있었다.

▌최천택과 오택/ 최천택 집터(오른쪽 위, 부산시 동구 좌천동 496-2번지)/오택 집터(오른쪽
아래, 부산시 동구 좌천동 573-2번지)
최천택과 오택은 부산지회 설립 초기 지회를 이끌었던 중심인물로, 1920년 의열단원인 박재혁
의 부산경찰서 폭파사건에 연루되어 검거되기도 하였다.

　　울산지회는 설립 당시 3·1운동 참가자와 사상단체에서 활동하던 인물들
이 대거 참여했으나 1929년 이후의 집행부원을 보면 울산읍 외의 병영, 동
면, 언양 등지의 울산군청년회 계열의 인물들이 중심이 되고 있다. 이들은
사상단체를 비롯해서 청년운동에서 활발하게 활동한 인물들로, 일제시기
울산지역 민족해방운동을 주도했던 읍외 지역인 언양, 병영, 동면지역 운동
가들이 신간회 울산지회를 주도적으로 운영하였던 것이다.

▌성세빈과 보성학교 터(울산시 동구 일산동 159 · 160번지)

읍외 지역인 동면지역의 대표적 사회운동가인 성세빈은 울산지회 설립대회에서 부회장직을 맡는 등 울산지회 활동기간 내내 중심적인 인물이다. 성세빈이 설립한 보성학교는 울산지회 동면분회가 설립된 장소로, 현재 학교 건물은 멸실되었으나 그 자리에 설립자인 성세빈의 공덕비가 세워져 있다.

　밀양지회는 초기에는 의열단 관련자들과 청년회 활동을 통해 성장한 청년 활동가들이 중심이 되어 구성되었다. 그러나 1929년 9월 의열단 관련자인 황상규가 신간회 본부 중앙위원으로 선출되어 지회장 자리를 김형달에게 넘긴 이후로는 운동의 실천에서는 조금 떨어지는 초기청년회 인물들이나 지배엘리트 범주에 속하는 밀양동인회 구성원 등이 적극적으로 참여하고 있다. 이는 동래나 양산과 같이 1929년 이후 각 지회를 청년동맹 출신들이 장악한 것과는 다른 양상으로, 지회장 김형달의 온건한 지회운영 방식과 관련된 것으로 보인다.

　1927년 통영군 대화정(大和町) 봉래좌에서 개최된 '사회운동단체연합 간담회'에서는 "정우회가 갑자기 우리는 사상단체로서의 역할을 다하였다 하고 해체를 선언함에 있어 그네들의 심사를 모르겠은 즉 정우회 발문을 작성하여 전선 동지에게 알리기로 하고……"라고 하여 정우회 선언에 대한 부정적인 반응을 보이고 있는데, 이는 통영지회가 여타의 지역보다 늦게 결성되는 결과를 가져온 원인으로 지적되고 있다.[9]

---

9) 김상환, 『일제시기 통영의 3 · 1독립운동과 민족운동의 전개』, 통영문화원, 97~98쪽.

▌봉래좌/ 봉래좌 터(통영시 문화동 159번지)

1914년 통영에 거주하는 종합오락장으로 문을 연 봉래좌는 통영지회 설립대회가 개최된 장소로, 해방 이후 봉래극장으로 개명했다가 2005년에 철거되었고, 현재 공영주차장으로 사용되고 있다.

▌1928년 촉석루 앞에서 본부 간부들과 기념 촬영한 진주지회 회원(사진 출전: 『한겨레 21』, 840)

신간회 지회는 회원이 약 30명 이상 모집되면 본부의 승인을 받아 설립대회를 개최할 수 있었다. 설립 당시 각 지회별 회원 수는 지회마다 차이를 보이는데, 아래의 [표 2]에서 자료로 확인 가능한 지회를 살펴보면 울산이 100명 이상으로 가장 많았고, 통영과 김해, 밀양이 70~90여 명, 진주와 하동이 60여 명이었고, 나머지는 30~40여 명이었다. 이는 지역 내의 청년단체나 조합의 회원 수에 비하면 상대적으로 소수이지만 설립 당시의 회원 수가 지역의 대소 구분에 상관없이 설립시기가 늦어질수록 늘어나고 있다는 사실은 신간회 운동이 그만큼 확대되고 있음을 보여준다. 각 지회의 회원 수 역시 지회의 활동이 전개되는 가운데 구역 확대나 반조직 등의 적극적인 회원모집 활동에 힘입어 지속적으로 늘어나고 있다. 1929년 6월 회원 수에 비례해서 복대표를 선출할 당시의 소구역 대표 수는 경상북도의

6명에 이어 경상남도와 함경북도에 4명이 배정되고 있는데, 이는 경상남도 각 지회의 회원 수가 꾸준히 증가해 갔음을 반증해 준다.

[표 2] 경남지역 신간회 지회별 회원 수(단위: 명)

지회	회원 수
사천	40여(1927.12) / 46명(1929.2)
마산	40여(설립, 1927.7)
부산	38(설립, 1927.7)/ 240(1928)/ 280(1929.10)/ 305(1930.1)
함안	30여(설립, 1927.10)
함양	30여(설립, 1927.10)
진주	60여(설립, 1927.10)
하동	60여(설립, 1927.10)
거창	48(설립, 1927.10)
김해	80여(준비, 1927.11)/ 70여(설립, 1928.3)/ 532(1929)
통영	50여(준비, 1928.1)/ 80여(설립, 1928.3)/ 90여(설립, 1928.3)
밀양	70여(설립, 1927.12)/ 80여(1929.4)
울산	100여(준비, 1927.12) · 300여(준비, 1927.12)/ 300~500여(1928.4)
동래	80여(1929.1)

3. 신간회 지회의 활동

신간회 지회는 본부에서 제정한 신간회 강령에 기초하여 각 지회별로 강령을 제정하는 등 구체적인 운동방침하에서 민족운동을 전개해 나갔다. 마산지회는 '우리는 민족적 정치적 경제적 해방을 기함 · 우리는 일체 타협주의를 배격함'이라는 행동강령에 따라 마련한 구체적인 정책안에 기초해서 지회의 활동을 전개해 나갔다. 밀양지회는 7개의 강도 높은 투쟁목표하에서 본격적인 활동을 전개하였다. 이 외에도 부산지회는 설립 직후부터 신간회 조직노선과 투쟁노선에 대한 지회 차원에서의 논의를 활발하게 전개하였다. 고성지회도 매주 1회씩 예회(例會)를 개최해 조직문제 등 현재의 당성(黨成) 과정에 필요한 중대한 문제들을 연구하며 구체적인 운동방침을 마련해 나갔다. 각 지회의 운동방침은 대체로 본부의 그것보다 훨씬 구체적이고 투쟁적이었다.

이러한 운동방침하에서 각 지회는 회원모집이나 지회비 마련, 회기(會旗)의 제작, 표어의 작성, 회관건설, 분회 및 반조직 등 지회를 유지하기 위한 활동을 일상적으로 전개하는 한편 연설회나 야학운영과 같은 계몽운동과 반봉건운동 등 사회문제와 언론·출판·집회·결사의 자유, 억압 법률의 철폐, 단결권·파업권 보장 등과 같은 정치문제, 생활·생존권 수호운동, 소작료 인하, 8시간 노동제 등과 같은 경제문제와 관련된 활동을 전개하였다.[10] 이러한 활동은 정기·비정기로 개최되는 간사회 또는 집행위원회, 정기대회를 통해 논의되고 결정되었다. 경남지역 각 지회 중 부산, 마산, 울산, 밀양,

▌배종철

김해지회 집행위원장이었던 배종철은 경상남도신간지회연합회 조직을 추진한 핵심인물이다.

고성지회 등은 1931년 신간회가 해소될 때까지 활발한 활동을 전개한 것으로 보인다. 그러나 거제와 거창, 합천, 사천지회 등은 특별한 활동이 확인되지 않는데, 몇 차례의 간사회(혹은 집행위원회)나 정기대회를 개최하는 정도에 그친다. 한편 경남지역 각 지회는 민족운동을 효율적으로 전개하기 위하여 각 지회의 연합을 위한 도지회연합회를 조직하고자 하였다.[11] 경상남도신간지회연합회는 김해

10) 이균영은 지회의 활동을 편의상 사회적인 것과 정치적인 것의 두 범주로 나누어 살펴보면서 계몽운동과 생활·생존권 수호운동을 사회적 활동으로 포함시켰다. 생활·생존권 수호운동과 관련해서는 항목이 경제생활과 관련되었을 뿐만 아니라 각 지회에서도 '경제문제'로 논의하고 있는 사례가 많아 본고에서는 지회의 활동을 정치적, 경제적, 사회적 활동으로 나누어 살펴보고자 한다.

11) 창립 당시 지회는 규약, 회원가입, 활동 등 모든 활동이 본부의 지시하에 통제되어 있었는데, 지회연합회가 설치될 경우 거리상 가까운 지방연합회 소속의 지회

지회의 주도하에 추진되었다.[12] 여기에 부산, 동래, 양산, 울산, 밀양, 하동, 진주, 고성의 각 지회가 적극적으로 참여했으나, 일제의 방해로 공식적인 단체는 되지 못했다.

이제 각 지회별 구체적인 활동에 대해 지회 내에서 논의된 사안들을 통해 주요활동을 정치적, 경제적, 사회적 활동으로 나누어 대략적으로 살펴보고자 한다.

1) 정치적 활동

신간회 창립의 직접적인 계기가 되었던 정우회선언에서는 비타협 민족주의 세력과의 제휴와 함께 '경제투쟁'에서 '정치투쟁'으로의 전환을 명확히 하고 있다. 즉 신간회는 1927년 2월 창립대회에서 '정치적·경제적 각성'을 강령으로 채택하면서 정치투쟁을 신간회가 취해야 할 운동방향으로 제시하였다. 이러한 본부의 방침에 따라 각 지회에서도 일제히 '정치문화부'를 설치하면서 정치투쟁을 지회의 운동방향에 포함시켰다. 이를테면 마산지회는 제1회 임시대회를 통해 "우리는 민족적 정치적 경제적 해방을 기함"을 강령으로 채택하면서 민족적·정치적 투쟁을 강조하였다. 부산지회는 "조선민족 각층의 총역량을 집중하여 전민족의 정치적, 경제적 이익의 회득을 기하며 전민족의 의식적 각성과 강고한 조직 완성을 기함"이라는 강령 아래 1927년 7월에 설립대회를 개최하였다. 밀양지회는 1928년 2월 간사회를 통해 7개의 투쟁목표를 제시했는데, 여기에는 "전민족의 일상생활에 필요한 정치·경제·교육·위생 등의 부분적 이익을 대표로 취급하여 대중획득

들은 상호 형편을 신속히 파악하고 직면하는 상황에 연합하여 대처할 수 있어, 본부의 통제력은 이전에 비해 약화될 수밖에 없었다.

12) 경상남도지회연합회 조직 시도는 김해지회 외에도 여러 지회에서 시도되었는데, 도지회연합회 조직 건으로 각 지회의 동의를 구하기 위해 김해지회가 각 지회로 공문을 발송하였을 당시 밀양지회에서도 관련 공문을 발송한 상태여서 발기회는 두 지회의 연명으로 개최하는 것으로 합의하였다. 비슷한 시기 고성지회는 마산지회와 합동으로 발기할 것을 결의하였다.

에 노력할 것"이라 하여 민족의 일상생활에 필요한 정치·경제적 투쟁을 해 나갈 것임을 명확히 하고 있다. 여기에서 제시된 '정치투쟁'이라는 것은 억 압과 착취로부터 벗어나려는 자유에 대한 생생한 요구들로, 곧 민족문제에 포함되는 것들이었다.

경남지역 신간회 지회에서 논의한 안건들 중 정치적 사안으로 가장 많이 논의된 것은 '언론·집회·출판·결사의 자유' 획득이다. 지회의 설립과 함 께 신간회 운동이 급속하게 확산되자 일제는 각종 집회나 대회를 금지하는 것으로 이에 대한 탄압을 강화했다. 경남지역에서도 거제, 울산, 양산, 통 영, 김해지회의 설립대회가 금지된 것을 비롯하여 각종 집회가 혹은 토의 사항이 불온하다는 이유로, 혹은 박람회 개최 중이라는 이유로, 혹은 신간 회 본부대회가 금지되었다는 이유로 금지되었다. 혹은 경상남도 경찰부 방 침이므로 '무조건' 금지되기도 하였다. 이에 경남지역 각 지회에서는 언론· 집회·출판·결사의 자유를 중요안건으로 매 집회에서 빈번하게 논의했다. 통영지회는 1929년 9월 집행위원회를 통해 집회금지로 일관하고 있는 경찰 당국을 향해 항의할 것을 결의하였다. 같은 해 12월에는 부산지회가 '언론 집회자유획득동맹'을 조직하여 공황기 일제의 신간회에 대한 각종 탄압에 맞서 활동 공간의 확대를 꾀하고자 하였다.

아울러 부산지회는 일본으로 건너가는 노동자들의 자유획득에 관한 문 제에 대해서도 심도깊은 논의를 진전시켰다. 당시 취업을 목적으로 일본으 로 건너가기 위해 전국에서 몰려든 도항노동자는 일제의 각종 규제와 이에 편승한 도항사기로 인해 많은 피해를 보고 있었다. 부산지회는 이러한 도 항노동자들의 권익 향상을 위해 도일노동자 자유획득에 관한 문제를 전국 대회 건의안으로 제출하였고, 지회 내에서도 '도일노동자자유획득동맹조합 (渡日勞動者自由獲得同盟組合)'의 결성 촉진에 대해 논의하였다. 조선인 노 동자의 도항문제와 관련해서는 1929년 3월 기장지회 설립대회에서도 논의 되고 있다.

각 지회별로 중요하게 논의되던 또 하나의 중요한 정치적 사안은 교육문제이다. 신간회 본부에서는 일제의 식민지 교육정책을 비판하고 조선인 본위의 교육정책을 요구하며 각 학교에 맹휴투쟁을 전개할 것을 권고하고 또 지도하였다. 각 지회에서는 이러한 본부의 방침에 따라 조선인 본위의 교육을 요구하고 교육제도와 학교운영 개선을 요구하는 여러 가지 활동을 하였다. 마산지회와 김해지회, 하동지회는 조선인 혹은 조선인 본위의 교육에 관한 문제를 심도깊게 논의하였다. 동래지회와 기장지회에서는 조선 아동의 의무교육제 확립을 중요안건으로 다루며 지회의 운동방침으로 하였다. 1927년 10월 거제지회는 하청공립보통학교 일본인 교장의 만행사건과 관련해서 진상조사에 나서는 한편 사회적 여론을 환기하는 동시에 거제 각 사회단체가 연합하여 응징하는 방안을 강구하기로 하였다. 1928년에는 마산지회가 창신학교 학생들이 지정학교(指定學校) 선정을 요구하며 동맹휴학에 들어가자 긴급간사회를 열고 진상조사에 들어갔다. 지정학교는 총독부가 지정한 일종의 학력인정학교로, 학생들은 검정고시를 치르지 않고 중등학교 학력을 인정받을 수 있으며, 이에 따라 전문학교에 입학할 수 있는 자격을 얻을 수 있었다.

▌철성의숙 터(고성군 고성읍 덕선리 164번지 일대)
고성지역 민족교육기관으로, 학교 측의 폐교 결정에 대해 고성지회에서는 이를 복교시키기 위한 적극적인 활동을 전개하였다. 현재 건물의 흔적은 찾을 수 없고, 그 터는 논으로 바뀌어 있다.

1929년 3월에는 고성지회가 간사회를 통해 설립자의 경영난으로 폐교되게 된 철성의숙의 복교문제를 논의하였다. 1908년 설립된 철성의숙은 일제시기 고성의 중요한 민족교육기관이자 고성군 3·1운동 만세시위가 처음으로 논의된 장소이기도 했다. 그런데 학교 측이 운영상의 이유로 폐교를 결정하고 그 재산을 학교비(學校費)에 기부하기로 하자 고성지회는 학교 측의 무성의한 행

동을 비난하면서 전갑봉, 구종근, 천두상 3인을 조사위원으로 선정해 진상
을 조사하도록 하는 한편 학교 측과 협의하여 고성지회에서 책임지고 복교
시킬 것임을 다짐하였다. 하지만 일제는 이를 끝까지 허락하지 않았고,
1930년 9월 철성의숙은 폐교되었다. 한편 1928년 김천의 빈민층 아동교육기
관인 '금릉학원'이 폐쇄되자 김천지회는 반대운동을 주도적으로 전개하였
다. 전국의 지회에서도 이에 호응하여 사천지회에서는 간사회를 통해 금릉
학원의 강제폐쇄에 항의하기로 결정, 김천지역 각 단체로 격문을 보내어 금
릉학원의 개교운동을 촉진시켰고, 김해지회는 현재 조선의 사정에서 금릉
학원은 적당한 교육기관이라고 인식하며 그 부활운동을 위한 철저한 대책
을 강구할 것임을 결의하였다.

　이러한 민족문제에 대한 관심은 국외로까지 확대되어 각 지회는 재만동
포의 생존권 문제에도 관심을 가지고 적극적인 활동을 전개하였다. 재만동
포옹호운동은 신간회 본부
의 주요사업으로, 당시 만
주에서는 1925년 6월 총독
부 경무국장과 만주 펑톈
성(奉天省) 경찰서장 사이
에 소위 '삼시협정(三矢協
定)'13)이란 것을 체결하여
한국인 독립운동가들에 대
한 만주 장쭤린(張作霖) 군
벌정권의 탄압이 본격화된

▌진해청년회사무소 터(창원시 진해구 경화동 454번지)
창원지회가 재만동포문제 등 중요한 사안들을 논의하
던 주요 활동 근거지이다.

---

13) '삼시협정'의 내용은 재만 한국인은 무기를 휴대할 수 없고 한반도에 침입하는 것
　을 금하며, 위반자는 중국관헌이 체포하여 일본 관헌에게 인도하고, 또한 일본 관
　헌이 지명하는 한국독립운동단체 수령을 중국 관헌이 체포하여 일본 관헌에게 인
　도한다는 것이었다. 신용하, 『신간회의 민족운동』, 독립기념관 한국독립운동사연
　구회, 2007, 2쪽.

이래 날이 갈수록 조선인 이주민들에 대한 만주군벌 당국의 박해가 심해지고 있었다. 이에 신간회에서는 1927년 12월 3일 사태의 심각성을 알림과 동시에 다른 단체들과 연합해서 '재만동포옹호동맹'을 조직하여 대책을 수립하기로 하였고, 전국 각지의 지회에서 적극적으로 호응하였다. 경성에서 재만동포옹호동맹이 조직된 직후부터 이 운동에 적극 가담하였던 창원지회는 1928년 1월 8일 창원사회운동자 망년회 석상에서 "전선적 대책 강구를 일치케 하기 위함"이라는 취지하에 경성 재만동포옹호동맹에 가맹하기로 결정, 재만동포의 구축·박해와 관련해서 베이징(北京) 정부 및 동삼성(東三省) 각 당국과 경성의 중국 총영사에게 항의문을 발송케 하고 동변시보(東邊時報)에 경고문을 보내기로 하였으며, 이에 대한 일종의 보복으로 조선 내에 거류하는 중국인의 생명과 재산에 위험을 미치게 하지 않고 이를 보호하도록 하였다. 이 외에 사천, 마산, 고성, 하동, 밀양, 김해, 동래, 기장 등 경남 대부분의 지역에서 재만동포옹호동맹이 결성되었다.

이 외에도 경남지역 각 지회에서는 치안유지법 폐지와 고문제 근절, 조선민족의 발전에 배치되는 모든 기관 철폐 등과 같이 민족을 억압하고 착취하는 악법의 철폐를 요구하고 있다. 1927년 조선공산당 사건으로 경성에서 재판이 진행되고 있을 때는 공판을 공개하지 않는 관계 당국에 항의하는 한편 공판 변호사단에게 격려문을 발송하기도 하였다. 이처럼 각 지회에서 논의되던 정치적 사안들은 종종 지회 회의에 참석한 경관으로부터 논의 자체를 금지당하는 경우가 많았다. 특히 대다수 지회에서 과제로 제기된 언론·출판·집회·결사의 자유 획득 건과 재만동포옹호운동 건은 경관의 제재로 논의조차 되지 못하는 경우가 많았다.

2) 경제적 활동

1910년대 이후 일제의 경제수탈이 강화되면서 각 지역에서는 많은 경제적 문제가 노출되고 있었다. 이는 지역주민들의 생계와 관련된 중요한 문제였던 까닭에 각 지회에서는 사안에 따라 적극적으로 활동하였는데, 지역의 경제적 조건이 달랐던 만큼 각 지회의 활동은 다양하게 전개되었다. 대체적으로 부산이나 마산과 같은 도시지역에서는 인구의 집중과 공업화에 따른 도시문제가 속출하면서 각 지회별로 주거문제나 노동문제 등에 초점을 맞추어 논의하였다. 반면 농촌지역에서는 일본인들의 지주화가 가속화되는 가운데 수리조합이나 소작문제와 관련된 논의가 집중적으로 이루어졌다.

설립 이후 부산지회에서 중점적으로 논의되었던 안건 중 하나는 차가문제(借家問題)였다. 급격한 도시화로 도시로의 인구집중이 가속화되자 집값이 폭등하면서 주택문제는 큰 사회문제로 대두되었다. 1929년 경성에서 '차가인동맹'을 결성하여 집세를 내리는 운동을 전개하였고, 지회들은 이 운동을 지지·성원하였다. 부산지회는 차가인동맹 결성을 적극 지원하여 임대주택을 독점한 일제 자본가의 횡포로 인해 조선인 무주택자들이 겪는 참상을 해결하고자 하였다. 밀양지회는 1930년 4월 정기대회를 통해 밀양차가인동맹 건을 논의하여 집세인하 운동을 지지하려 했으나 경찰의 저지로 논의가 금지되기도 하였다. 한편 진주지회에서는 진주전기회사가 단칸방에서 사용하는 전구에 대한 고가의 폭리를 취하는 것에 대해 시민들의 불만이 높아지자 진상조사 후 이에 대한 인하운동을 전개하기로 결정하였다.

도시지역에서는 또한 급속한 공업화로 인한 노동문제가 지역 내 중요한 문제로 대두되었는데, 각 지회들은 설립 초기부터 '노동문제'를 주요안건으로 결의하였다. 부산지회의 경우 간부진 중 노동운동 관련자들이 많다는 사실은 앞에서 살펴본 대로이다. 1928년 1월 혁신총회를 가졌던 노우회에는 신간회 회원 24명이 노

▌부산사회단체회관 터(부산시 중구 영주동 575-1번지)
부산지회 사무소로 사용하던 곳으로, 1929년 부산노동연맹이 창립될 당시 임시사무소로 사용하기도 했으며, 종종 경찰로부터 가택수사를 당하기도 하였던 장소이다.

동자 자격으로 참석하고 있는데, 노우회는 부산지회가 대중적 조직기반을
확보하기 위해 이용한 하나의 방법이기도 했다. 이후 부산지회는 노우회와
보조를 맞추며 지역 내 파업에 대한 진상조사와 지원활동을 펼쳤는데, 1928
년 부산전차동업원 동맹파업과 1930년 조선방직주식회사 총파업 때에는 진
상조사와 지원에 나섰다. 특히 조선방직 파업과 관련해서는 신간회 본부로
부터 진상을 조사하라는 지령이 부산지회로 떨어졌다. 이때 파업단을 지도
하며 자금을 조달했다는 구실로 김주엽과 이성출 등 부산지회 주요간부가
검거되기도 하였다. 이러한 사실은 지회 회원이 노동단체에 가담하는 형식
이 아니라 부산지회 차원에서 노동운동에 개입하였던 것으로, 다른 지회와
의 중요한 차이점을 드러낸다.

1898년 개항 이후 일본과의 무역이 확대되면서 일찍부터 상업과 공업이
발달하였던 마산지역에서도 다양한 노동문제가 노정되면서 노동운동이 활
발하게 전개되었다. 부산지회와 마찬가지로 노동운동 관련 인물들이 다수
참여하고 있던 마산지회는 부산지회와 같이 지회 차원에서 노동운동에 개
입한 것은 아니다. 그러나 여해, 김명규, 김귀동 등 지회의 주요 간부들이
노동운동 단체인 노농동우회(이후 마산노동회) 등을 통해 마산지역 노동운
동에 참여하였다. 이 외에 통영지회는 1929년 12월 집행위원회에서 '통영합
동노동조합 지지'를 결의하였다. 1929년 원산총파업의 일어났을 때에는 고
성지회와 진주지회, 동래지회 등이 이에 대한 격려문을 발송하는 등 총파
업을 적극적으로 지지할 것을 결의하였다.

▌마산구락부회관 터(창원시 마산합포구 창동
　64-10번지)
마산구락부회관은 마산지회 설립대회가 개최
된 장소이자 활동 근거지로, 1935년 극장으로
신축되면서 사라졌고 그 터에는 현재 옷가게
가 자리잡고 있다.

식민지 지주제가 확대되고 있던 농촌사회에서는 수리조합과 소작료를 둘러싼 민족·계급 간의 갈등이 첨예하게 노정되고 있었다. 이에 각 지회에서는 농촌경제상황에 대한 조사활동과 함께 소작제도의 개선, 지주의 소작농 착취 등을 규탄하며 소작쟁의에 대한 지지와 성원활동을 전개하였다.

우선 양산지회는 경제조사전문위원회 설치나 노농문제 등을 통해 농촌문제에 관한 논의를 진전시켰다. 1929년 2월 16일의 제1회 양산지회 임시간사회에서는 농민운동 촉진 건이 토의되었고, 1929년 7월 총무간사회에서 결의한 3대 사업인 고산답파(高山踏破), 농촌순강, 농가경제조사 중 두 가지 사업이 농촌문제와 관련된 항목이었다. 농가경제조사는 사회운동을 총괄하기 위한 전제조건으로 양산지역 사회경제적 상황을 파악하는 데에 중요했다. 이에 연구위원으로 선출된 김철수, 전혁 등이 4월부터 주요 부락에 대한 조사를 시작하였다. 농촌 순회강연은 8월 중순부터 각 부락을 순회하며 농촌에 대한 교육·경제 문제에 대한 강화를 하였다. 한편 1931년 3월 16일 제4회 정기대회에서는 농민단체 조직에 관한 건이 논의되었다.

고성지회는 1929년 1월 정기대회에서 지방 특수사정과 관련된 안건으로 수리조합에 관한 논의를 진행시키고 있으며, 하동지회는 1929년 8월 임시대회를 통해 군내 농촌생활을 조사하기로 결의하였다.

▌국농소 터(밀양시 하남읍 수산리·초동면 금보리 일대)
조선시대 국둔전이었던 국농소에서 소작권 분급을 둘러싼 소작쟁의가 일어났을 때 밀양지회는 진상조사와 대책마련에 나섰다. 현재까지 비옥한 농토로 경작되고 있는 국농소는 간간이 보이는 연밭을 통해 그 흔적을 확인할 수 있다.

밀양지회는 1928년 4월 21일 총무간사회에서 국농소(國農沼) 소작쟁의 사건의 실태를 조사한 조사연구부원의 보고와 함께 이를 근본적으로 해결하기 위한 방침을 논의하였다. 국농소는 하남읍 수산리와 초동면 금보리 일대의 농지로, 1924년 하남수리조합의 제방 축조와 함께 개간된 전답의 소작권을 분급하는 과정에서 조합과 소작인 사이에 분쟁이 생겼다. 1927년 사태가 심각해지면서 밀양청년회를 비롯한 조선노농총동맹, 마산노동회 등 여러 단체들은 진상조사와 조정에 나섰다. 실태조사에 나선 밀양지회는 1929년 3월 간사회에서는 국농소 소작권을 관리하게 된 은산농민조합(銀山農民組合)에 관한 안건을 토의하고 있는데, 당시 상황으로 보아 이후로도 지속적인 관심을 가지고 그 조정에 나섰던 것으로 보이나, 적극적인 해결책을 위한 성과는 내놓지 못했다.

1928년에는 태화강 일대에 제방을 쌓아 수리사업을 할 목적으로 설립된 울산수립조합의 창립위원장 김성진과 사회단체인 민우회(民友會) 사이에 수리조합의 설립을 둘러싼 분쟁이 발생하였다. 이때 울산지회는 총무간사회를 앞세워 진상조사에 나섰다. 태화강 제방은 김성진과 일본인 나카다니(中谷德一) 등이 조직한 울산수립조합이 시공한 것으로, 몽리구역 내에

❚ 태화강 학성교에서 바라본 삼산지역 일대(울산시 남구 삼산동)

1929년 2월 19일 인가된 울산수리조합의 몽리구역은 지금의 울산시 삼산동 전체와 성남동 상업지구, 옥교동, 학산동, 학성동, 송정동 일대로, 수리조합 설립을 둘러싸고 지역 내에서 분쟁이 발생했을 때 울산지회는 진상조사에 나섰다.

우량 농지가 포함되어 있었기 때문에 당시 지주회뿐만 아니라 각종 단체들을 중심으로 대대적인 반대운동이 전개되었다.

이 밖에 사천지회는 1927년 12월 삼천포지역 지주 박채규가 소작료를 착취한 사건과 1928년 2월 가마니(繩叭) 검사원이 무리하게 착취한 사건에 대한 조사에 나섰다. 함양지회는 1927년 11월 마천소작쟁의가 일어나자 조사위원을 특파하고 지주에게 경고문을 보내며 소작농민을 지원하였다. 동양척식주식회사 소유의 토지가 넓게 분포되어 있던 창원지역에서는 1927년 11월 동양척식회사 농감(農監) 마이다(梅田治郎)가 소작인을 착취하는 사건

이 발생하자 창원지회에서 진상조사에 나섰다. 고성지회는 1928년 4월 고성향교 직원이 향교 내 재산을 관리하는 군수의 승인없이 향교답(鄕校畓)의 소작권을 함부로 이동시킨 일로 소작인의 원성이 높아지자 진상조사에 나서기도 하였다.

▌김철수 생가 터(양산시 상북면 상삼리 328번지)
김철수는 도쿄에서 2·8독립선언에 참여했던 인물로, 양산지회 설립을 주도하여 초대 지회장으로 선출되기도 하였다.

한편 민중의 더 나은 경제생활을 위해 전개된 협동조합운동도 일제시기 경제적 저항운동의 하나로 추진되었다. 이는 비타협 민족주의자인 안재홍이 1928년 3월말 향후 신간회의 운동방침으로 제시한 6개 항목 중 하나이기도 하다. 양산지회의 협동조합운동은 평소 협동조합론에 많은 관심을 가지고 있었던 김철수의 노력 때문인 것으로 보인다. 양산협동조합은 1929년 3월 회원 100여 명을 모집하여 1주 2원으로 총금액 200원을 확보하는 것을 목표로 출발하였으나, 1930년 4월 5일 출범할 때에는 조합원 50여 명에 출자금 500여 원을 마련하여 생활필수품 판매를 목적으로 한 협동조합으로 결성되었다.

3) 사회적 활동

사회적 활동은 각 지회가 일상적으로 가장 광범위하게 전개하였던 활동으로 강연회나 토론회, 야학경영 등 민중교양을 통한 계몽활동과 지역 내 분쟁사건에 대한 조정활동, 가뭄이나 수해로 인한 이재민 구제활동, 웅변대회나 축

▌부산청년동맹회관
부산 사회운동의 총본영으로, 부산지회 설립대회가 개최되었던 곳이자 강연회 등 부산지회의 각종 행사가 개최되던 장소이다.

구대회, 연극회 등과 같은 문화활동 등이다.

강연회나 토론회는 지회의 설립을 기념하는 기념강연회를 비롯해서 학술강연회나 토론회 등의 명목으로 신간회 본부의 인사나 지역 내 유력자가 강사로 초청되어 개최되었다. 대개 신간회 운동과 대내외적 정세, 민족문제 등을 소재로 하여 민족의식을 고취하는 선전적이고 계몽적인 성격의 것이었다. 특히 1929년 11월 부산지회가 지역 내 각 사회운동단체 소속 회원을 대상으로 개최하려 한 '오분간 연설회'의 연제(演題)에는 부산지회의 관심 방향을 잘 확인할 수 있다.

야학경영은 지회의 가장 일반적인 활동이었다. 지회가 직접 운영하는 경우도 있었으나 대개는 지회원들이 교사나 경영자로 참여하는 경우가 많았다. 김해지역의 경우 1929년 8월에는 10년 역사를 가진 김해여자야학이 경영자인 김해지회가 불온하다는 이유로 금지되기도 하였다. 김해지회는 5명의 위원을 선정하여 경상남도 당국과 교섭했으나, 당국에서는 조직만 변경한다면 다시 허가하겠지만 민족운동을 하는 신간회에게는 절대로 허가할 수 없다는 방침을 고수하였다. 이에 대해 김해지회를 비롯해서 김해지역 농민단체와 사회단체는 연합시민대회를 열고 일제의 만행을 규탄하기도 하였다.

또한 각 지회에서는 계몽운동의 일환으로 생활개선운동을 전개하였다. 울산지회는 '색의착용' 장려를 지회운동의 하나로 포함시켰다. 1929년 2월 간사회에서 구 정월 15일 울산 삭전대회를 기회로 염색복 착용선전을 대대적으로 행할 것을 결의한 울산지회는 1929년 벽두부터 염의 착용을 위해 포스터와 삐라를 인쇄하여 울산군 각 시장 및 중요 곳에서 대대적으로 선전할 계획을 세우고 이를 삭전대회 때부터 광범위하게 선전했으며, 1929년 10월 집행위원회에서도 염의착용 선전 건을 토의하였다. 창원지회는 1927년 생활개선에 관한 내용을 주요안건으로 논의하면서 시간의 여행(勵行), 관혼상제 허례의 절약, 의식주의 질소(質素), 미신의 타파, 문맹의 퇴치를 구체안으로 제시하였다. 이 외에 진주지회는 1927년 11월 간사회에서 '민생상담

소 설치'에 관한 안건을 제출하고 있는데, 민중의 일상생활에 필요한 것을
문의하게 함으로써 자문기관으로서의 역할을 담당하려 했던 것으로, 일종
의 민중교양 활동이었던 것으로 보인다.

▌울산청년회관/울산청년회관 터(울산시 중구
　북정동 58번지)
울산지회 설립대회가 개최된 장소이자 활동 근
거지로, 현재 삼일회관이 들어서 있다.

이러한 계몽운동의 대상은 봉건적 질서 내에 존재하는 것이 많아서 각
지회의 활동은 유림세력과의 갈등을 빚기도 하였다. 밀양지회는 설립대회
에 이어 바로 개최된 제1회 정기대회에서 밀주유림친목회 대책 강구 건을
주요 토의사항으로 논의하며 김병환, 윤세주 등을 조사위원으로 선정, 상세
하게 조사한 후 박멸하기로 결의하였다. 이 건과 관련해서는 1928년 1월 간
사회에서 친목회는 해체하고 그 대신에 육영제와 연계소, 예림제 3개소를
보존한다는 의미로 삼소보존상신계(三所保存相信禊)라는 간판을 걸었다는
조사위원의 보고가 있었는데, 밀양지회는 이것 역시 친목회와 동일한 기관

▌연계소(밀양시 내이동 699-1번지)
연계소는 대원군의 서원철폐 이후 밀양지역
선비들이 모여 의논하던 장소로, 1928년 2월
이후 밀양지회 사무실로 사용되었다. 원래 3동
의 기와집이 있었으나 현재는 1동만 남아 있다.

이므로 황상규 등 조사위원을 파견하여 시대에 배치되는 각 단체를 설득하기로 하였다. 이는 밀양지회와 밀양지역 유림 간의 갈등이 표출된 것으로, 1930년 10월 유림들이 밀양읍주지(密陽邑州誌)를 간행하려고 했을 때 밀양청년동맹과 함께 강력히 반대하면서 갈등이 재연되기도 하였다. 고성지회는 1928년 3월 17일에 열린 제5회 총무간사회에서 유림회 주최 『고성읍지』 발간문제에 대해 논의했는데, 아직 조사 중이기는 하나 진행상황을 주시하다가 역사적 출판물로서의 가치가 없다고 판단될 때는 적극 반대하기로 결정하였다. 사천지회는 지회사업을 위하여 향교 소유의 토지를 교섭하였고, 기장지회는 향교재산을 무산아동의 교육비로 충당할 것을 결의하였다.

다음으로 각 지회는 지역 내 분쟁사건에 대해서도 적극적으로 활동하였다. 이는 민족·계급 간의 갈등에 기인한 부분이 많아서 민족문제로까지 확대되는 경우가 많았다. 분쟁사건이 발생하면 각 지회에서는 독자적으로 혹은 지역 내 다른 단체들과의 연합으로 분쟁사건에 대한 진상조사와 조정·지원활동에 나섰다. 여기서는 몇 가지 사례만 소개한다.

고성지회는 1928년 심상소학교 생도가 보통학교 생도인 이용진을 소학교 운동장에 들어왔다는 이유로 구타하여 생명을 위독하게 만든 사건이 발생하자 두 학교를 문책하고 민족문제의 관점에서 적극적으로 해결해 나갈 것임을 결의, 천두상 등 4명을 조사위원으로 선정해 보냈다. 그러나 며칠 후 이용진이 사망하면서 이 사건은 지역사회 내에서 큰 이슈로 되었을 뿐만 아니라 사천지회에서도 각 단체로 조회문(照會文)을 발송하기로 결의하는 등 인근 지역으로까지 확대되었다. 고성지회 주도로 장사를 치르면서 관위에 "왜인(倭人)에게 타살된 한령(恨靈)"이라 쓴 조기를 덮고 광목을 달아 행진하니, 시가의 전포들도 완전히 철시한 가운데 학생과 주민들의 행렬이 말티고개까지 이어지면서 일본인들의 만행에 항의하는 시위로까지 발전하게 되었다. 이 사건으로 천상두, 황태도, 전갑봉 등 고성지회 중심인물들이 고성경찰서로 소환되어 조사를 받았다.

사천지회는 1927년 7월 설립총회에서 통영의 '삼구회(三九會) 폭악사건'에 대한 진상을 조사하여 악동(惡動) 분자의 죄악을 경계하는 동시에 그 내용을 본회에 통고할 것을 결의하였다. 거제지회는 1927년 10월 통영 삼구회에 관한 건을 논의하며 반동단체 삼구회의 죄상을 세상에 폭로하는 동시에 철저하게 박멸하기로 하였다. 삼구회는 통영지역 전 순사들이 모여 조직한 단체로, 조선인 아동의 교육문제가 발단이 된 이른바 '김기정 사건'[14]이 발생하였을 때 김기정을 보호하고 경찰과 협력하여 군민의 검거에 앞장섰을 뿐 아니라 관련 사실을 보도하려는 기자들을 폭행하기도 하였다. 이와 관련된 통영지회의 구체적인 활동은 기록으로 확인되지는 않으나 1928년 5월 개최된 간사회에서 삼구회 회원을 지회원에서 제명하고 있는 것으로 보아 통영지회도 사천지회나 거제지회와 유사한 활동을 하였을 것으로 보인다.

∎통영청년회관(통영시 문화동 236번지)
정기대회 등 통영지회의 각종 행사가 개최되던 장소로, 원형 그대로 보존되어 있으며 현재 통영문화원으로 사용된다.

---

14) 경상남도 도평의회 석상에서 도평의원 윤병호가 보통학교를 1면(面) 1교(校)로 증설하자 한 발언에 대해 김기정은 "보통교육을 폐지하라. 조선은 교육으로써 망국하였다. 조선어 통역을 철폐하라"는 등의 발언을 한 사실이 알려지면서 통영은 발칵 뒤집혔다. 이에 통영에서는 시민대회를 개최하여 진상보고와 성토대회를 열었는데, 이 일로 시민들이 검거되자 시민들은 이들의 석방을 요구하며 경찰서와 김기정 집에 돌을 던지는 등 격렬하게 저항하였다.

한편 창원지회는 1927년 11월 가덕도의 일본인 순사가 주민을 구타하고 검을 뽑아 다치게 한 사건에 대한 진상조사에 나섰다. 1928년 2월에는 군용지 내에서 공사 중이던 일본인 노동자 100여 명이 조선인 노동자 40여 명을 구타하는 사건이 발생했을 때 피해자 위문과 함께 방관적 자세를 취하는 경찰을 향해 민족적 차별을 주장하며 항의하였다.

신간회 각 지회의 이재민 구제활동은 불우한 처지에 처한 동포를 재활시켜 일제의 식민통치에 압박받는 민족의 연대의식과 민족적 단결을 증진시키고자 하는 활동이었다. 가뭄이나 수해 등 큰 재난을 당할 때마다 전국의 각 지회는 의연금을 모집하는 등 적극적인 구제활동에 나섰다. 1928년 경상북도 지방에 큰 가뭄이 들어 약 3만 명의 한재민이 발생하자 마산지회와 부산지회는 지역 내 단체와 연합하여 '경북기근구제회'를 조직하였고, 밀양지회는 '구제음악대회'를 개최하였다. 1928년 함경도 지방의 대홍수로 수재민이 다수 발생하자 마산지회와 창원지회는 구제금을 모집하였다. 1929년 갑산화전민가 방화사건이 일어나자 마산지회는 마산 각 단체 연합위원회에서 갑산화전민가 방화사건에 대한 대책을 토의하려다 마산경찰서 고등계로부터 지방단체가 그런 사건에 간섭할 필요가 없다는 이유로 금지당하기도 하였다. 1930년 여름에는 큰 수해가 일어났는데, 김해지회는 12개 단체가 연합하여 '수해구제회'를 조직하였고, 통영지회는 '전조선통영수해구제회'를 조직하였다.

4. 신간회 지회의 해소

1929년 12월 민중대회 사건 이후 신간회 본부는 신임위원장으로 취임한 김병로가 자치운동으로의 전환을 주장하면서 사회주의 계열 인물들이 일선에서 물러나는 경향을 보였다. 게다가 중국 국공합작의 실패 이후 코민테른 등 국제 사회주의 지도단체들은 조선의 민족협동전선에 대해 부정적

인 평가를 내리기 시작했다. 민족부르주아지의 개량화에 대한 투쟁과 노동
계급의 헤게모니를 강조한 '12월 테제'와 신간회를 민족개량주의 단체로 규
정한 프로핀테른의 '9월 테제'는 사회주의자들이 신간회 해소를 주장하는
이론적 근거가 되었다. 이러한 내외적 상황 변화는 신간회 '해소론'이 등장
하는 계기가 되었다.

1930년 12월 6일 부산지회 제5회 정기대회에서는 신간회 해소를 주장하
여 전국적으로 일대 파란을 일으켰다. 이 대회에서 집행위원장 후보로 선
정된 김봉한은 "현재의 신간회는 소부르주아적 정치운동의 집단으로서 하
등의 적극적 투쟁이 없을 뿐만 아니라 전 민족적 총역량을 집중한 민족적
단일당이란 미명 밑에서 도리어 노농대중의 투쟁 욕구를 말살시키는 폐해
를 끼치고 있다"고 주장하였다. 이에 대해 자못 의견이 분분하였으나 결국
이듬해 전국대회 때까지 이 문제를 충분히 연구하여 그 대회 석상에서 해
소운동을 일으키기로 결정하였다. 1931년 2월 14일에 열린 부산지회 임시
집행위원회에서는 신간회 해소문제를 둘러싼 본부 대 경성지회 간의 갈등
을 조사하기 위해 임용길과 김주엽을 조사위원으로 선정하고, 해소 비판에
대하여 장시간 논쟁을 벌였으나 결론을 내리지 못하고 결국 해소대회를 소
집하기로 하였다. 1931년 3월 29일에 열린 임시대회에서 부산지회는 해소
하기로 결정하고 이를 신간회 전체대회에 건의하기로 했는데, 잇따른 각
지회의 해소결의에 따라 1931년 5월 15일 YMCA 회관에서 열린 제2회 전체
대회에서 신간회는 해소를 결의하였다.

신간회 제2회 전체대회가 열리기 전 각 지방 지회에서는 신간회 해소문
제에 관한 논의를 진행시킨 후 '해소/비해소' 건의안을 본부로 제출했는데,
경남지역 각 지회에서의 해소논의는 비교적 활발하게 전개되었다. [표 3]은
경남지역 각 지회에서 해소문제에 관하여 논의한 끝에 결정한 사항을 정리
한 것이다.

[표 3] 경남지역 신간회 지회별 해소문제에 관한 결정

지회	해소문제에 관한 결정	지회	해소문제에 관한 결정
마산	해소반대	창원	해소결정 보류
부산	해소결의	밀양	해소반대
함안	즉시해소 배격	양산	해소반대
고성	해소보류	통영	해소결의

[표 3]에서 신간회 해소에 찬성한 지회는 부산지회와 통영지회뿐이다. 부산지회의 논의과정은 앞에서 살펴본 대로이며, 통영지회는 1931년 5월 10일의 집행위원회에서 장시간에 걸친 각 위원의 엄정한 비판과 신중한 토의를 거친 후 대략 '객관적인 정세가 성숙되었고 이에 조응하는 주체적인 조건이 마련되었으며, 신간회 운동이 노농대중의 독자성을 말살시킨다'는 등의 이유로 해소를 결의하였다. 두 지회 모두 신간회 조직형태의 한계와 그것이 대중운동의 성장을 저해하고 있다는 점을 신간회 해소 찬성의 이유로 제시하고 있다.

반면 밀양지회는 1931년 1월 24일 정기대회에서 많은 토의를 거친 후 '해소

▌고성청년회관 터(고성군 고성읍 서외리 90번지)
1931년 1월 11일 고성청년회관에서 개최된 제4회 정기대회에서 고성지회는 장시간에 걸쳐 신간회 해소문제에 관한 논의를 하였다. 당시의 건물은 멸실되었고, 그 터에는 현재 고성초등학교 강당이 신축되어 있다.

반대'를 결의하였다. 마산지회는 1931년 1월 18일 개최된 집행위원회를 통해 신간회 해소문제에 대해 논의했는데, 토의 결과 "우리 신간회는 역사적 변화의 재단에 이르기까지 현재의 사회정세로는 급각도로 해소할 변전이 없음으로 인하여 해소를 반대하는 동시에 오는 정기대회에 다시 상정하여 충분히 검토하기로 결의"하였다. 이어 3월 29일 표

정(俵町) 한양관에서 개최된 제4회 정기대회에서 해소문제에는 반대하는
것으로 결정하였다. 양산지회는 1931년 4월 16일 제4회 정기대회에서 장시
간 토의 끝에 "조선의 모든 정세에 비추어 신간회를 해소함은 모든 조건이
불리하다"고 결론짓고 다수결로 부결시켰다.

한편 함안지회는 1931년 2월 1일 집행위원회에서 '즉시해소'를 배격하고
해소운동을 준비하기로 하였다. 고성지회와 창녕지회는 '해소보류'를 표명
했는데, 고성지회는 갑론을박으로 장시간 비판이 있었으나 결국 해결을 못
짓고 신임 집행위원회에 미루어 해소론을 성문하여 공포시키기로 하였다.
창원지회 역시 1931년 1월 제4회 정기대회를 통해 장시간 토의 끝에 이 문
제는 급속하게 결정하기 곤란한 문제이므로 신임 집행위원회에 일임하는
것으로 가결하였다.

▌양산청년회관 터(양산시 중부동 153번지)
1931년 4월 16일 양산청년동맹회관에서 개최된
제4회 정기대회에서 양산지회는 신간회 해소
를 부결시켰다. 당시의 건물은 멸실되었고, 현
재는 양산미션문화센터 건물이 들어서 있다.

신간회의 해소문제와 관련해서
는 일반적으로 민중대회 이후 적극
적인 투쟁을 주장하는 일부 사회주
의 계열 인물들이 온건하고 합법적
인 운동에 반대하여 신간회 해체
를 주장한 것으로 설명되어 왔다.
때문에 지회에서의 해소논의도 사
회주의 계열의 인물(특히 ML계)이
주도권을 잡고 있는 지회에서는 해
소찬성을, 민족주의적 성향의 인물

들이 주도권을 잡고 있는 지회에서는 해소반대를 결의한 것으로 도식화되
었다. 그러나 이러한 설명은 재검토될 필요가 있다.

이 문제와 관련해서 이균영은『신간회 연구』에서 지회 차원에서의 해소
론은 본부와는 달리 지회의 실제적인 투쟁과정에서 제기된 문제점들과 연
관된 점이 큰 것으로 설명한다. 부산지회의 경우, 당시 부산지회 내에는 사
회주의 계열 중에서도 서울청년회계, 화요회계, ML계 운동세력이 함께 있

었던 것으로 확인되나, 이들 조직 사이의 갈등은 발견되지 않았다. 때문에 부산지회에서의 해소문제 제기는 계파 간의 상이한 전략이나 코민테른의 각종 테제에 근거한 것이 아니라, 부산지역 노동운동에서 성장하고 고양된 민중적 역량과 의식이 민족해방운동상 새로운 운동단계를 요구한 때문인 것으로 보인다. 한편 양산지회는 그 간부들 중 양산농민조합을 조직하고 지도한 인물들은 대개 ML계 운동세력이었는데, 이들 주도하에 혁명적 농민 운동이 전개된 양산지회에서도 해소안이 부결된 것을 보면 ML계 운동세력 이 노동·농민운동을 배타적으로 주도한 지회라고 하여 일률적으로 신간회 해소가 관철된 것은 아니었음을 보여준다. 때문에 각 지회별 해소논의는 각 지회별 구성원의 성향과 지역 내 부문운동과의 관계 등 지역운동사적 관점에서 보다 면밀하게 연구될 필요가 있으며, 지회 차원에서의 해소론이 제대로 규명될 때에만 '신간회 해소'의 의미가 보다 명확해질 것이다.

5. 신간회 지회운동의 지역적 특성

일제시기 경남지역은 일제의 극심한 경제적 침탈로 인해 노동, 농민운동 을 비롯한 각종 사회운동과 민족해방운동이 활발하게 전개되었던 곳이다. 신간회 지회운동 역시 다른 어느 지역보다 활발하게 전개되었다. 신간회 창립 이후 비교적 이른 시기부터 지회가 설립되기 시작한 경남지역에서는 전국에서 가장 많은 수의 지회가 설립되었을 뿐만 아니라 부군별 조직률도 매우 높아서 21개 부군 중 2개 군을 제외한 거의 모든 지역에서 지회가 설 립되었거나 지회를 설립하려는 시도가 있었다. 이는 지회 설립의 조직적 기초가 되었던 청년, 노동, 농민운동 등 부문운동들이 그간 활발하게 전개 되어 왔음을 의미한다. 또한 통영과 거제, 동래와 기장, 사천과 삼천포와 같 이 동일 지역 내에서도 독자적인 운동세력이 존재하였던 곳에서는 별도의 지회가 설립되거나 설립시도가 이루어졌다.

지역적으로는 경남지역 내에서도 지역별로 비슷한 시기에 지회가 설립되고 있음을 확인할 수 있었다. 우선 부산과 마산 등 종래 부문운동이 활발하게 전개되었던 대도시 지역에서 비교적 이른 시기인 1927년 중반에 지회가 설립되었다. 이는 경남서부지역으로 확대되어 1927년 10월에는 진주지회의 설립을 시작으로 하동, 합천, 거창, 함양지회가 설립되었으며, 1928년 들어서는 울산지회의 설립에 이어 양산, 김해, 동래지회 등 경남동부지역에서 지회가 설립되고 있다. 신간회 지회의 설립은 본부의 승인을 받아 설립대회 일자를 정한 후 진행되었지만, 경남지역 지회의 설립 시기가 지역별로 대체로 일치하는 것은 인근 지역과의 인적 네트워크 속에서 일정하게 영향을 받으며 신간회 지회운동이 조직적으로 전개되었음을 추측할 수 있게 한다.

신간회 지회의 활동은 본부에서 제정한 신간회 강령에 기초하는 한편 지역 내의 제반 조건에 근거한 구체적인 운동방침하에서 전개되었다. 이는 지회원의 대다수가 청년단체, 사상단체, 노동단체, 농민단체 등 지역 내 사회운동 단체의 회원이었던 만큼 지역 내 부문운동과 연계되는 경우가 많았다. 특히 부산과 마산과 같은 도시지역에서는 활발하게 전개되었던 노동운동에 대한 지원이, 진주나 양산, 김해, 함양 등 농촌지역에서는 농민운동에 대한 지원이 지회의 중요한 활동이었다. 이러한 활동은 신간회의 조직적 특성상 지회 차원에서 조직적으로 지도하는 데에는 많은 한계를 드러내기도 했지만, 지역 내 각 부문운동에 소속된 간부들을 지회의 지도부로 구성함으로써 부문운동 간의 통일적 연계와 상호 지원체제를 형성할 수 있었다. 1930년대 경상남도 각지에서 폭발적으로 전개되었던 노동운동과 농민운동은 이러한 바탕 위에서 시도될 수 있었다.

특히 각 지회의 활동은 본부와는 달리 사회주의 계열의 인물들이 주축이 되어 전개되었는데, 지회는 사회주의 계열 인물들이 민족해방운동을 합법적으로 전개할 수 있는 조직체이자 기반이기도 하였다. 이들을 주축으로 한 지회의 활동이 활발하게 전개되었다는 사실은 일제시기 경남지역 민족해방운동에서 사회주의 계열의 인물들이 중심적인 역할을 담당하였음을 알 수 있게 하는 단면이기도 하다. 이러한 흐름은 해방 이후로까지 이어져 브루스 커밍스(Bruce Cumings)가 『한국전쟁의 기원』에서 "해방 후 경남지역 인민위원회는 세력과 급진성에서 가장 앞서 있었다"고 평가한 것처럼 해방 공간에서 경남지역은 사회주의 세력이 가장 활발하게 활동하는 지역이기도 하였다. 해방공간 우익세력과의 정치적 대결에서 사회주의 계열 인물들이 주도권을 잡을 수 있었던 것은 이들이 일제시기 민족해방운동 선상에서 중심적인 역할을 담당했다는 역사성에 기인하고 있음은 물론이다.

참 고 문 헌

『동아일보』, 『조선일보』, 『중외일보』.

강재순, 「신간회 부산지회와 지역사회운동」, 『지역과 역사』 1, 1996.
＿＿＿, 「1920~1930년대 초 기장지역 사회운동」, 『한국민족문화』 8, 1996.
김 승, 「한말·일제하 동래지역 민족운동과 사회운동」, 『지역과 역사』 6, 2000.
＿＿＿, 「일제하 양산지역 민족운동과 사회운동」, 『지역과 역사』 14, 2004.
＿＿＿, 「한말·일제하 밀양지역 민족운동과 사회운동」, 『지역과 역사』 15, 2004.
＿＿＿, 「한말·일제하 울산지역 민족운동과 사회운동」, 『한국민족문화』 26,
    2005.
＿＿＿, 「3·1운동 이후 함안지역의 민족해방운동」, 『지역과 역사』 16, 2005.
망원한국사연구실, 『한국근대민중운동사』, 돌베개, 1989.
신용하, 『신간회의 민족운동』, 독립기념관, 2007.
이귀원, 「1920년대 전반기 마산지역의 민족해방운동」, 『지역과 역사』 1, 1996.
이균영, 『신간회 연구』, 역사비평사, 1993.

6장

사회운동의 분화와 발전

배병욱

1. 사회운동의 양상

3·1운동이 조선사회를 휩쓴 후 사회 변혁을 도모하는 사회운동이 여러 모습으로 활발하게 나타나기 시작하면서 민족운동은 큰 변화를 겪게 되었다. 우선 사회주의가 사회운동의 새로운 이념으로 등장했으며, 이에 따라 민족운동의 구체적 전략도 세분화되었다. 토지조사사업 이후 지주소작인 관계가 악화되면서 농민운동이 확대되었고, 식민지의 산업화와 근대화의 진전으로 노동운동도 본격적으로 등장했다. 또, 청년운동, 여성운동, 종교운동, 학생운동, 형평운동 등 각 부문별 운동이 활성화되기 시작한 것도 이 시기였다.

그런데 흔히 '사회운동'이라고 칭하는 민족운동의 범주가 일정한 것은 아니다. 대체로 노동운동과 농민운동, 청년운동과 학생운동, 여성운동과 소년운동, 그리고 형평운동 정도를 좁은 의미의 '사회운동'의 범주로 묶고, 종교운동, 국학운동, 항일 언론·출판운동, 기타 야학운동이나 주민교육운동(학교설립운동) 등은 '문화운동'의 범주로 묶는다. 또 경우에 따라서는 이들 좁은 의미의 사회운동과 문화운동을 아울러 넓은 의미로 '사회운동'으로 통칭하기도 한다. 이들 사회운동의 여러 부문 중 경남지역 독립운동사에서 비중 있게 언급되어야 할 부문은 노동운동, 농민운동, 학생운동, 형평운동, 청년운동 분야이다. 따라서 아래에서는 사회운동을 이상의 범주로 한정하여 경남지역에서의 전개양상을 각 부문별로 약술해 보고, 이어서 주요 사례와 현장의 현재 모습을 살펴보려 한다.

부산을 포함한 경남지역은 특히 한반도에서 일본과 가장 밀접해 있는 지리적 특성으로 인해 '신사상의 창구'로 불리었던 만큼 사회운동의 양상 또한 여느 지역 못지않게 치열하고 다양하였다. 그중 시기적으로 가장 먼저 언급되어야 할 것은 청년운동으로, 3·1운동을 전후한 시점에 본격적으로 각 지역별로 청년단체가 등장하였으며, 특히 1920년을 전후한 시점에는 그야말로 우후죽순처럼 도처에서 생겨났다. 이들 청년단체들은 정도의 차이는 있겠지만, 여느 지역이나 운동의 흐름은 비슷하여 3·1운동 직후의 초창기에는 지역 유지와 소장파 청년들이 공존하다가, 사회주의 사상이 사회운동계에 빠르게 확산되면서 인적쇄신을 겪게 되고 서서히 진보적 성향을 띠게 되는 경우가 많다. 그리고 1개 군 내에서도 소지역 단위별로 서로 다른 운동노선을 채택하여 독자성을 형성하는 예가 다반사다. 경남지역에서 시군단위로 청년운동의 활성화 여부를 말한다면, 부산과 동래, 김해, 울산, 양산, 밀양 그리고 진주가 활발했다고 할 수 있겠다. 광역단위로 보자면, 진주를 제외하고는 현재까지 알려진 바로는 경남서부지역은 청년운동이 활성화되지 못하였고, 경남동부지역이 특별히 활성화되었다.

경남지역의 노동운동은 제1차 세계대전 후 국내 불황에 따라 1920년대 초부터 크고 작은 규모로 활발히 전개되었다. 그중 1921년의 부산 부두노동자 총파업이 경남지역 노동운동사상 획기적인 의미가 있는 것으로 평가할 수 있으며, 이어서 1920년대 중반의 부산 인쇄직공파업, 1930년대 초반의 조선방직회사 파업 등을 대표적인 사례로 들 수 있겠다. 이들 운동의 면면을 보면 노동자들의 자연발생적 시위가 정치운동과 결합해 가는 양상을 확인할 수 있다. 그리고 최대 공업지역인 부산에서 대규모 시위가 발생하였지만, 마산 등에서도 노동자들의 파업이 자주 발생했다.

경남지역의 농민운동은 당시 언론의 보도와 일제 측의 기록에 의하는 한, 경남서부의 지리산 인근 지역, 즉 함양, 산청, 거창, 하동 등과 남부 해안 지역인 거제도와 남해지역의 운동 사례가 극히 드물거나 그 강도가 약하고, 나머지 경남 전역에서 고르게 나타나고 있다. 남해와 거제도는 섬이라는 지형적 특성으로 인해 농민운동의 양상으로 특기할 만한 것이 없다고 판단되지만, 지리산 인근 지역은 청년단체나 신간회 등 사회운동의 제 부문에 있어서 그 활동이 저조하기 때문에, 농민운동의 부진 역시 그 일환이라고 생각해 볼 수 있다. 일제시기의 농민운동은 1920년대의 합법적 농민조합운동 단계와 1930년대의 혁명적 농민조합운동 단계로 대별할 수 있고, 그 사이에는 다시 합법농조가 혁명적 농조로 전환되는 시기(1930~1931)를 추가할 수 있을 것이다. 경남지역의 대표적인 농민운동 사례를 이 시기구분에 대입해 보면, 합법농조시기를 대표하는 사례는 진주노동공제회의 경우가 될 것이고, 전환기는 김해 진영의 하자마농장 소작쟁의, 그리고 혁명적 농조시기는 양산농민조합운동이라고 생각해 볼 수 있다.

경남지역의 학생운동은 전국적 운동경향을 지역에서 구현해내는 것처럼 학생운동의 표준시를 충실히 따라가고 있다. 즉, 1920년대의 일본인 교사 배척, 식민지 노예교육 반대, 한일공학제 반대 등의 슬로건이 경남지역 학생운동에서도 등장하고 있고, 1929년 광주학생운동 이후 이에 동조하는 동맹휴학도 여느 지역 못지않게 맹렬하다. 또 1930년대 초반부터 일제말기까지의 비밀결사운동도 진주, 부산 등 남자 중등학교 소재지를 중심으로 활성화되어 있다. 특징적인 점과 주목해야 할 점을 한 가지씩 부언하자면, 1928년 진주고등보통학교와 진주농업학교가 연대하여 동맹휴학한 것이 전국 최초의 사례라는 사실과 청년운동이 고등보통학교 등의 학연을 바탕으로 지역 내에서, 또 한 지역에서 인근지역으로 네트워크를 확장해가고 있다는 사실이다. 예를 들어, 동래고보에 재학하였던 기장 출신 청년이 동래와 같은 노선의 청년단체에서 활동하고 있다는 것은 민족운동의 근저에 있는 운동의 힘에 대해 고민해볼 여지를 준다.

끝으로 경남지역의 형평운동은 진주가 그 발상지라는 점에서 큰 특징이 있다. 왜 하필 진주에서 형평운동이 기원했는가에 대한 답은 그동안 지역사 연구에서 상세하게 제시되었다고 본다. 개항 이후 근대화의 진전에 따른 신분의식의 약화, 지역사회의 포용력 확대, 그리고 1920년대 진주에서의 사회운동의 활성화 등이 그러하다. 경남지역에서의 형평운동의 활성화 정도는 그 본사, 지사, 분사 설립 현황을 살펴보면 짐작할 수 있는데, 1923년부터 1934년에 2부 18군 전 지역에 총 32개의 본사, 지사, 분사가 설치되었다. 주로 대도시이자 무역항이 있는 동부 지역의 부산, 마산, 동래, 김해와 진주 인근의 거창, 의령, 창녕, 합천, 산청, 하동 등지에 분사가 많이 설치되었다. 설립연도별 현황을 볼 때 1923~1924년의 형평운동 초기에 그 활동이 활발하였으며, 1925년 이후에는 현저히 위축되었다.

이상으로 일제시기 경남지역에서 전개된 사회운동의 양상을 대략 살펴보았다. 이어서 사회운동의 주요 사례와 현장을 사건의 의의와 현재 모습의 중요성을 기준으로 대표적인 것 몇 가지를 선정하여 예시하고자 한다. 아래는 다음 소개될 사회운동의 주요 사건들을 먼저 지도상에 표기해 본 것이다.

일제강점기 경남지역 사회운동 현황

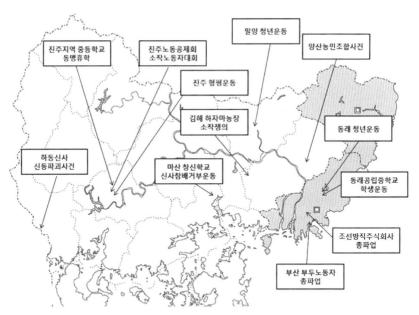

2. 사회운동의 종류와 주요사례

1) 농민운동

(1) 진주노동공제회 소작노동자대회

서부경남의 대표적인 도시인 진주는 진주목과 경상도 우병영이 설치되었던 유서 깊은 전통도시이다. 따라서 구체제의 봉건적 유습이 비교적 강고하였고, 이는 역설적으로 진보적 변혁운동의 원천이 되기도 했다. 조선조 말의 진주농민항쟁(1862)과 갑오농민전쟁, 한말의 의병전쟁, 일제시기 형평운동과 농민운동, 그리고 사회주의운동이 바로 그 예가 될 것이다. 진주지역 변혁운동의 이러한 흐름은 물론 해방 후 사회운동에게도 직간접적인 영향을 미쳤다.

여느 지역과 마찬가지로 진주 역시 3·1운동의 경험이 이후 사회운동 발전에 원동력이 되었다. 1920년 진주에는 전국적인 추세에 따라 진주청년회 등 10여 개의 단체가 결성되어 활동하고 있었으나, 전 민족적 항쟁인 3·1운동의 여파로 자산가와 진보적 사회운동가가 같은 단체에서 활동하는 등 그 성격은 불분명하였다. 그러다 3·1운동의 지도부가 출옥한 이후부터 각 방면에서 사회운동이 활성화되어, 사상 최초의 백정해방운동 단체인 형평사가 조직되고 김재홍(金在泓), 강달영(姜達永) 등 사회주의운동 지도부를 배출하는 등 진주가 전국 사회운동계의 중추세력으로 등장하게 되었다. 그 시점이 1923~1924년경이다. 그리고 이러한 변화의 선두에는 '진주노동공제회(晋州勞働共濟會)'가 있었다.

1922년 2월 19일 발기모임을 통해 '조선노동공제회 진주지부'는 탄생했다. 이후 본부인 경성의 조선노동공제회가 분열과 해체를 거듭하고 있는 과정에서도 진주지부는 그 조직을 굳건히 유지하고 있었으며, '진주노동공제회'로 개칭하여 1928년 초까지 활동하였다. 즉, 진주노동공제회는 1920년대를 관통한 진주지역 농민운동의 핵심조직이었으며, 노동운동의 본격적인 시작을 알렸고, 무엇보다 진주지역 사회운동에 있어서 '진보적 역량의 저수지'로 충실한 역할을 했다. 이 지역의 대표적 활동가들인 강달영, 박진환(朴進煥), 심두섭(沈斗燮), 정준교(鄭準敎), 강상호(姜相鎬), 김재홍 등이 모두 진주노동공제회 활동과 병행하면서 사회주의운동, 형평운동, 기독교청년회 활동 등 사회운동 각 분야에 진보적 흐름을 부식시켜 나갔다.

진주노동공제회의 존재가 돋보이는 것은 진주 내에서만이 아니다. 1922년 9월 전국 최초로 '소작노동자대회(小作勞働者大會)'를 개최하였으며, 1924년 9월에는 삼남지방 노동·농민단체 대표자가 모인 '경남노농운동자간친회(慶南勞農運動者懇親會)'를 주관하였다. 이를 통해 진주노동공제회는 지역 차원을 넘어서 전국적 수준의 사회운동 단체로 자리매김하게 되었다. 특히 진주청년회관에서 개최된 소작노동자대회는 다른 지역 농민운동에 끼친 파급효과가 대단했으며, 농민운동의 질적 발전을 가져온 일대 계기로 작용했다. 그 결과 설립된 지 1년이 채 못 되어 문산면을 제외한 전 군에 출장소 18개, 인근 사천·하동지역에 지회 4개가 설립되는 성과를 낳았다.

▌소작노동자대회를 진주청년회관에서 개최하였다는 기사
　(출전 : 『동아일보』 1922.9.11)

진주노공공제회의 급속한 성장은 당연히 일제 경찰의 경계의 대상이 되었다. 언론보도에 따르면, 1923년 진주노동공제회 1주년 기념 축하식에 대해 경찰은 매우 예민한 반응을 보이고 있는데, 주재소 순사까지 비상소집을 해서 진주경찰서장 이하 경부와 순사 40여 명이 출동하여 식장 내외를 감시하였다고 한다. 또 경상남도 경찰부에서 수명의 경관이 축하식에 참석함에 따라 전 시가지가 살기를 띠고 있었으며, 보행자가 평시보다 적을 정도였다. 식장 안에는 서장과 보안과장이 감시하고, 사법계 형사 두 명이 강연과 연설을 낱낱이 필기하면서 동시에 연사에게 주의하라는 경고를 연이어 남발하고 있는 모습이다. 경찰은 식을 마치고 진주노동공제회 만세를 부르고자 하는 것도 불허하였다.

그러나 진주노동공제회의 이러한 발전은 강달영 등 핵심 간부 및 활동가들이 주요 사건에 연루되어 경찰에 수차례 검속되거나 체포되면서 침체될 수밖에 없었다. 이에 따라 1928년 2월 19일에 진주노동공제회 창립 6주년 기념식을 거행하는 등 새로운 활로를 모색하게 되었다. 제6회 정기총회에서는 노동운동과 농민운동의 진전을 위한 진주노동공제회 해체와 각각의 새로운 조직안이 가결되었다. 이는 1928년 2월 20일 가칭 '진주농민연맹' 창립으로 이어졌다. 그리고 이후 조선농민총연맹에 의하여 '진주농민조합'으로 정식 명명되었다.

진주노동공제회 역사상 가장 빛나는 순간이라 할 수 있는 1922년의 소작노동자대회가 개최된 진주청년회관은 위와 같은 진주노동공제회 의의를 되새겨 보기에 알맞은 장소이지만, 현재는 멸실되어 그 원형을 알아볼 수 없다. 1921년 진주청년회 초대 회장이었던 박재표의 형 박재호가 진주면 중안동 소재 2천여 평의 땅을 5년간 무료대부 하였는데, 이를 진주청년회에서는 운동장으로 활용하였다. 이후 운동장 북편 비봉동에 6천원의 예산으로 1층 강당, 2층 사무실과 응접실로 구성된 청년회관 설립을 계획하였으며, 1922년 6월 초 공사에 착수하여 2개월 후 준공될 예정이라고 언론에 보도되었다. 그러나 낙성식은 회관설립 공사를 완료한 후 꽤 시일이 지난 1923년

진주청년회관 터(진주시 계동 99번지)
진주노동공제회 소작노동자대회 개최지 원경

4월 22일 운동회를 겸하여 개최되었다. 이곳은 1927년 신축될 때까지 진주청년회와 진주노동공제회 등 진주지역 초기 사회운동의 구심점이 되었다. 그 위치가 현재의 진주시 계동 99번지 일대라는 것은 향토사가 추경화(1950년생)의 자문에 따른 것인데, 진주고등보통학교 축구부 출신의 한 인사로부터 당시 자주 축구시합을 하였던 운동장의 위치를 고증 받아 그 북편을 청년회관 장소로 추정한 것이라 한다. 따라서 계동 99번지가 정확히 진주청년회관의 위치라기보다는 이 일대 어디 즈음이라고 광범위하게 장소를 비정할 수밖에 없다.

(2) 김해 하자마농장 소작쟁의

일제강점기 경상남도에서 농민운동이 활발하게 진행된 곳은 보통 함안, 김해, 사천(삼천포), 양산, 울산, 창원, 진주 정도를 꼽는다. 그중 김해지역의 농민운동은 하자마농장(迫間農場)의 소작쟁의 사례에서 보듯, 오랜 투쟁기간, 농민들의 열성적인 참여, 이후 여타의 농민운동을 비롯한 사회운동 전반에 끼친 영향 면에서 경남의 농민운동을 대표하는 사례라고 평가받고 있다.

김해 하자마농장 소작쟁의는 김해를 비롯한 경남 일대는 물론, 멀리는 전라남북도에 이르기까지 농장을 경영하였던 일본인 대지주 하자마 후사타로(迫間房太郎)를 상대로 1929년부터 1932년까지 장장 3년에 걸쳐 줄기차게 투쟁한 사건이다. 부산 최고의 땅부자이자, '조선 재계의 중진'이라고 불린 하자마는 부산 개항 4년 후인 1880년 오사카의 무역상 이호이상점(五百井商店)의 부산지점 지배인으로 한국에 건너와, 주로 토지·가옥 등 부동산에 투자하여 자본을 축적한 인물이다. 명목은 투자이지만, 실상은 전당을 구실로 한국인의 전답을 차지하는 약탈의 방식이었다. 특히 러일전쟁 당시 일본 군부의 앞잡이로 한국 내의 군용지 강탈에 앞장서면서 성공의 발판을 다졌는데, 이와 같이 그의 축재 과정에는 국가권력의 비호도 큰 역할을 하였다. 1918년 일제에 의한 토지조사사업이 마무리되자, 그가 본격적으로 대농장 경영에 나서기 시작했다는 것 또한 식민자로서의 그의 기민함을 엿볼 수 있는 부분이다.

▌둔치도 전경
현재 부산광역시 강서구 봉림동에 속한 둔치도는 과거 김해군 가락면으로, 이웃한 해포도와 함께 하자마농장이 설치되어 있었다.

하자마는 경남도 내 도처에 자신의 토지를 가지고 있었는데, 그 중 핵심은 김해군 진영과 창원군 동면·대산면 등에 걸친 진영농장이었다. 이 농장의 소작인은 일본인 90호를 포함하여 약 2천 호에 달하였으며, 면적 약 2,800정보에 20여 동리와 1백여 촌락을 아우르는 방대한 규모의 집단농장이었다. 위 3개 면이 중심이었지만 이웃한 가락면 해포도·둔치도 등에도 노전을 개간한 농장이 있었다.

하자마가 진영농장을 차지하기 이전, 이 일대는 무라이 키라베(村井吉兵衛)가 경영하는 무라이농장(村井農場)이었다. 1925년 9월 진영소작인회가 이 농장의 소작인대회를 열고 일본인 소작인과의 차별철폐를 요구하였던 사실에서 알 수 있듯이, 진영의 농민운동은 그 뿌리가 깊었다. 그리고 1928년 5월 하자마가 농장을 매수하고 난 후, 조선인 소작인들은 마치 꺼지지 않는 화약고와 같이 줄기차게, 그리고 폭발적인 투쟁력으로 소작쟁의를 이어갔다.

하자마농장의 소작지는 정액소작료를 받는 정조지(定租地)와 작황에 따라 소작료를 결정하는 조정지(調定租) 두 가지로 구분되어 있었다. 소작인의 입장에서는 작황에 상관없이 정해진 소작료를 매번 납부해야 하는 정조지

보다 현황을 반영할 수 있는 조정지가 더 유리한 것임은 물론이다. 그러나 하자마는 농장인수 초기부터 정조지에서는 소작료를 인상하고, 조정지는 소작료 인상과 함께 정조지로 변경하려고 책동하였다. 이 과정에서 농업 환경이 좋아 작황도 좋은 정조지를 경작하는 소수의 일본인 소작인들과 조정지를 경작하는 조선인 소작인들에게 소작료 인상의 일률적 기준을 적용하지 않아 조선인 소작인들의 불만을 샀다. 또 소작권을 앞세워 소작료가 기입되어 있지 않은 소작계약서에 도장을 찍게 하거나, 정조지의 소작료를 증액해 달라, 혹은 조정지에서 정조지로 변경해 달라는 말도 안 되는 청원서를 소작인들로 하여금 농장에 제출케 하는 등 협잡에 가까운 농장경영 방식을 보였다. 그리고 소작지에 비싼 금비를 시비하도록 강제하면서도 비료대금의 보조는 그야말로 어이없는 수준이었으며 그 비용까지 소작인들에게 고스란히 떠넘겼다.

　이상의 기형적 농장경영 행태와 이에 따른 소작인들의 응축된 불만이 본격적인 쟁의로 표출된 것은 1931년 봄부터였는데, 특히 흉작이 예상되던 가을 추수철에 지주와 소작인 간의 직접적인 대결양상을 띠기 시작했다. 농장사무소에 대한 수차례에 걸친 소작료 감액 요구가 거부되자, 10월 16일 벼 베기도 미루어 둔 채 농장 소작인 200여 명은 탄원서에 연서하여 대표들을 통해 부산의 하자마본점(迫間本店)과 농장사무소, 경상남도 도청 및 김해군청과 김해경찰서, 창원군청과 창원경찰서 등에 제출·진정했다. 탄원서의 내용은, 소작료를 수확된 벼의 절반으로 할 것, 소작권을 확립할 것, 비료대금을 절반으로 할 것 등의 최저한도의 요구였다. 그러나 10월 25일 소작인 대표 20여 명과 농장 지배인의 교섭은 결렬되었고, 30일 농장 소작인 200여 명은 탄원을 관철시키기 위해 농장사무소에서 시위를 벌였다. 10월 31일 창원군청이 쟁의조정에 착수했으나, 지주입장에서 분쟁을 수습하려 했기 때문에 결렬되고 말았다. 특히 11월 2일에는 소작인 대표가 군청 직원 등과 회동하여 군청 직원 입회하에 소작료를 재조정한다는 등의 조정안을 내놓기도 했지만, 농장 소작인들이 이 타협안을 거부하면서 조정안

■ 하자마농장 소작쟁의는 부산지역 일본인 언론에서도 대서특필했다. 자신들의 경제적 이익에 대한 도전이기 때문이다. (좌) "50명의 소작인이 하자마본점에 쇄도하여, 절식동맹으로 요구 제출"(출전 : 『부산일보』 1931.11.11). (우) "하자마 진영농장에서 맹렬한 소작쟁의 발발, 대표자 45명 9일 하자마 본점으로"(출전 : 『조선시보』 1931.11.11)

수락을 취소하는 일도 벌어졌다.

11월 6일 소작인 200여 명이 농장사무소 앞에서 시위를 전개한 데 이어, 8일에는 경남도청 · 하자마본점과 직접 교섭하기 위해 부산을 향해 시위행진을 시작했다. 이들은 중도에서 김해경찰서 경찰관들에게 제지를 받아 대부분 해산 당했지만, 경계망을 교묘하게 돌파한 50여 명은 9일 아침 부산에 당도하였다. 우선 이들은 일본인들의 도시 부산의 심장인 용두산신사에 집결하여 크게 기세를 올린 후, 그 아래에 위치한 하자마 본점으로 이동하여 곧바로 단식연좌농성에 들어갔다. 그리고 부산경찰서의 집요한 설득에도 불구하고 당일 자정이 지나 다음 날인 10일 오전 2시나 되어서야 물러났다. 인근 여관에서 하룻밤을 묵은 이들은 그러나 날이 새자 다시 오전 8시부터 본점 앞 도로에 진을 펴고 단식연좌농성을 이어갔다. 이틀에 걸친 시위의 비장함이 인상적이었는지, 중앙지인 『경성일보』 등에도 상세히 보도되면서 이 사건은 세상의 이목을 끌었다.

> "흰 옷을 입고 정렬해 앉아 침묵시위를 행하고 있는데, (10일) 정오가 지
> 나 3시경에는 완강하던 이들 일동에게도 피로의 기색이 있어 본점 앞 돌계
> 단을 이불 삼아 드러누워 낮잠을 자는 이도 보였다. 하자마본점에서 지급
> 한 도시락에는 젓가락도 대지 않고 무저항의 태도로 앉아 굶어죽더라도 상
> 관없다고 호언하고 있는데, 당국에서도 매우 단속에 애를 태우고 있다."

▌(좌) 하자마본점에서의 시위 모습(출전 : 『조선시보』 1931.11.11), (우) 하자마본점 터의 현재 모습
당시 주소는 부산부 본정 2정목 5번지로, 현재 부산시 중구 동광동 2가의 부산호텔 맞은편 외
환은행 동광동지점 위치이다.

이 시위로 인해 더 이상 이슈가 되는 것이 부담스러웠던지, 농장 측은 11일
에 이르러서야 문제의 해결을 군수들에게 일임하였고, 그 결과 소작인의
요구사항을 거의 수용함으로써 쟁의는 일단락되었다. 그러나 13일 일제는
소작인 측의 전면적 승리에 대한 보복조치로 쟁의관계자들을 일제히 검거
했다. 이를 계기로 소작쟁의는 일본인 지주에 대한 경제투쟁에서 일제에
반대하는 식민지 지배권력에 대한 정치투쟁으로 발전해갔다. 소작인들은
조직적인 피검거자 탈환투쟁을 전개하여, 24일 검거된 13명이 모두 석방되
었다.

그 후에도 농장 측은 비료대금 지불청구와 쟁의단 간부에 대한 소작권
박탈 등으로 재차 역습해왔으나, 소작인들은 각급 관공서와 농장사무실, 하

자마본점에 대한 진정 등의 합법적 투쟁에서부터 대중행동에 이르기까지 과거의 투쟁을 되풀이하며 맞섰다.

迫間農場二百作人
夜半에 乘船出發
부산본점과 도청에 진정코저
肥料半分外數條要求

하자마농장 소작인 2백 명이 야밤에 배를 타고 본점으로 향했다는 보도
(출전 : 『동아일보』 1932.1.26)

1932년 1월 25일 밤에는 200여 명의 소작인이 일부는 2척의 배에 분승하고, 일부는 도보로 하자마본점에 집결하여 지배인을 상대로 요구조건 수락을 촉구하였으나 거절당했다. 이에 격분한 소작인들이 본점 앞에서 소동을 벌이자, 급기야 경찰이 출동하여 우선 주모자부터 차례로 자동차에 태워 송환하였다. 26일 아침 쟁의단은 하자마본점 앞에 재집결하여 조직적인 시위운동을 전개하였으나, 하자마는 만나지도 못하고 경관대의 저지로 해산되었다. 경관대는 소작인 일부를 본점 내 밀실에 구금하고 주모자를 검거하는 등 시위대를 분열시켰으며, 남은 소작인들도 골목에 몰아넣고 기마대가 경계하는 험악한 분위기가 조성되었다. 결국 이날의 시위는 소작인들이 경관대에 의해 강제로 열차에 태워 송환되면서 한차례 일대충돌이 벌어진 것으로 끝났다. 그 후에도 일제에 의한 쟁의단 간부 검거와 소작인들의 피구금자 탈환투쟁이 이어져, 결국 소작권 박탈의 폭거를 철회시킬 수 있었는데, 이미 이 시기 하자마농장 소작쟁의는 완연한 정치적 항일운동과 대중폭동의 형태를 띠고 있었다.

이상과 같이 하자마농장의 소작쟁의는 일제시기 남한에서 가장 치열했던 농민운동 중 하나로 손꼽을 만하다. 당시 일제의 관변 기록에는 김해농민조합 간부 배종철(裵鍾哲), 배재황(裵在晃) 등의 선동에서 기인한 것으로

쟁의의 성격을 규정하였으나, 실제 하자마농장의 소작인들은 대부분 조합원이 아니었으며, 농민들 스스로 일본인 지주와의 대결을 거쳐, 식민지 권력에게까지 전선을 확대해 간 것으로 보인다. 당시 김해, 아니 경상남도의 농민들이 이만큼 부당한 식민지 현실에 대해 각성되어 있었던 것이다. 이 운동은 이후 전개된 농민운동과 사회운동에도 큰 영향을 미쳐, 1937년 12월에도 하자마농장 인근의 가락면 도요타농장(豊田農場)에서 소작료 부당 철회 시위가 벌어지는 등 일제 말기까지 김해군 지역의 농민운동은 끊임없이 이어졌다.

(3) 양산농민조합사건

양산지역의 사회운동은 1920년대 초 3·1운동에 참여하였던 전병건(全秉健, 일명 전혁), 김철수, 이기주, 최학선 등에 의한 청년운동을 중심으로 발전하였다. 타 지역에서도 마찬가지지만 양산지역에서도 초기에는 일본 유학파 청년들과 지주들에 의해 주도되었기에 청년운동의 성격 또한 실력양성운동의 수준을 넘어설 수 없었다. 그러나 이들 청년들이 사회주의 사상을 받아들이면서, 1920년대 후반의 양산지역 사회운동의 풍향계는 급속히 좌측으로 기울었고, 신간회 운동을 통해 지주들 중에서도 민족적 성향과 비민족적 성향의 구별이 점차 명확해졌다. 따라서 지역사회 내에서 사회주의세력과 양심적인 부르주아세력, 그리고 타협적 부르주아세력 간의 알력 또한 심해졌다.

이렇게 갈등이 팽배한 대결구도 속에서 1931년 4월 양산농민조합(이하 양산농조)이 결성되었다. 이 단체는 이귀운(집행위원장), 변한준, 김장호 등이 표면적으로 나서고 있었으나, 사실 '경남적색농민조합건설 동부위원회'의 조직책이었던 전병건의 지도를 받고 있었다. 양산 지역사회의 분위기나 조직의 면면 등을 통해 볼 때, 향후 양산농조의 과격한 투쟁노선은 어쩌면 그 시작부터 노정되어 있었다 하겠다. 양산농조는 이 창립대회에서 "무산농민의 일상이익 획득", "견고한 단결과 계급적 교양 및 훈련의 철저", "노동운동과의 유기적 연락" 등을 강령으로 채택하였다.

　그러나 야심차게 출발한 양산농조에게 곧 시련이 닥쳤다. 10월 25일 개최된 정기총회에서 양산농조는 흉작임에도 불구하고 지주들이 전보다 고율의 소작료를 징수하는 것에 대해 반발하면서 소작료 4할, 지세 지주부담 등의 요구를 담은 통지문을 지주들에게 발송하였다. 그러자 경찰은 10월 27일 집행위원장 오성철과 간부 김장호, 변한준 그리고 소년동맹원 박영환 등 4명을 검거하여 취조하였다.

　1932년 2월에는 새 집행위원장으로 전병건을 선임하고 역시 소작료 4할을 결의하는 한편, 3월에는 조합원의 확대와 농민의 단합을 위한 연설회를 상북면 석계리 및 대석리 일대에서 진행하였다. 이에 경찰은 이를 불온한 활동으로 간주하고 조합원 간부 18명을 검거하여 양산경찰서 유치장에 수감하였다.

　그러자 양산농조의 조합원들은 구속 간부의 무조건 석방을 요구하고, 불응시 조합간부의 탈환을 계획하였다. 이윽고 구검자들이 17일 새벽 부산으로 압송된다는 소문이 나자 3월 16일 김장호, 김외득, 김태근, 최달수 등을 선두로 조합원 300여 명이 양산경찰서에 진입하여 수감자들의 무조건 석방을 외치며 시위를 전개하였다. 그 과정에서 유리창 등 기물이 파손되자, 양산경찰서는 공포탄을 쏘며 저지하였지만 시위대는 더욱 강경해졌다. 이에 양산경찰서장 만행호웅(滿行虎雄)은 결국 실탄을 시위대에 발포하여 조합원 윤복이(尹福伊)가 중상을 입고 사망하였다. 또 급보를 접한 경남경찰국의 무장경찰 70여 명이 파견되어 주모자를

▌양산농민조합사건 관련 보도
（출전 : 『동아일보』 1932.3.18)

검거하고 시위대를 강제해산했다.

이어서 소년부원 50여 명이 새벽 3시에 다시 경찰서 유치장을 습격하여 구속간부 탈환작전을 시도하였으나, 증원된 경찰병력을 뚫지 못하고 정문에서 구속자 석방을 외치며 항의하다가 모두 피검되고 말았다. 『동아일보』는 며칠 뒤 사설로 이 사건을 다루면서 "소작인의 지주에 대한 권익옹호 차원에서 나온 행동"이라면서 "과도히 단속, 간섭함은 득책이 아니다"며 "치안유지에 지나치게 치중하고 인권보장을 경시"하였다고 일제를 비난하였다.

결국 이 사건으로 양산농민조합원 80여 명이 검거되고 불구속 100여 명을 포함하여 200여 명이 경찰의 조사를 받았다. 1932년 7월 23일 예심이 종결되면서 소요죄로 17명이 기소되고 3명이 불기소처분을 받는 등 양산 지역에서 일어난 항일운동 중 상당히 규모가 큰 운동이었다. 전병건이 새 집행위원장으로 선출되면서부터 벌어진 이상의 투쟁은 양산지역에서 혁명적 농조운동 노선이 관철되기 시작했음을 보여주는 사례이다. 또한 이 사건의 수사 과정에서 전병건, 신학업 등 양산농민조합의 일부 간부들이 조선공산당 재건운동 세력(경남적색농민조합 건설 동부위원회)과 연계되어 있었던 사실이 드러나게 되었다.

▌▎옛 양산경찰서 터(양산시 북부동 331번지)
양산농민조합의 시위지로, 현재는 멸실되었고, 대신 노인대학이 들어서 있다.

2) 노동운동

(1) 부산 부두노동자 총파업

부산 부두노동자 총파업은 제1차 세계대전 이후 불경기를 이유로 임금인하를 단행한 하역회사의 조치에 대항해 1921년 9월 부산 부두의 운수 노동자 5천여 명이 임금인상을 요구하며 총파업을 단행한 사건이다. 부산에서는 1918년과 1919년에도 부두노동자의 파업이 있었으나, 당시는 1차 대전 말 일본 경제의 호황기였기에 수출입 급증에 따른 노동력 수요의 증대로 노동자들이 임금인상을 요구한 경우였다. 그러나 1920년대에 들어 쌀값이 하락하기 시작하고 반동공황이 불어닥치면서 수출입 격감, 산업 위축 등의 요인으로 노동력 수요가 급격히 축소되었다. 이에 따라 1920년부터의 파업은 임금인하 반대투쟁이 될 수밖에 없었다. 즉, 1920년에도 적간(赤間) 운송부 노동자 2백여 명이 20일 동안 파업을 벌인 사례가 있는데, 이는 이전까지의 파업과는 직접적인 목표가 달랐던 것이다.

이상과 같은 사회경제적 요인으로 1920년에 이어 1921년에도 새해 벽두부터 택산형제상회(澤山兄弟商會), 내국통운사(內國通運社), 만철회사(滿鐵會社), 기타 일본의 여러 상선회사 등이 예고 없이 3할의 임금인하를 단행하였다. 노동자들은 이에 대한 시정을 촉구하고 소규모의 파업으로 맞서기도 했지만, 그때마다 파업깨기꾼을 동원하고 파업을 일으킨 노동자들을 모두 해고하는 등 하역업주들은 노동자의 요구를 무시하였다. 뿐만 아니라, 이들이 또 한 차례의 임금인하를 계획하고 있다는 소문이 돌면서 노동자들은 거듭되는 자본의 공세에 맞서 대반격에 나설 결심을 하게 되었다. 이전의 파업이 파업깨기꾼으로 인해 쉽게 무너진 경험에 비추어 새로운 전술인 총파업의 필요성을 노동자들도 느끼고 있었다.

9월 12일 제1부두 노동자들은 하역업주에게 4할 임금인상의 요구조건을 전달하고 15일까지 수락하지 않을 경우 파업을 강행할 것임을 알렸다. 그러나 하역업주가 이를 묵살하여 9월 16·17일 양일간 전면 파업을 단행하였다. 당황한 하역업주 측이 25일까지 답변을 주겠다고 하여 노동자들은 이를 믿고 9월 18일 다시 일을 시작하였다. 이에 자극받은 부산항의 여타 부문 노동자들도 임금인상안을 제1부두 노동자들과 같은 방식으로 하역업주에게 전달하고 25일까지 답변을 요구했다. 그러나 역시 아무 반응이 없으므로, 이에 격분한 부산항 하역 관계 노동자 5천여 명은 일제히 궐기하여 파업단행을 결의하고, 26일부터 동맹파업에 들어갔다. 그리하여 부산항의

물자 수송은 하루아침에 완전히 마비되었다. 특히 관부연락선의 화물을 수송하는 잔교 노동자들이 파업에 참가하여 조선과 일본 사이의 철도 화물 수송이 중단되자, 하역업주들은 큰 타격을 입게 되었다.

▌부두길(부산시 중구 중앙동 4가 일대)　　　▌1920년대 부산항 부두 모습
부산 부두노동자 총파업의 현장

　파업이 시작되자 경찰은 비상경계망을 펴 주도자를 체포하고 집회를 방해했으며, 하역업주들도 경찰의 힘을 믿고 강경한 태도를 취했다. 우선 파업 발생 당일 이 파업의 배후로 지목된 노동야학의 교원 손명표(孫命杓), 김경직(金璟直), 최태열(崔泰烈) 등을 검거하고, 이들과 친하다는 이유로 며칠 뒤 조동혁(趙東赫)까지 잡아들였다. 그리고 택산형제상회는 29일 대구로부터 파업깨기꾼 약 60여 명을 공수하고, 부산진 방면의 지게꾼 40~50명도 동원하여 연락선 화물 하역에 투입하였다. 그러나 미숙련 노동자들로는 임금에 비해 일의 능률이 오르지 않았다. 그날 밤 택산형제상회에서는 하역업주 측 대표 7명과 파업단 대표 13명이 모여 협상에 들어갔으나, 아무런 해결의 실마리를 얻지 못한 채 끝났다. 밤 11시경 1,300명의 파업노동자들이 초량에 집결하여 곤봉을 들고 파업깨기꾼 숙소 습격을 기도하였다. 비록 경찰의 진압으로 해산하였으나, 폭력투쟁의 직전 단계에까지 이른 노동자들의 강력한 투쟁의지를 외부에 과시하고, 흔들리는 투쟁의 대오를 가다듬는 효과를 발휘했다.

　열흘 이상 계속된 파업으로 부산항의 화물수송이 마비되면서 전 산업에 큰 타격을 주게 되고 노동자들의 결기 또한 저하되기는커녕 더욱 고조되자 결국, 하역업주 측에서 양보하지 않을 수 없었다. 이들은 부산상업회의소 서기장에게 중재를 부탁하였고, 조선인 유지들을 참여시켜 타협안을 마련한 결과, 1할 내지 1할 5분의 임금 인상안이 결정되었다. 부두노동자 측의 감격적인 승리였다. 나아가 노동자들은 파업 지도자 4명의 석방도 요구하였으나, 업무에 복귀하면 무죄석방하겠다는 약속을 어기고 경찰은 그들 모두를 검찰국으로 넘겼다.

이상의 1921년 부산 부두노동자 총파업은 한 도시 동일 부문의 전체 노동자들이 전체 고용주들을 상대로 전개한 조선 초유의 대규모 항쟁으로, 일제의 폭압 통치와 자본가들의 방해에도 불구하고 노동자의 단결된 투쟁으로 승리하였다는 점에 의의가 있다. 그리고 1920년대에 전국적으로 전개된 노동운동에도 큰 영향을 주었다.

(2) 조선방직주식회사 총파업

조선방직주식회사(朝鮮紡織株式會社, 이하 조선방직)는 면화의 재배와 면사면포의 방직·가공 등을 목적으로 일제강점기 현재의 부산광역시 부산진구 범일동 일대에 1917년 11월 설립되었다. 대지 8만평 위에 자리잡고 있던 이 공장은 일제가 부산에 세운 것 중 가장 큰 규모로, 조선의 값싼 공업 원료와 저임금을

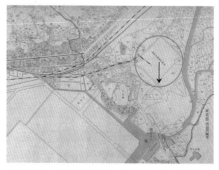

▌"경상남도 부산부 범일정 700번지" 일제시기 조선방직회사 위치가 나와 있는 지도[화살표 부분](사진출전 : 「부산부시가도」, 1936)

기반으로 하는 대표적인 노동집약형 기업이었다. 남녀 직공 약 3,200명을 고용해 놓고 조선에서 생산된 면화를 싼값에 사다가 면사로 가공하여 비싼 값으로 되파는 방식으로 이윤을 남겼다.

조선방직은 근대시설을 도입한 국내 최초의 방직공장이자 최대 규모를 자랑했지만, 열악한 노동조건 때문에 노동쟁의가 자주 발생하였다. 1922년부터 1923년까지 1년 동안 6차례의 대규모 파업투쟁이 전개되었는데, 가장 큰 원인은 12시간이 넘는 혹독한 노동시간과 낮은 임금 때문이었다. 특히 조선방직 노동자의 대부분을 차지하는 여성노동자의 임금은 같은 노동을 하는 일본인 남성노동자에 비해 턱없이 낮았다. 그나마 벌금제와 강제저축, 기숙사비 등으로 임금은 다시 줄었으며, 1930년 들어 세계대공황의 타격으로 임금이 깎이면서 이들의 생활은 더욱 비참해졌다.

조선방직 총파업은 1930년 1월 10일 오전에 시작되었다. 파업을 주도한 것은 공장 내 노동자조직인 중락회(衆樂會)로, 회장 이종식(李鍾植)과 부회장 김만기(金萬基)가 회사에 대한 12개 항의 요구조건을 주창하자 2천여 조선방직 노동자들이 일시에 파업에 동참하였다. 이들의 요구사항은 임금을 80전으로 인상할 것, 하루 8시간 노동제 실시, 해고제 폐지, 취업 중 부상자에 대한 위자료 지불, 직공에 대한 벌금제 폐지, 식사 개선, 조선인과 일본인의 차별대우 폐지 등이었다. 이 파업에는 화요계 조선공산당 재건운동가들과 부산지역의 사회단체가 지원하고 참여하였다. 이 무렵 사회주의자들은 노동자계급의 조직화를 통한 조선공산당의 재건에 주력하고 있었는데, 조선방직은 이 가운데 화요계의 움직임과 연계되어 있었던 것이다.

파업이 발생하자 일제 경찰은 신속하게 공권력을 투입하여 탄압하였다. 파업 초기에 이종식과 김만기 등 파업 지도부를 검거하는 한편, 노동자의 절반이 거주하는 기숙사의 출입문을 폐쇄하고 이들을 감금함으로써, 파업 대열을 분리시켰다. 이에 파업 노동자들은 자성대 아래에 파업본부를 마련하고 새로이 파업 지도부를 꾸렸다. 이때부터 화요계 조선공산당재건준비위원회의 부산 책임자 이영조(李永祚)와 조선방직 노동자 윤태준(尹泰俊)이 파업을 주도하였다. 파업 지도부는 신간회 부산지회, 부산청년동맹 등 지역 사회단체를 비롯하여 전국의 노동·사회단체와 연대를 강화하고, 기금 마련을 위한 활동을 전개했다. 이에 호응하여 동래·김해·마산·경성·

원산·평양·홍원 등 전국 각지에서 격문 배포, 위문금과 격려문 전송, 비판연설회 개최, 동정 파업, 조업 단축 등 조선방직 파업을 지지하고 격려하는 움직임이 확산되었다.

하지만 조선방직 관리자들과 일제 경찰의 대응은 강경했다. 이들은 파업에 참여한 노동자를 회유·협박하였으며, 수백 명의 노동자를 검거하고 해고했다. 기숙사에 감금된 여성노동자들이 불법적인 감금과 비인간적인 처우에 항의하며 탈출을 시도하자, 한겨울임에도 소방용 펌프로 물을 뿌려대는 무도한 행동도 서슴지 않았다. 하지만 학대와 굶주림을 견디며 단식으로 저항하는 어린 여성노동자들의 소식이 전해지자 지역 사회에는 동정 여론이 확산되었다. 이에 여성노동자 기숙사는 일약 조방파업의 메카로 떠올랐다. 1월 18일 통근 여성노동자들은 파업본부 부근에 따로 '여공파업단' 사무소를 설치하기도 하였다.

조선방직 총파업은 일제 경찰과 조방 자본가의 악랄한 술수와 강력한 탄압으로 큰 희생을 치르고 막을 내리게 되었다. 2차에 걸친 교섭에서 작업도구 무료지급, 벌금제 폐지, 식사 개선 등의 3개 조항만을 조선방직 측이 수용하는 타협안이 관철되면서, 파업 10여 일 만인 1월 21일 대부분 노동자가 업무에 복귀했다. 그 대가로 파업에 참여한 노동자 가운데 4백 명 이상이 해고되고, 주동자들은 검거되거나 격리되었으며, 혹은 강제귀향 조처되었다. 또 임종업(林鍾業), 김시엽(金時燁), 윤달선(尹達善), 문길환 등 파업을 지원한 지역 활동가는 체포·구금되어 실형을 언도받고 복역하였다.

조선방직 총파업은 1929년 이후 세계대공황의 어려운 경기 속에서 일어난 국내 최대의 파업으로 전국적인 관심을 불러일으켰다. 민족차별과 계급착취, 인권유린이라는 식민지 조선의 노동자들이 처한 현실과 일제의 악랄함을 적나라하게 보여주었던 것이다. 그러나 한편으로는 조선인 노동자들이 스스로의 역량을 일제에 행동으로 표출하는 계기가 되기도 했다. 특히 파업투쟁 속에서 여성노동자들의 의식이 고양되면서, 일제강점기 여성노동자들의 대표적 투쟁으로 자리매김하였다.

이상과 같은 투쟁과 희생에도 불구하고, 조선방직 여공들의 노동환경은 여전히 열악했다. 1936년 당시 『조선중앙일보』는 다음과 같이 성토하고 있는데, 이는 조선방직 한 기업만의 문제가 아니라, 조선의 노동자 전체가 식민자본의 횡포 아래 신음하고 있었음을 방증한다.

> "어두컴컴한 공장에서 그리고 감독의 무서운 감시와 100도 가까운 열도(熱度) 속에서 뜨거운 공기를 마시며 골육이 쑤시고 뼈가 으스러지도록 노동을 하는 여성노동자는 대개 15~16세, 혹은 20세 전후로 그 대부분은 각지 농촌에서 모집되어 온 것이다. 그들은 하루 최고가 15~16전으로 6~7년 간 이런 환경 속에서 괴로운 훈련을 겪은 다음에야 겨우 40~50전을 받게 된다. 기숙사라고 해도 한 방에 10명씩이나 처넣고 수위가 계속 교체하여 그들을 감시하여 극도로 자유를 제한하고 있다. 노동시간은 길고 식사는 형편없어 그들의 영양 상태와 건강은 극도로 악화되고 있었다. 이 여성들의 낯빛은 마치 중병 직후의 환자와 같고 몸은 쇠약할 대로 쇠약하여 졸도하는 일이 허다한데, 공장 내에는 특별한 규율이 있어 조금이라도 그 규율을 어기면 즉각 매를 맞는 형편이었다."

해방 후 조선방직은 부산 최대의 적산(敵産, 해방 후 한국 내에 있던 일제나 일본인 소유의 재산)이었다. 한국전쟁기 잠깐 정부 관리 아래 있다가 민간에 불하될 예정이었는데, 미군정기부터 이 공장을 경영해오던 김지태(金智泰)가 불하의 대상자로 유력할 것이라는 예상과는 달리, 1955년 이승만의 측근인 강일매(姜一邁)에게 돌아갔다. 이 과정에서 1951~1952년 김지태 등 기존 경영진이 대거 구속된 '조방사건', 노동자들이 강일매의 퇴진을 요구하며 벌인 '조방파업' 등 여러 우여곡절을 겪기도 했다. 이후 영업주의 잦은 교체와 시설의 노후화 등으로 결국, 1968년 4월 11일 부산시로 넘어갔고, 동년 5월 1일 범일지구재개발사업을 하면서 주변무허가 건물과 함께 철거되어 사라졌다. 현재는 각종 현대식 건축물들이 신축되어 번화가로 변해 있다. 당시의 흔적은 전혀 찾아볼 수 없다.

┃한국전쟁 직후 조선방직 전경　　┃조선방직 터 현재 모습(부산시 동구 범일동 830번지 일대)

3) 형평운동

(1) 배경

진주 말에 '섭천 소가 웃는다'는 말이 있다. 얼토당토않은 황당한 이야기를 들었을 때 이를 맞받아치는 말이다. 진주성 맞은편, 즉 진주성에서 남강 건너편 현 망진산 쪽의 망경동 일대를 옛날에는 '섭천(涉川)'이라 불렀다고 하는데, 말 그대로 '강 건너'라는 뜻이다. 의미야 어이없다는 표현이지만, 에둘러 흐르는 남강처럼 말의 연원을 두고 굽이굽이 사연도 많다. 개중 설득력 있는 주장은 '섭천' 일대에 예부터 백정이 많이 살아, 곧 명이 떨어질 섭천 도축장에 끌려온 소들이 웃을 정도로 어이없는 일이라는 데서 이 말이 생겼다고 하는데, 과연 그럴듯하다. 진주성, 진주목, 진주객사 등 관가가 정연하였던 상민들의 세상이 '강 건너' 만큼이나 먼 세상이었을 이들의 처지를 생각해보면, '섭천'이라는 지명이 예사롭지 않다.

조선조 최하층민인 백정은 일상생활에서 여러 가지 차별대우를 당했다. 백정은 기와집에서 살거나, 명주옷을 입거나, 갓을 착용할 수 없었고, 가죽신을 신을 수도 없었다. 대신 상투를 틀지 않은 '봉두난발'에 패랭이를 써야 했다. 그리고 성인에게는 물론 어린아이에게도 항상 존칭을 사용하고 자신을 소인이라 낮추어야 했으며, 허가 없이는 공공장소에도 출입할 수 없었다. 무엇보다 백정은 법제상으로 '무적자(無籍者)'였으며, 『경국대전』의 '재백정

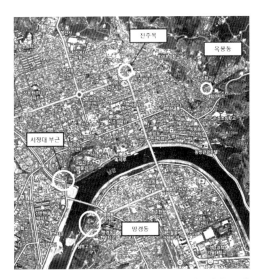
▌진주시 항공사진(진주목 관아와 백정 마을 위치 표시)

단취(才白丁團聚)' 조항에 따라 해당 관청의 통제 아래 일반 상민들의 마을과 떨어진 곳에 집단으로 거주했다. 진주의 경우는 앞서 언급한 '섭천'을 비롯하여 진주성 서장대 아래, 옥봉동 일대의 변두리에 몰려 살았다. 1894년 나라에서 법으로 백정의 차별을 없앴다는 것은 그저 허울일 뿐, 백정들은 여전히 대안동, 본성동, 봉곡동, 계동처럼 관청 부근이나 진주 한복판에는 얼씬도 하지 못했고, 간혹 패랭이가 아닌 양반들이 쓰는 갓을 쓰고 진주 장터라도 어슬렁거리고 돌아다니는 날에는 포졸들에게 끌려가 곤장 맞기 일쑤였다. 그러나 신분제 폐지 이후로 새로운 세상이 오고 있음을 감지한 백정들은 이제 더 이상 자신들에게 가해지는 차별과 폭력을 묵묵히 감내하고만 있지 않았다. 집단행동을 통해 법으로 정한 인간의 평등함을 현실에서도 확인받기를 원했다. 일종의 백정들의 지위개선시위인 셈이다.

1900년 2월 진주를 위시한 인근 지역 16개 군의 백정들이 자신들도 갓을 쓸 수 있도록 해달라고 끈질기게 요구하다가 관찰사로부터 강제로 생우피(生牛皮)로 갓끈을 매도록 하는 모욕을 당하였다. 그러나 백정들은 이에 물러서지 않고 다시 내부(內部)에 상소하여 결국 관찰사가 경질되고 면천을 확인받는 성과를 올렸다.

그러자 이번에는 일반인들이 이를 묵과하지 않았다. 그해 10월경 진주 주민 수백 명이 백정 마을에 몰려가 그들의 집 십여 호를 부수고 백정을 구

타하는 사건이 발생했다. 이번에도 백정들은 내부에 탄원하였고, 내부에서
는 면천의 사실을 다시 확인해 주면서 주모자를 조사하여 처벌할 것을 관
찰부에 지시했다. 이상과 같이 복장의 차별이 부당하다는 사실을 거듭 확
인받고 백정들의 자신감은 충만해졌으나, 그럼에도 불구하고 일반인의 차
별은 좀처럼 개선되지 않았다.

1909년 5월에는 옥봉 지역의 백정들이 일반 신도들의 예배에 참석하면서
소동이 벌어졌다. 1905년 호주 선교사 커를(Dr. Hugh Currell)[한국명 거열휴
(巨烈休)]이 선교를 시작한 이래 진주에서도 백정 신도가 생겨났고, 이들은
그동안 일반 신도와 따로 예배를 보고 있었다. 그런데 선교사가 교체되면
서 새로 온 리알(D.M. Lyall)[한국명 나대벽(羅大碧)]은 모든 사람이 평등하
다는 하나님의 뜻에 따라 백정들도 일반인들과 함께 예배를 보아야 한다
며 일반인과 백정들의 동석예배를 강행한 것이다. 이 조치에 대해 일반 신
도 대부분이 백정과 함께 예배를 볼 수 없다며 크게 반발하였고, 7주간의
파란을 겪은 끝에 결국, 백정과 일반인의 예배를 따로 보는 것으로 결론이
났다.

이렇게 수백 년을 이어온 신분제의 벽은 두껍고 높았지만, 이를 넘어서
려는 백정들의 노력 또한 집요했다. 개항 이후 시장경제가 점차 발달하면
서 백정사회도 분화하여 일부 경제적 부를 축적한 백정도 등장하였는데,
이들은 백정들의 권익보호와 차별철폐를 위해 경남, 혹은 전국 단위의 '도
살업자조합'을 만들려고 시도하는 등 백정사회의 개명을 이끌었다. 또 독선
생을 모셔가면서까지 자식들에게 교육을 시켜 천민으로 태어난 서러움을
다음 대에까지 물려주지 않기 위해 애썼다. 그 대표적인 인물들이 바로 장
지필(張志弼)과 이학찬(李學贊)이다.

의령 출신의 장지필은 경남에서 손꼽히는 부유한 백정인 장덕찬의 아들
로 태어나, 진주에 살던 한 일본인 지주의 도움으로 일본 메이지대학에 입
학했다. 법학을 전공한 그는 조선인 유학생들 가운데 발군의 성적을 보였
으나, 부득이한 사정으로 졸업은 하지 못하고 법학과 3학년 중퇴의 신분으

로 귀국하였다. 그리고 한평생 백정해방운동의 길을 간다. 그 계기에 대해
일설에서는 그가 조선총독부에 취직하려고 민적(民籍)을 열람해 보았다가
백정을 뜻하는 '도한(屠漢)'이라는 글자가 명시되어 있는 것을 보고 충격을
받은 일을 들기도 한다. 아무튼 백정 출신으로 경제적 부를 축적하고 메이
지대학 중퇴의 학력을 가진 그가 여러모로 진주 백정들의 동경의 대상이었
음은 틀림없다. 그는 1910년에 이미 경남 각 군의 도살업자모임을 주도하는
등 형평운동의 태동을 예감케 했다.

　　진주 백정 출신의 부호 이학찬의 경우도 마찬가지다. 특히 조선총독부는
진주에서 형평운동이 일어나게 된 동기로 이학찬이 그의 자식을 몇 차례나
공사립학교에 입학시키려고 했지만 오로지 백정이라는 이유로 번번이 거
절당했던 일을 거론하였다.

┃진주성 앞의 형평운동기념탑(1996년 건립)

　　그러나 사상 최대 규모의 백
정해방운동이 진주에서 시작된
데는 단지 이학찬이나 장지필의
분노만이 그 계기가 되었을 리는
없다. 이 외에도 임술년과 갑오
년의 농민항쟁과 한말의 의병전
쟁 등 진주 민중의 뿌리 깊은 의
기와 저항정신, 그리고 각종 사
회단체들에서 직업적 사회운동가들이 왕성하게 활동하였던 3·1운동 이후
진주지역의 변혁운동의 흐름 등이 보통 그 원인으로 거론된다. 또 당시 진
주가 도청소재지인 까닭에 백정들의 탄원이나 단결의 노력들이 집중될 수
밖에 없었으며, 일제와 외국인 선교사 등에 의한 문명화가 상당히 진척되
어 있어 백정들의 불만을 받아들일 수 있는 사회적 수용성이 어느 정도 갖
추어져 있었다.

　　그럼에도 불구하고 진주는 서부경남, 아니 불과 100년 전만 해도 경남 최
고·최대의 대읍인지라, 민중적 저항운동이나 변혁운동의 역사보다 기성의

사회질서를 유지하고자 하는 보수적 경향이 훨씬 견고한 곳이었다. 역설적이게도 기성의 질서가 너무나 견고하였기에 바로 진주가 형평운동의 무대가 되었을지도 모른다. 신분제 해체 이후 다소 느슨해졌다고는 하나, 그 느슨함 때문에 과거 백정 바로 위 계층으로 백정에게서 유일한 위안을 얻었던 농민들의 울분이 백정에 대한 백주대낮의 테러로 심심찮게 이어졌다. 이에 백정들의 해방의 열망이 더욱 응집력을 보인 것은 아닐까. 또, 완강한 성벽 안에서도 나름의 답답함이 있었다. '나라가 식민지가 되어 조선 백성이 모두 다 같이 일제의 "백정"이 된 이 마당에 아직도 양반 상놈에다 백정 타령이라니……' 양반집 자제들 중에서도 이런 생각으로 백정들의 해방을 위해 싸우고자 하는 인격자들이 하나둘 생겨났다. 바로 강상호(姜相鎬)와 신현수(申鉉壽)가 대표적이다. '인간은 평등하다'는 근대가 발견한 인류 역사상 최고의 가치는 이렇게 개명된 부산이 아닌, 가장 보수적인 진주에서 발현되었다. 때는 1923년, 형평운동은 이렇게 시작되었다.

(2) 전개과정

1923년 4월 24일 발기 기성회를 거쳐, 25일 진주청년회관에서 발기회를 개최하면서 형평사(衡平社)는 탄생하였다. 발기회에서는 장지필, 이학찬, 강상호, 신현수 외 양반 출신의 천석구(千錫九)가 위원에 선출되었으며, '형평사 주지'를 발표하여 운동의 취지를 전국에 알리고 널리 동지를 구하기로 결의하였다. 아래는 '형평사 주지'의 서두인데, '저울(衡)처럼 평등한(平) 사회를 지향하는 단체(社)'라는 '형평사'의 활동목표가 잘 표현되었다.

> "공평은 사회의 근본이요, 애정은 인류의 본량(本良)이라. 그러므로 우리는 계급을 타파하여 모욕적 칭호를 폐지하며, 교육을 장려하여 우리도 참사람이 되기를 기약함이 본사의 주지이라."

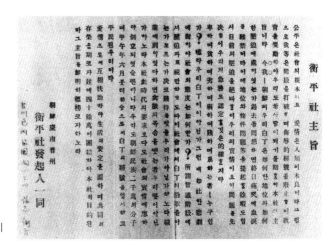

▌형평사 주지

이어서 5월 13일 극장 진주좌에서 개최된 형평사 창립축하식은 진주뿐만 아니라 전국적으로도 큰 충격을 준 사건이었다. 즉 이 행사는 천대받는 백정들을 해방시키고자 하는 행사가 진주 최대의 공공장소에서 벌어졌다는 상징적 의미와 함께 형평사가 전국적 규모의 사회운동단체가 되었다는 역사적 의미도 갖는다. 창립축하식을 위해 형평사 지도부는 특히 홍보에 각별한 정성을 기울여 오전 10시 무렵부터 대대적인 시가지 홍보에 돌입하였는데, 자동차 3대를 준비하여 진주 시내 곳곳을 돌면서 행사를 알리는 선전지를 무려 7천여 장이나 뿌렸다고 한다.

▌진주좌 터(진주시 대안동 13-13번지)
1923년 5월 13일 형평사 창립축하식을 개최한 장소이다. '몰에이지1030'이라는 쇼 핑몰로 바뀌었지만, 현재 폐업상태이다.

백정 역사상 전대미문의 이 감격적인 행사는 오후 1시 무렵 강상호의 개회사로 시작되었다. 우선 각 지방에서 온 대표자 400여 명을 점명하고, 신현수가 나와 형평사의 취지를 설명하였다. 이어서 여러 단체에서 보내준 수십 통의 축전이 낭독되었으며, 주로 진주의 사회운동가로 이루어진 내빈들의 축사가 있은 뒤, '민족의 계급관'이라는 주제로 남홍(南洪)의 강연이 있었다. 그리고 다과회를 가진 뒤 오후 5시경 형평사 만세 삼창으로 폐회하였다. 폐회 후에도 여흥을 즐기다 오후 6시 30분경 해산하였다.

이튿날인 5월 14일에는 여러 지방대표 300여 명이 다시 진주청년회관에 모여 지방대표자회의를 가졌다. 이 회의에서 조직과 운동 방향을 비롯한 여러 사항을 결정하였으며, 그 결과 형평사 본사에서는 2대의 순회단을 삼남지역에 파견하여 지사 및 분사 설립을 돕기로 했다. 제1대인 신현수와 장지필은 진주를 출발하여 대전(5.21)과 광주(5.25) 등을 거쳐 이리(5.30)에 도착한 뒤, 신현수는 진주로, 장지필은 다시 전주(5.31), 공주로 갔다. 그리고 장지필은 공주에서 제2대인 강상호·이학찬과 합류하여 공주(6.6)·천안(6.9) 등의 지·분사 발회식에 참석하

▍1923년 6월 초 충남 논산 은진미륵불 앞에 선 형평사 본부 사람들 모습. 뒷줄 오른쪽 첫 번째가 이학찬, 두 번째가 강상호, 뒷줄 왼쪽 첫 번째가 장지필

였고, 일행은 대구(6.10)에서 밀양을 거쳐 진주로 돌아오거나, 혹은 삼랑진을 통해 부산으로 갔다가 진주로 돌아왔다. 이상과 같이 창립축하식 이래 한 달 동안 형평사 지도부들은 삼남지방을 샅샅이 찾아다니며 형평운동의 확산에 열성을 다하였다. 그 결과 창립 1년 만에 전국적으로 68개 지사와 분사가 조직될 정도로 사회 각층으로부터 많은 성원을 받았다.

순회단이 돌아온 뒤 6월 15일 진주의 형평사 본사 사무소에서 위원회를 개최하였다. 6월 15일 위원회는 창립축하식 이후의 성과들을 돌아보면서

앞으로의 운동 방향을 설정하는 회의였으며, 이후 형평사 활동은 진주지역을 벗어나 전국 무대로 확장되었다고 평가된다. 따라서 여기까지가 진주를 중심으로 형평사가 만들어지는 초기과정인 것이다.

형평사가 이렇게 전국적인 화제를 일으키며 등장하자, 이를 반대하는 소위 '반형평운동' 역시 진주에서부터 시작되었다. 최초의 움직임은 5월 13일 창립축하식의 여흥에 참가하기로 예정된 진주기생조합이 백정들의 잔치에 갈 수 없다며 불참한 것이었다. 혹자는 이 결정이 기생조합의 관리자인 친일파 최지환의 압력 때문이라고도 한다.

5월 24일에는 진주지역의 24개 동리에서 온 농청(農廳) 대표자들이 중안동사무소에 모여 쇠고기를 사먹지 않기로 결의하였다. 그날 밤에는 수백명이 모여 '형평사 공격', '새 백정 강상호, 신현수, 천석구' 같은 내용의 깃발들을 들고 다니며 진주의 중심가인 대안동, 평안동에서 시위하였다. 그들은 신현수와 천석구의 상점들을 공격하였고, 강상호의 집에 돌을 던지기도 했다. 이에 백정 측에서도 결사대를 조직하여 농민들에 맞서니, 이는 곧 양측 간의 집단충돌로 이어지기도 했다. 또 5월 26일에도 농청 대표자 70여 명이 의곡사에 모여 다음과 같이 결의하였다. "① 형평사에 관계하는 자는 백정과 동일한 대우를 할 것, ② 쇠고기를 절대 사먹지 않을 것을 동맹할 것, ③ 진주청년회에 형평사와 관계 맺지 못하게 할 것, ④ 노동단체에 형평사와 관계 맺지 못하게 할 것, ⑤ 형평사를 배척할 것"

그러나 농청 중심의 이러한 '반형평운동' 역시 배후에 지주들과 보천교 세력이 있었다. 지주들은 소작운동을 주도하는 진주노동공제회의 간부들을 곤경에 빠뜨릴 목적으로 각 동네 농민들을 선동하였고, 보천교 측에서는 보천교 반대운동을 벌이는 사회운동단체들을 파멸시킬 목적으로 농민들의 과격한 행동을 추동하였던 것이다. 결국 진주노동공제회가 농민들과 백정 결사대 양측을 중재하여 서로 간에 오해를 풀면서 이후 진주지역에서는 형평운동에 반대하는 움직임이 사그라들었다.

한편 진주를 벗어나 전국으로 확대된 형평운동은 이후 형평사 본사를 계

속 진주에 두자는 '진주파'와 서울로 이전하자는 '서울파'로 나뉘어 서로 대
립하였는데, 전자는 강상호가, 후자는 장지필이 각각 주도하였다. 본사를
서울로 옮긴 이후에도 계급투쟁에 중점을 두고 타 사회단체와의 연대를 중
시하는 급진파까지 등장하여 이에 대한 일제의 탄압으로 형평사는 쇠퇴의
길을 걸었다. 결국 1935년 형평사의 명칭을 대동사(大同社)로 개칭하게 되
는데, 이에 따라 초창기의 인권해방이라는 목표도 퇴색하고 단지 백정계급
의 경제적 이익단체로 변모함과 동시에 일제에 영합하는 단체로 전락하고
말았다.

(3) 의의, 그리고 기억

진주의 형평운동은 이렇게 뜨겁게 타올랐다가 조금씩 그 불씨가 잦아들
었다. 비록 그 말로가 좋지 못했지만, 이는 애초의 조직 의도로부터의 탈선
일 뿐, 우리 역사상 근대적 의미의 인권운동이자 사회평등 실천운동으로
그 의의를 높이 평가함에 있어 주저할 이유는 없다. 형평운동은 단순히 사
회 최하층 백정에 대한 차별철폐라는 협소한 목표를 가진 운동이 아니었으
며, 진주 본사의 경우에서 보듯 진주노동공제회, 북성회(北星會)를 비롯한
조선 내의 진보적 운동의 흐름과 함께하고 있고, 심지어 일본의 유사한 성
격의 인권단체인 수평사(水平社)와도 연대를 가지고 있다. 이러한 점에서
민족해방운동의 한 부문으로 당당히 자리매김할 수 있다.

형평사 창립 이후 약 90년의 세월이 흐른 지금, 진주가 기억하는 형평운
동의 주인공은 백정 출신의 장지필·이학찬이 아닌 양반 출신의 강상호·
신현수이다. 네 사람 중 유일한 '서울파'였던 장지필은 1926년 고려혁명당사
건으로 검거되어 투옥된 전력이 있고, 1928년 석방 이후 1935년까지 다시
형평사를 지도한 것으로 되어 있다. 대동사로의 개칭 이후 이 운동에 관여
하였는지 여부는 확실하지 않다.

강상호는 진주시 정촌면 출신의 천석꾼 양반가문에서 태어나 3·1운동
당시 진주에서 만세시위를 주도하였다가 1년 6개월 동안 옥고를 치른 독립

투사다. 그는 봉양보통학교를 설립하여 신분차별 없이 학생들을 뽑아 가르치는 등 교육운동에 힘썼고, 형평사 활동 당시 동아일보 진주지국장이었으며, 진주노동공제회 등 각종 사회단체에서 왕성히 활동하였다. 선대로부터 물려받은 재산만으로도 일생을 진주에서 내로라하는 유지로 떵떵거리며 지냈을 그였지만, 그 많은 가산을 탕진하면서까지 '인간이 저울과 같이 평등함'을 실천하고자 했다. 당대 많은 이들로부터 진주의 선각자로 칭송받았던 그였고, 지금도 참다운 진주의 정신으로 추앙받고 있지만, 형평운동 이후 그의 여생은 너무나 외롭고도 가난한 날들의 연속이었다. 특히 가슴 아픈 일은 한국전쟁의 소용돌이 속에서 동생을 국민보도연맹사건으로 잃은 일이었다. 그 자신이 보도연맹 진주지역 책임자였다거나, 혹은 인민군 점령기간 동안 진주시 인민위원장직을 맡았다는 설도 있는데, 진위 여부를 확정할 수 없다. 다만, 좌우 양측으로부터 시달린 것은 확실하다. 1957년 강상호가 세상을 떠나자, 그의 장례는 형평장(衡平葬)이란 이름으로 치러졌다. 장지인 새벼리로 향하는 운구행렬에 그가 평생을 두고 사랑했던 백정과 바람에 휘날리는 만장(輓章)의 행렬이 끝없이 이어졌다고 하니, 그의 마지막 길은 외롭지 않았던 셈이다.

신현수는 형평운동 당시 조선일보 진주지국장이었다. 신현수에 대한 백정들의 존경과 사랑은 지극하여 살아생전에 송덕비를 세울 정도였다. 즉, 신현수가 '섭천' 백정들을 교육시킨 일에 대한 감사의 마음을 새긴 이 비는 1932년 섭천못 주변에 세워졌는데, 해

▮신현수 송공비(2005년 건립, 진주시 망경동 631번지)
1932년에 만든 비를 활용하여 펜촉 모양으로 제작하였다. 이는 교육으로 민족해방을 꿈꾼 신현수의 뜻을 기리기 위함이다.

방 후 섭천못이 메워지면서 여러 곳을 전전하였다. 그러다 지난 2005년 최종적으로 망경동 봉수대 옆에 자리잡았다.

4) 학생운동

(1) 진주지역 중등학교 동맹휴학

진주는 예로부터 서부경남의 중심도시였고, 1896년 경상남도가 만들어진 이래 그 수부였던 까닭에 여느 지역보다 일찍 근대교육의 혜택을 누릴 수 있었다. 즉, 1895년부터 '소학교령'이나 '보통학교령'이 발표되자마자 가장 먼저 교육제도에 맞추어 학교가 설립된 곳이 바로 진주였다. 이러한 자부심과 함께 대지주에서부터 백정이나 기생에 이르기까지 향학열도 매우 높아, 봉양학교 · 광림학교 · 배명학교 등의 사립학교뿐만 아니라, 야학, 서당 등의 사립 교육기관도 다수 생겨났다.

그럼에도 불구하고 패망 후 1910년대 진주지역의 교육환경은 매우 열악했다. 3 · 1운동 직후 봉양학교를 공립학교로 전환한 예에서 보듯 민족교육을 막기 위한 일제의 사립학교 폐쇄조치로 조선인 교육의 기회는 더욱 줄어들었다. 당시 진주는 도시화의 진전으로 인구가 급속히 늘고 있었고, 게다가 서부경남의 취학인원까지 감당해야 했기 때문에 2개의 공립보통학교로는 주민들의 높은 향학열을 충족시킬 수 없었다. 반면에 일본인 자녀를 위한 교육시설인 소학교는 지속적으로 확충되어, 조선인 측은 극심한 불평등에 상대적 박탈감을 느끼지 않을 수 없었다. 뿐만 아니라, 중등교육기관에 있어서도 평양, 대구, 함흥, 전주, 개성 등 전국의 주요 도시를 비롯하여 경남에서도 동래에 공립고등보통학교가 개설되어 있었던 반면, 진주에는 조선인을 위한 인문계 중등교육기관이 전무한 실정이었다. 진주지역의 조선인 교육에 대한 이와 같은 응축된 불만이 폭발한 사건이 1920년대 초중반의 '사립일신고등보통학교(일신고보)' 설립운동이었다.

일신고보 설립 운동은 1919년 11월 진주군 지수면의 재력가 허준(許駿)을 비롯한 지역의 유지들이 남자중등학교를 설립하기로 뜻을 모은 후, 1920년

일신고등보통학교 부지 정지 작업(1922.12.18)
현재 이 터에는 진주중학교와 진주고등학교가
들어섰다.

3월 사립일신고등보통학교 설립
기성회가 조직되면서 본격화되었
다. 그 후 기성회 후원회가 등장
하여 '고보기성 후원시민대회'까지
열면서 지역 유지와 일반 주민들
까지 폭넓게 참여하는, 그야말로
진주지역의 전민족적 운동이 되
었다. 기성회에 출자하지 않는 재
력가들은 비난의 대상이 되었으
며, 돈이 있는 자는 돈으로, 그도
아니면 교사 건축에 근로를 제공하면서까지 기성회 활동을 적극 지지하였
다. 특히 1922년 말부터 1923년 초의 겨울철을 이용하여 시행된 학교 부지
의 땅 고르기 공사에는 농민들의 무보수 자원봉사가 이어졌으며, 이들에게
지역 유지들이 점심식사를 제공하는 등 3·1운동의 열기가 재현되는 듯한
실로 감동적인 풍광이 이어졌다. 이러한 각고의 노력 덕택으로 1923년 10월
현재의 진주고등학교 자리에 학교설립 인가를 얻었다.

그러나 일제는 민족자본으로 만들어지는 남자 중등학교가 항일운동의 온
상지가 될 것이라 판단하여 인가취소를 일방적으로 통보하였다. 그러면서
1925년의 경남도청 부산이전에 대한 보상을 구실로 일신고보 재단 기본금
가운데 20만원과 정지 작업이 끝난 교사 부지 24,000평을 경남도에 기부하
면 도립 고등보통학교를 세워주면서, 동시에 재단의 나머지 기금으로 사립
여자고등보통학교의 설립을 허가해주겠다는 기만적인 제안을 했다. 사립학
교라야 일제의 간섭으로부터 상대적으로 자유롭게 민족교육을 할 수 있다
고 생각한 운동 주도세력들은 이에 대해 맹렬히 반대했지만, 1925년 1월 31
일의 이사회에서 기부금만 20만원에서 11만원으로 낮춘 채 일제의 제안 일
체를 받아들이는 것으로 결론이 나고 말았다. 총 30명의 이사 가운데 17명
만 참석한 이날 이사회는 20여 명의 경찰과 총독부 관리들이 감시하는 가

운데 회의가 진행되었다. 그나마 도중 3명이 회의 과정에 불만을 표시하며 퇴장하였으며, 6명이 기권하는 파행적인 것이었다. 결국 30명의 이사 가운데 단 8명의 찬성만으로 5년여에 걸쳐 결집된 전 민중의 염원의 결과물인 일신재단의 막대한 토지와 재산을 일제는 간단히 가로챌 수 있었다. 이렇게 1925년 4월 24일 '진주공립고등보통학교'는 설립을 보게 되었고, 이튿날인 1925년 4월 25일 '진주사립일신여자고등보통학교(일신여고보)'도 개교하였다. 그러나 일신여고보는 1939년 4월 27일 진주공립고등여학교(晉州公立高等女學校)로 교명이 개칭됨과 동시에 공립으로 전환되어, 남녀 고등보통학교 모두 일제 말에 다시 '공립화'라는 같은 운명을 겪게 되었다.

또 하나의 진주지역 중등학교인 '진주공립농업학교(진주농교)'는 1910년 4월 30일 '진주공립실업학교'라는 이름으로 옛 낙육재 터(현재의 진주중앙병원 자리)에 개교하였다. 비록 강제병합 이전에 설립되었으나, 통감부에 의해 장래 식민지 청년에 대한 실업교육 장려의 일환으로 설립된 것이었다. 1911년 11월 위 교명으로 개칭하였고, 1921년 5월 1일 천전리 실습지(현 천전시장 자리) 북쪽에 교사를 신축하고 이전하였다. 1931년 4월에는 진주읍 소화정 150번지로 다시 이전하였는데, 바로 현재의 경남과학기술대학교(옛 진주산업대학교) 터이다.

이상과 같이 진주고보와 일신여고보, 그리고 진주농교 등 일제강점기 진주지역의 중등교육기관 3개교의 설립일자와 사연은 제각기 달랐지만, 모두 일제의 교육정책과 깊은 연관을 가지고 있었다. 일제는 실업교육을 장려하고, 사립 인문계 남학교를 공립으로 하는 대신 사립 여학교를 설립하도록 유도하는 등 가능한 한 이들 중등학교에서 항일의 싹이 자라지 못하도록 애썼다. 그럼에도 불구하고 1929년 광주학생운동을 전후한 시기 세 학교는 수차례의 동맹휴학으로 조선청년들의 의기를 드높였으며, 충절의 고장 진주의 자존심을 지켰다.

사실 진주농교가 유일한 중등학교로 존재하고 있던 시절에도 청년 학생들의 항일운동은 끊이지 않았다. 이 학교 학생들은 3·1운동에 적극 가담하

였으며, 1920년 8월 31일 천장절(天長節)을 기하여 만세시위를 계획했다가
실패한 사례도 있다. 그러나 진주고보와 일신여고보가 설립되면서 학생운
동은 더욱 치열해졌으며, 특히 이웃 학교 학생들이 서로 연대하여 동시에
동일한 슬로건을 내걸고 일제의 식민지 교육에 한목소리로 저항했다는 것
은 분명 학생운동의 새로운 차원을 연 것으로 평가할 만하다.

▌동맹휴학의 장소인 옛 진주공립농업학교 터(천전시장 북쪽, 진주
시 칠암동 301-3번지)
1931년 천전리의 진주농업학교가 칠암동으로 이전한 후 교사는 멸
실되었으며, 실습지는 천전시장으로 변했다.

동맹휴학의 서막을 연 것은 역시 진주농교 학생들이다. 1927년 6월 3일
진주농교의 2·3학년 학생들은 일본인 교유 고목좌태랑(高木佐太郞)이 학
생들에게 "내 목이 떨어졌으면 떨어졌지 조선은 독립하지 못한다."는 등의
모욕적인 언사와 극심한 차별대우를 행하는 데에 대한 항의의 의미로 동맹
휴학에 돌입하였다. 그러나 6월 8일 학교 당국은 해당 교사에게 책임을 묻
지 않고 오히려 주동학생 6명을 퇴학시키고 다시 6명을 정학시키는 강수를
두었다. 이에 학부형과 졸업생이 학교 측과 협상하여 퇴학생을 무기정학으
로 하겠다는 다짐을 받아냈고, 학생들은 일단 퇴학 처분을 받은 동료들을
구제하는 것이 급선무였으므로, 문제의 장본인인 고목(高木) 교유에 대한

문제는 보류하기로 하고 6월 12일 등교하였다.

그러나 사태는 간단히 끝나지 않았다. 1년 뒤인 1928년 7월 6일 진주농교와 진주고보 학생들이 연대하여 '조일공학제(朝日共學制) 폐지', '노예교육 철폐', '조선어 시간 연장', '조선역사 교수', '교내의 언론·집회의 자유 보장' 등을 내걸고 또다시 동맹휴학에 들어갔다. 두 학교가 연맹으로 동맹휴학을 하기는 조선에서 처음 있는 일로, 그 요구조건 또한 교내 문제라기보다는 민족운동의 차원이었다. 이에 대해 경찰이 두 학교에 한 명씩을 주모자로 검속하자, 진주농교 학생들이 모두 퇴학원서를 제출하고 진주고보 학생 일부도 등교를 거부하는 등 저항의사를 더욱 굳혔다. 결국 학부형회가 경찰과 교섭하여 검속 학생 2명의 석방에 성공했으나, 7월 10일 두 학교의 교장은 경상남도 도청의 지시에 따라 무기 휴교령을 내리고 학생 전원을 무기 정학시켰다.

사태가 커지자 학부형 대표들은 다시 교장과 교섭하였다. 학부형의 설득에 교장은 도 당국의 허가를 받게 되면 7월 20일경에 등교 통지서를 발송할 것이니 그때 학생을 등교시키고, 만약 이에 응하지 않으면 모두 퇴학 조치할 것이라고 말했다. 그러면서 7월 14일부로 진주농교에서 15명, 진주고보에서 10명을 퇴학시켰다.

이상과 같은 학교 측과 학생들의 팽팽한 대결로 진주 교육계 안팎이 긴장된 가운데, 7월 19일 밤 10시 진주농교에서 방화사건이 발생했다. 경찰은 맹휴를 주도하다 퇴학당한 학생들의 소행으로 보고 혐의자 5명을 검속하였으나, 별 성과를 거두지 못하고 22일 모두 석방하였다. 그러나 이 사건의 무리한 수사로 인해 학생들은 한층 흥분되었다.

그러던 중 진주고보와 진주농교의 동맹휴학 중인 학생들에게 학교 당국이 내린 등교의 최후통첩 시한이 되었는데, 21일 진주고보 학생들은 6명을 제외하고 모두 등교하였고, 22일 진주농교도 13명이 이유를 대면서 등교하지 않았을 뿐 대체로 등교명령에 따랐다. 이로써 두 학교의 동맹휴학도 어느 정도 마무리 국면에 접어들었다. 두 학교의 교장들은 일장 연설을 한 후 현재는 여름방학 중이므로, 9월 1일 2학기가 개학하면 모두 등교하라는 말로 학생들과 학부형들을 돌려보냈다.

그러나 마지막 순간에도 동맹휴학의 책임 추궁은 있었다. 경상남도 학무과에서는 이 사건과 관련하여 26일 추가 퇴학자와 무기정학자를 발표하였다. 진주농교에서는 퇴학 14명과 무기정학 110명, 진주고보에서는 퇴학 8명과 무기정학 247명으로, 두 차례의 징계 결과를 모두 합하면 이 동맹휴학 건으로 두 학교에서 퇴학 47명, 무기정학 357명 등 총 4백여 명이 징계를 받았다.

8월 31일을 기하여 무기정학이 해제됨으로써, 진주고보와 진주농교의 동맹휴학은 일단락되었다. 그해 12월 22일 진주고보 퇴학생 중 13명과 진주농교 퇴학생 중 28명이 재입학 시험에 응시하여 전자 9명, 후자 23명에게 재입학이 허가되었다. 그리고 동맹휴학의 배후를 찾기 위해 경찰이 들인 공에도 불구하고 건진 것은 학생의 일기장에서 찾아낸 '동무사'라는 단체명과 함께 찍은 단체사진뿐이었는데, 그러나 이 단체도 문예와 수양을 목적으로 한 친목모임으로 판명되면서 수사 자체가 유야무야되었다. 또, 진주농교 방화사건도 그동안 혐의선상에 있는 것으로 보도되었던 인물이 아니라, 전혀 낯선 인물을 재판에 회부하여 징역 3년의 판결을 내리면서도 자세한 내용은 보도하지 않고 있다.

1928년의 동맹휴학 1년 후 광주학생운동이 발생했고, 이에 동조하는 동맹휴교운동이 전국적으로 확산되자, 경남에서도 동래고등보통학교, 부산 제2상업학교, 김해농업학교, 통영수산학교 등에서 동맹휴학과 만세시위가 벌어졌다. 또 마산공립상업학교, 부산여자고등보통학교, 진영공립보통학교, 김해보통학교 등에서도 소규모 시위를 전개하거나, 혹은 계획이 사전에 발각되기도 했다. 그리고 진주에서도 같은 시기 맹렬한 학생운동이 전개되었다.

진주지역 동맹휴학의 중심에는 진주고보가 있었다. 먼저 3학년생들에게서 자체적인 시위 모의의 움직임이 있었고, 광주와 경성에서 학생대표가

진주로 내려와 광주학생운동의 진상을 알리고 전국적 시위에 진주고보도
동참해 줄 것을 요청하였다. 그 후 1930년 1월 16일 오후 9시경 진주고보
3학년 정인수(鄭仁守)의 집에서 약 20명이 모여, 이튿날 17일 아침 맹휴를
단행하기로 결의하였다. 기록마다 약간의 차이가 있는데, 일부에서는 3학
년생들이 위 장소에서 회합하던 시간에 2학년생들은 기숙사에 모여 선전삐
라의 작성과 살포 등에 대해 모의하였다고 한다.

▌진주공립고등보통학교 옛 모습(1930년대)　　　　▌조회 광경(1933)

1930년 1월 17일 오전 9시 30분경 교장의 조회 훈시가 끝나자 계획대로
3학년 조방제(趙邦濟)가 돌연 연단으로 뛰어 올라갔다. 검찰 조사에서 시위
주동자 중 한 명인 이진하는 이날 아침 운동장에서 시위가 시작되는 광경을
다음과 같이 진술했다.

　　"(조방제가) '광주학생사건을 어떻게 생각하는가? 우리도 한국 전반의 학
　생과 행동을 같이 하자'고 부르짖으면서 만세를 삼창하고, 단을 내려와, '뒤로
　돌아'하고 구령을 외쳤더니, 일반 생도는 교문 밖을 향하여 달음질쳐 나갔다."

학생들은 교문을 박차고 나가, 진주농교, 제1·2공립보통학교 등 시내 일
원을 돌아다닌 끝에 일신여고보 앞에 도착했다. 이때 일신여고보 교사들은
정문을 폐쇄하고 여학생들의 시위합류를 적극 막고 있었다. 그러나 학생

몇 명이 흙담을 넘어가서 안쪽에서 문을 열자, 교문 밖의 학생들이 일제히 교정 내로 몰려들어왔다. 여학생들이 동참하면서 시위대는 500여 명으로 급증하였다. 학생들은 '노예적 교육 폐지', '경찰 침입 금지', '광주 학생 석방'이라는 선전문구가 새겨진 선전삐라를 살포하고 구호를 외치다가 11시경 해산하였다.

17일 오전의 진주고보와 일신여고보 학생들의 시위는 이웃 학교 학생들에게도 큰 자극이 되었다. 당일 오후 2시 진주제1공립보통학교 학생 400여 명이 시위를 전개하였으며, 진주제2보통학교와 시원여학교에서는 회의를 마친 학생들이 교실에 입실하지 않고 항거하는 등 진주 시내 전체로 확대되었다. 특히 시위 3일 만에 시내 주요 장소마다 격문이 나붙어 경찰 당국을 긴장케 한 사건도 있었는데, 그 주인공은 진주고보 1학년생 김찬기(金燦基)로, 경북유림단사건으로 복역 중인 김창숙의 아들이었다.

▌사립일신여자고등보통학교 터(진주시 평안동 197번지)
사립일신여고보는 개교 당시 전 사범학교 터를 임시교사로 사용하다가, 1928년 관유지인 옛 진위대 터(현재의 갤러리아백화점)를 대부받아 교사를 신축하고 일제시기 내내 사용하였다.

시위 종료 후 주동자와 참가자에 대한 검거선풍이 이어졌다. 진주고보와 일신여고보는 1월 20일 무기휴교령을 내렸으며, 학교로부터 징계당하고 구속되는 인원 또한 늘어났다. 피해자의 숫자는 1월 25일 현재 진주고보에서는 무기정학 246명, 구속 29명이며, 일신여고보는 무기정학 4명, 구속 2명이었다. 진주농교에서는 시위에 합세하려는 움직임은 있었으나 미수에 그쳤고, 이 사건과 관련하여 퇴학 1명, 무기정학 7명, 구속 1명을 내었다. 특히 진주고보생의 피해가 커서 21명이 구류처분을 받았다. 시위 주동자인 조방제, 권태익, 정갑생, 정한영, 김병호, 이진하 등은 기소되어, 조방제(趙邦濟)는 징역 6월, 다른 학생은 각 징역 4월에 5년간의 집행유예를 선고 받았다.

광주학생운동 직후의 파고가 지난 후에도 진주고보와 진주농교에서는 크고 작은 학생운동이 이어졌다. 진주농교에서는 1931년 3월 비밀결사 '동반회사건'으로 관련자 21명이 검거되었으며, 같은 해 11월 'TK단사건'에도 13명이 연루되었다. 또 진주고보에서도 1932년 11월 학생비밀결사사건이 발생했고, 1933년 11월에는 '독서회사건'으로 22명이 검거된 일도 있었다. 또 1941년 3월에는 교내에 일본개국신을 봉안한 '가미다나'를 파괴하여 15명이 연행되기도 했다. 이와 같은 진주지역 학생들의 일제에 대한 투쟁정신은 일제 말 강제노역 현장까지 이어지기도 했다.

(2) 하동신사 신등파괴사건

1938년 읍으로 승격한 하동면의 일제시기 학생운동의 주축은 하동공립보통학교와 하동공립농업보습학교 2개교였다. 한말 하동군수에 의해 '하동학교'라는 이름으로 향교에 설립되었다가, 곧 객사로 이전하여 공립학교가 된 하동보통학교는 3·1운동 당시에도 이 학교 학생들이 시위를 이끌었을 정도로 하동군 내에서는 학생운동의 역량이 높았다. 하동농업보습학교는 1926년 4월 24일 위의 하동보통학교 부설로 설립 인가되었다. 이들 두 학교 학생들은 1927년 11월 일본인 교장의 배척을 요구하며 연합하여 동맹휴학을 하는 등 학생운동의 전국적 흐름에 부합하는 운동을 전개하였으며, 1931년에도 동맹휴학을 시도하다 사전에 발각되어 실패한 사례가 있다.

1920년대 학생운동 흐름의 분수령이 되었던 광주학생운동이 있기 몇 달 전 하동에서는 학생들의 한차례의 우발적인 시위로 시내가 발칵 뒤집힌 적이 있었다. 사건이 있었던 1929년 4월 23일은 춘기제일(春期祭日)이었다. 시내 상가가 철시하고 참배하는 등 이날 하동신사는 하루 종일 부산스러운 모습이었다. 하동보통학교 요코다(橫田) 교장 이하 교원들도 두 학교 학생 전원을 인솔하여 신사를 참배하였다. 그 후 학교 측에서는 학생들을 현장에서 해산하여 집으로 돌려보냈으나, 귀가하던 학생들 중 일부에 의해 말썽이 생겼다. 신사에서부터 하동경찰서에 이르는 8정(町, 약 870m) 거리 양측에 세워진 80여 개의 신등(神燈) 중 10여 개를 학생들이 파괴해 버린 것이다. 당시 『동아일보』는 이러한 학생들의 의거를 '어린애들의 유희적 장난'으로 평가절하 하였으나, 『독립운동사』(1977)에서는 "아무런 가치도 없는 무의미한 것"이라는 인식하에 벌인 일로 기록하고 있어, 신사참배 강요에 대한 학생들의 민족적 울분이 폭발한 것으로 볼 수 있다. 물론 『동아일보』가 이같이 표현한 것은 관련 학생들의 구명을 위해서이자, 일제 측의 과민한 반응에 대한 은근한 비꼼일 것이다. 사건을 첫 보도한 『동아일보』 기사를 통해 이 사건을 대하는 일제의 태도를 한번 살펴보자.

"그날 오후 다섯 시나 되어 하동경찰서로부터 돌연히 전 서원(署員)이 출동하여 밤을 세워가며 보통학교 생도와 농업보습학교 생도를 닥치는 대로 붙들어 30여 명의 어린 아동을 경찰서에 인치하고 무슨 중대범인을 추달하는 듯한 태도로 밤이 깊도록 취조하였다. 동시에 그 학교 교원 이찬영(李贊榮) 씨를 인치하고 취조한 후 그 이튿날인 24일에야 석방하였으며, 그날 오전에는 다수의 정복경관이 학교에 몰래 들어와 60~70명의 어린 생도를 끌어다가 역시 엄중히 취조를 하였다."

말 그대로 교정을 유린한 경찰의 태도에 대한 성토는 이튿날 기사에서는 학교 당국에게로 이어진다.

"첫날밤에 공립보통학교의 교원 전부를 비상소집하여 생도들을 잡아다가 경찰에 의뢰하고도 오히려 부족하여, 그 이튿날에는 아무것도 모르고 뭐라도 배우겠다고 학교로 모여드는 생도 전부를 교실 안으로 불러들여 '어떤 아이가 가등을 부셨다'는 것을 무기명식 투표를 시켜 믿을 수 없는 투표 결과로 칠팔십 명의 생도를 경관의 손에 내맡기고도 부족하여 79명의 생도를 일시에 무기정학에 처하겠다는 것이 학교 당국의 태도인 바, 이에 대하여 하동인사는 경찰의 횡포한 처치보다도 학교 당국의 망동에 더욱 분개한다더라."

▌하동공립농업보습학교 터. 현재는 하동읍사무소이다. ▌하동공립보통학교 터. 현재는 하동초등학교이다.
　　(하동읍 읍내리 1198-1번지)　　　　　　　　　(하동읍 광평리 299번지)

　위와 같은 요란스러운 조사 결과, 일제 경찰과 학교 당국은 하동농업보습학교의 김선재(金仙在), 김덕우(金德祐), 손우석(孫右錫), 하동보통학교의 최영인(崔永仁), 김채환(金彩煥) 등 총 5명의 학생을 주동자로 골라냈다. 이들은 모두 '경찰청 처벌규칙 위반'으로 1929년 7월 8일 부산지방법원 진주지청에서 각각 15원씩의 과료판결을 받았다. 그러나 본래 구류 20일을 청구했던 검사는 1심 판결에 불복하고 대구복심법원에 항소하였으나, 1929년 9월 12일의 항소심 결과는 역시 과료 15원 확정이었다. 결국 동맹휴학 등 여타의 학생운동에 비해 상대적으로 가벼운 처벌을 받은 셈인데, 그럼에도 불구하고 경찰과 학교 당국이 이상과 같이 매우 예민하게 반응했던 것은 '신사'라는 일본인들의 상징적 신성 공간을 범했기 때문이고, 학생들에 의해 신사나 그 관련시설이 파괴되는 일은 매우 이례적인 일이었기 때문일 것이다.

　'신등파괴사건'의 무대가 된 하동신사는 일본의 개국신인 아마테라스 오미카미(天照大神)를 배향한 신사로, 하동면 광평리 송림에 위치하고 있어 하동신사(河東神祠), 혹은 광평신사(廣坪神祠)라고 불렀다. 1928년 10월 14일 상량식을 했다는 신문기사가 있으며, 사건을 보도한 기사에 '얼마 전에 세웠다'는 언급이 있고, 일부에서는 사건 당일이 '신사건립기념일'이었다고 밝히고 있다. 즉, 하동신사의 건립과 때를 같이하여 학생들의 의거가 있었기에 더욱 그 의의가 깊다.

▌하동신사가 있었던 광평리 일대

한편, 의거를 주도한 하동농업보습학교는 현재의 하동읍사무소 자리에 있었고, 하동공립보통학교는 현재 하동초등학교 위치 그대로이다. 농업보습학교의 후신은 진교면의 진교고등학교이다.

(3) 마산 창신학교 신사참배거부운동

1899년 5월 1일 개항 이후 일제의 침탈이 본격화되면서 마산지역에서는 근대적인 도시 기반시설의 건립과 도시 발달에 따른 인구집중화가 급속하게 이루어진다. 특히 일본인들의 인구 증가가 두드러져, 1910년도에 이미 마산에 거주하고 있는 일본인의 수가 총 5,941명이었다. 이는 당시 조선인의 숫자 10,664명에 비할 때, 약 35.7%에 해당하는 수치이다. 일본인들의 수가 늘어나면서, 이들을 위한 근대학교도 속속 세워졌다. 이렇게 마산에 일본인들이 차지하는 비중이 늘어나면서, 역으로 이를 경계하는 조선인들의 민족의식 역시 높아갔고, 이는 민족학교, 민족교육 운동으로 이어졌다. 그 대표적인 사례가 창신학교(昌信學校)이다.

마산지역 최초의 사립학교인 창신학교는 설립자 이승규(李承奎, 시인 이은상의 부친)가 1906년 5월 17일 마산포교회(일명 성호리 교회당, 문창교회의 전신)의 정문에 '독서숙(讀書塾)'을 설치하고 교육사업을 시작한 데서 비롯되었다. 20여 명의 아동들을 대상으로 글을 가르치기 시작한 모임이 점차 커져, 1908년 9월 15일 학교이름을 '창신(昌信)'이라 하고, 초대 교장으로 호주선교사인 아담슨(A. Adamson)[한국명 손안로(孫安路)]이 취임하여 정식 개교하였다. 그리고 1909년 8월 19일 학부대신으로부터 학교설립의 인가를 받았다.

창신학교의 운영 주체는 마산포교회였으나, 설립 초기부터 학교 인가와

학교 시설, 교원 초빙 등의 실질적인 운영은 이승규에 의해 이루어졌고, 호주선교회도 재정적인 후원 등으로 밀접한 관계를 맺고 있었다. 그리고 무엇보다 선교사를 교장으로 내세워 일제에게는 마찰을 피해야 할 대상인 서구 열강의 우산에 몸을 숨김으로써, 예리한 감시의 눈길을 피해갈 수 있었다. 따라서 설립 과정에 참여했던 인사나 마산포교회, 호주선교회의 성향으로 미루어 보아, 창신학교의 설립 목적은 기독교 정신의 구현이 일차적이었으나, 민족교육을 실현하기 위한 사립근대교육기관으로서의 의미도 빼놓을 수 없다. 즉 교육을 통한 구국운동을 펼칠 목적으로 출발하였던 것이다.

창신학교의 민족학교로서의 면모는 교사들과 학생들의 활동상을 통해 알 수 있다. 대표적으로 국권회복단 마산지부에서 활동한 안확(安廓, 국학자), 조선어학회사건으로 고초를 겪었던 이윤재(李允宰, 한글학자)·김윤경(金允經, 한글학자) 등의 교사와 이극로(李克魯)[한글학자] 등의 학생 인명을 거론할 수 있겠다. 그리고 창신학교 학생들은 3·1운동 당시 구마산 장터 시위의 주 참가자였으며, 그 외에도 학생들의 동맹휴학 총 5차례, 교원들의 동맹사직 1차례 등 일제시기 내내 학생들과 교사들의 항일운동이 지속적으로 전개되었다.

이상과 같이 선교사들의 우산 아래 학생들에게 민족의식을 일깨워 온 창신학교는 설립 당시 남녀공학의 초등과 4년제였으나, 1914년 여학생 교육기관으로 사립 의신여학교(義信女學校)를 분리·독립시켰으며, 1925년에는 고등과를 이관하여 호신학교(濠信學校)를 설립하는 등 교세의 확장을 거듭하였다. 그럼에도 불구하고 끝내 일제와의 충돌을 피할 수 없었으니, 그것은 바로 '신사참배' 문제였다.

1930년대에 접어들면서 일제는 소위 '대동아공영'을 부르짖으며 각종 행사가 있을 때마다 신사참배를 강요하였다. 그러나 창신학교는 언제나 이를 거부해 온 터였다. 그러한 가운데 1937년 12월 17일 중국 난징(南京) 함락 보도가 전해지자 마산에서도 야간 제등행렬을 강요하였다. 여기에는 시내의 전 학교와 관공서가 참가하여, 구마산에서 출발한 행렬이 신마산의 마산신사 입구까지 일렬로 차례를 기다리고 있었다. 그런데 창신학교는 그 차례가 되었으나 참배를 하지 않고 지나쳤는데, 일본 경찰은 인솔 교사에게 호통을 치면서 다시 참배할 것을 강요하였고, 학생들 사이에서는 동요가 일기 시작하였다. 이에 일본 경찰은 전 교사들을 경찰서로 연행하고 학생들을 해산시켰다. 이후로도 창신학교는 동방요배, 일장기 경례, 신사참배, 교육칙어 암송 등의 행사가 있을 때마다 줄기차게 거부하였다.

일제의 신사참배 강요에 맞서던 전국의 기독교계 학교는 1936년경부터 신입생 모집중지, 폐교압력 등 일제의 교육탄압 수순대로 속속 폐교되었는데, 창신학교 역시 예외일 수는 없었다. 1939년 1월 조선총독부 학무국으로부터 창신학교의 신입생 모집을 금지한다는 공문이 시달된 것이다. 또한 시학(視學)이 파견되어 학교 내외를 시찰하면서 일본어 사용, 교육칙어 암송, 동방요배 등을 강요하기 시작하였다. 일제 경찰들은 창신학교 교원들에 대한 사찰을 강화하여 행동에 제재를 가하기 시작하였고, 창신학교에 자녀를 보내는 사람은 사상이 불온하니 배후조사를 실시하겠다는 등의 협박을 하기도 하였다. 학교에서는 당국이 내린 신입생 모집금지 조치로 더 이상 학교를 유지할 수 없다는 판단하에 폐교를 위한 행정상의 절차를 밟지 않을 수 없었다. 결국 1939년 7월 14일 전교생과 전 교원이 모인 가운데 눈물의 폐교식이 진행되었다. 이로써 개교 이후 3·1운동을 비롯한 마산지역 항일독립운동에 앞장섰던 창신학교는 32년 만에 교문을 닫았다.

▌옛 창신학교 회원동 교사의 모습(경상남도 마산부 외서면 회원리 414번지)

▌옛 창신학교 터(현 한효아파트, 창원시 마산회원구 회원동 415번지)

창신학교의 설립 당시 위치는 현재의 제일문창교회(창원시 마산합포구 상남동 87-1) 자리였다. 그 뒤 1924년 회원동 교사로 이전하여 이곳에서 폐교되었다. 폐교 후 창신학교 터는 완월초등학교 제2분교로 사용되었으나, 해방 후인 1948년 경남노회에 의해 창신초급중학교(현 창신중학교), 1951년 창신농업고등학교(현 창신고등학교)가 각각 개교함으로써 다시 그 맥을 이어갈 수 있었다. 그리고 창신중·고등학교는 1990년 현재의 봉암동 교사로 이전하였다. 동시에 폐교의 역사를 간직한 회원동 교사도 철거되었고, 현재 그 자리에는 한효아파트가 들어서 있다. 옛 상남동 교사와 회원동 교사 터에는 표지석이 세워져 있고, 현 봉암동 교사에는 회원동 교사의 옛 모습을 그대로 복원한 건물(경남테크노파크 산업화센터)이 있어 창신학교의 옛 역사를 떠올리게 한다.

(4) 동래공립중학교의 학생운동

'동래공립중학교(이하 동래중학)'는 동래지역 학생운동의 중심 역할을 한 학교로, '동래공립고등보통학교(이하 동래고보)'가 본래의 교명이다. 동래고보 시절에도 동맹휴학과 각종 비밀결사운동이 끊이지 않았는데, 1938년 4월 1일 교명변경 후에도 부산항일학생운동에서 주도적인 역할을 했고, 조선청년독립당(朝鮮靑年獨立黨)과 순국당(殉國黨) 등의 비밀결사 조직이 만들어지는 등 일제 말까지 저항운동이 끊이지 않았다.

일명 '노다이사건'이라 불리는 부산항일학생운동은 1940년 11월 23일 부산공설운동장에서 개최된

▌동래중학교는 조선청년독립당과 순국당 관련 자들이 다니던 학교로, 현재 동래고등학교이다.

제2회 경남학도전력증강국방경기대회에서의 편파적 판정과 민족차별에서 비롯되었다. 입장식에서는 전년도 우승교(동래중학)가 먼저 입장하는 것이

관례였으나, 이를 무시하고 일본인 학교를 먼저 입장시켰다. 종목별 경기에서도 조선인 학교에 불리한 코스를 배정하거나 차별적 편파 판정이 계속되었다. 동래중학과 부산 제2상업학교[전 부산상업고등학교, 현 개성고등학교의 전신] 학생들의 항의도 번번이 묵살당했다. 결국 폐회식에서 노다이(乃台兼治) 심판장이 일본인 학교를 우승교로 발표하자, 판정의 부당함에 대한 학생들의 분노가 폭발하면서 항일의거가 시작되었다.

▌부산공설운동장(현 구덕공설운동장, 부산시 서구 서대신동 3가 210번지)

학생 1천여 명은 시가행진에 이어 노다이 관사를 습격하기로 결의하였다. 그러나 학생들이 영주동 관사에 도착했을 때는 이미 노다이는 도망가고 없었다. 울분을 참지 못한 학생들은 투석으로 외등과 관사의 유리창을 모두 깨어버렸다. 밤 10시경, 부산 헌병대는 각 경찰서에 긴급지령을 내려 학생들을 현장에서 검거하였다.

11월 24일, 두 학교는 일본 경찰의 취조장이 되었다. 이때 경찰과 헌병에 의해 검거된 학생은 200여 명이었고, 주모자 15명의 투옥과 징계(퇴학 21명, 정학 44명, 견책 10명 등)가 있었다. 특히, 김선갑·김명수 2명은 출옥 2주일 만에 고문의 후유증으로 순국하였다.

조선청년독립당은 1940년 겨울 은사인 허현(許鉉)의 지도를 받아 양중모(梁仲模), 남기명(南其明), 김일규(金一圭), 김진훈(金鎭焄), 김병현(金柄鉉) 등이 중심이 되어 조직된 동래중학생들의 독서회에서 비롯되었다. 1941년 겨울 김일규의 집에 모여 조국을 위해 목숨을 바칠 것을 서약하고 종래의 독서회를 개편하여 '조선청년독립당'이라 개칭하였다. 1942년 봄에는 남기명의 집에서 두 번째 회합을 하고 명문화된 강령을 마련하는 등 구체적인 행동을 모색하기 시작했다. 1943년 졸업과 동시에 이들은 국내외 정세조사,

병기탄약 제조 등의 각자 담당과업을 정하여 실천하기로 하고, 자일회(紫一會), 순국당(殉國黨) 등과도 연락을 유지하였다.

1944년 8월 1일 위 인물들에 이관수(李觀洙), 김한협(金漢俠)이 가세한 당원 7명이 회합하여 향후 행동방향을 논의하였다. 그 결과 일본군 탄약고를 폭파하여 인심을 교란시키고, 특히 군용열차가 통과할 때 구포다리를 폭파하기로 결의하였다. 만약 이것이 실패하면 모두 일본

▌조선청년독립당사건 관련자(1945.9.18 촬영)
윗줄 왼쪽부터 문일갑, 김일규, 아랫줄 왼쪽부터 남기명, 이관수, 양중모

군에 입대하여 연합군에 투항한 뒤 중국에서 다시 만나기로 하였다. 그러나 이런 계획을 실천에 옮기기 전에 순국당 인사들이 먼저 체포되면서, 당원 9명[위 7명에 문인갑(文仁甲), 김영찬(金永瓚) 추가]이 모두 구속되었고, 이들 중 김진훈은 해방 이전에 고문치사 당했다.

순국당은 1943년 봄부터 만주에서 귀국한 차병곤(車炳坤)과 부산진국민학교 동창인 박정오(朴楨五), 신정호(辛正浩) 등 3명이 독서회를 한 데서 비롯되었다. 이 무렵 차병곤은 조선청년독립당의 중심인물이자 자신의 이종사촌형인 이관수로부터 배일사상과 무력투쟁방법을 전수받았다. 이들은 이후 동래중학의 배광진(裵光珍), 배봉수(裵鳳秀)와 접촉하게 되었고, 다시 남정기(南廷基), 전창호(田昌浩) 등이 가세하여, 1944년 5월 신정호의 집에서 13인[위 인물들 외 윤창석(尹昌錫), 김수성(金守性), 정오연(鄭五然), 김진옥(金鎭沃), 박태권(朴泰權), 조선인 창씨개명자 아사모도 추가]이 모여 '순국당'이라는 조직을 결성하였다. 순국당은 행동목표로 고이소(小磯) 총독 암살, 일본군 군사시설 파괴, 일본인집단거주지 방화, 은행습격, 미군공습 시 산불 놓기 등을 결의하고 행동목표를 기입한 지면에 혈서로 연서하였다.

하지만 이상의 계획들이 여의치 못하자, 7월 초 다시 모임을 갖고 모두 만주로 가 독립군에 합류하고자 했으나, 결국 일제에 발각되어 일제히 검거되고 말았다. 이들을 조사하는 과정에서 이관수를 매개로 조선청년독립당원들까지 모두 체포되었다.

이상과 같이 순국당은 불과 두 달여지만, 당시 17~18세 학생들의 항일운동이라고는 믿기 어려울 정도의 대담함으로 일제 말 경남지역의 여타 독립운동조직 중에서도 단연 두드러진 활약을 보였다. 특히, 일본군 항공병이 되어 연합군에 투항한 뒤 일본군과 싸우겠다는 의도로 항공학교에 지원하거나, 총독 암살용 사제 권총을 제작하기도 하고, 만주로 건너가기 위해 함경도 길주까지 이동하는 등 비록 모두 실패하기는 했지만, 단순히 계획에 그치지 않고 끊임없이 실천의 방법을 강구하였다. 동래중학 외 초량상업학교, 부산실천상업학교, 부산제일상업학교, 부산공업학교, 입정상업학교 등 부산의 여러 중등학교 학생들이 참여하였던 이 사건으로 정오연이 옥사하고 배광진, 차병곤이 석방 후 수일 만에 숨지는 등 많은 청년들의 희생이 있었다.

5) 청년운동

(1) 동래 청년운동

일제시기 경남 여러 지역에서 다양한 이름과 성격의 청년단체가 명멸했지만, 그중 청년운동이 가장 왕성하였던 지역을 꼽으라고 한다면, 단연 동래라 하겠다. 동래는 조선인 중심의 전통도시이면서도 경상남도의 수부이자 최대의 식민도시 부산에 이웃해 있어, 노동운동 등 각종 사회운동을 지도하거나 적시에 대응하기에 유리한 점이 있었다. 또 동래고보 등 각급 학교가 밀집해 있어 청년운동 주체의 비축도가 높았고, 운동가들 사이의 네트워크 또한 넓고 견고하여 이웃한 김해, 기장, 양산 등으로 운동을 확산시켰다.

동래지역 최초의 청년단체는 동래청년구락부인데, 1920년 1월 전후 결성된 것으로 보이며, 그 후 1922년 2월 동래청년회로 명칭을 변경했다. 같은 시기 여타 지역의 청년단체와 마찬가지로 그 성향은 실력양성론에 기반 한 것이었으며, 중심인물 또한 지역 유지와 개혁적 성향의 청년 지식인이 혼재하였다. 주요 사업 역시 동래줄다리기 참여, 동래권번으로 인한 풍기문란 단속, 운동장 부지 확보운동, 농촌계몽을 위한 순회강연단 파견 등의 지역 현안이나 개인의 수양 문제에 치중하였다.

첫 번째 성장통은 1923년경에 있었다. 이 시기 동래청년회는 인적쇄신을 겪게 되는데, 초기 청년회운동을 주도하였던 지역명망가들이 일선에서 물러나고 소장그룹을 중심으로 신진청년들이 대거 청년단체에서 주도적 위치에 올라섰다. 이는 청년회의 혁신과 통합이라는 당대 청년운동의 경향이 반영된 것으로, 민족운동 내에 새로운 운동노선인 사회주의 사상이 빠르게 확산되는 상황과 관련 있다. 그 결과 1925년 사상단체 혁파회가 조직되었고, 11월에는 지역 내 청년단체를 총지도하는 동래청년연맹이 결성되었다. 이때부터 과거 3·1운동에 참여한 새로운 세대들이 청년운동을 주도하기 시작했다. 그 후 신간회가 발족되면서 좌우합작 노선으로의 방향전환에 따라 1928년 2월 동래청년동맹이 새로이 결성되었다. 동래청년동맹은 신간회 지지, 문맹퇴치, 조혼폐지, 기성청년단 해체, 노동여자야학 운영, 노농단체 진흥과 농촌야학 및 농민조합 촉성, 국제청년데이기념 등의 문제를 주요사업으로 시행하였다. 무엇보다 그 지부와 지부의 하부조직인 반(班) 조직 확립을 꾀하였는데, 이는 청년운동의 대중적 기반을 확보하고, 생산 및 거주 단위에서 투쟁의 기초단위를 확립하기 위해 당시 운동의 추세에서 매우 시급하고도 중요한 사업이었다.

이상과 같이 동래의 청년운동은 일제강점기 '합법적인' 활동공간 속에서 당대의 지역사회 현안을 해결하고, 미래의 변혁주체들을 길러내었다. 일제와 그 주구들을 척결하거나, 일신을 던져 혁명에 헌신하는 '비합법' 조직보다 뜨겁지는 않지만, 대중과 운동가들을 연결하거나, 일제의 매서운 감시의 눈을 피할 수 있는 공간이 청년회였다. 일제강점기 민족운동에서 이렇게

▌동래사회단체연합회관 터(일성관, 부산시
동래구 복천동 462-2번지) 현재 복산동
주민센터가 위치하고 있다.

뚜렷한 족적을 남겼음에도 불구하고, 동래뿐 아니라 경남, 아니 전국에서 청년운동을 기억할 만한 이렇다 할 사적이 몇 군데 남아 있지 않음은 유감이다.

동래에서 찾자면 완전히 멸실되어 과거의 흔적을 찾을 수는 없지만, 동래청년회 시절부터 동래청년동맹 때까지 회관으로 사용하였던 장소인 '일성관'이 있다. 1923년 동래기영회가 동래청년회관에 기부한 곳으로, 신간회 동래지회, 근우회 동래지회, 동래노동조합, 소년동맹 등 여러 단체들이 함께 입주하여 회관으로 사용하면서 동래

지역 항일운동의 중심이 되었다. 동래의 각 사회단체들이 모여 노동·농민·학생·청년운동 등 여러 분야의 사회운동이 이곳과 연계를 가지며 진행되었으니, 늘 동래 경찰들의 감시 대상이 되었음은 물론이다. 1929년 많은 단체들의 입주로 장소가 협소해지자, 각 단체 대표들이 모여 '동래사회단체연합회관'으로 재건축하기로 하고, 기금을 모아 1931년 12월 10일 낙성식을 거행하였다. 그러나 1934년 동래노동조합이 해체되면서 관리권이 다시 동래기영회로 넘어갔고, '일성관'이란 이름으로 바뀌었다. 이 건물은 해방 이후 시립도서관 동래분관으로 사용되어 오다가, 1997년 도로확장으로 철거되었고, 현재는 복산동 주민센터가 위치해 있다.

▌동래사회단체연합회관 관련 기사
(출전 : 『동아일보』 1931.12.14)

(2) 밀양 청년운동

밀양지역의 민족운동은 약산 김원봉을 빼놓고 애기할 수 없듯이, 밀양지역의 청년운동 역시 의열투쟁의 영향이 짙다. 밀양지역 청년운동의 시작은 타 지역과 마찬가지로 3·1운동 전후 나타난 여러 청년단체들의 협의체 성격인 '밀양구락부'를 1920년 8월 영남루에서 '밀양청년회'로 명칭을 변경하면서부터이다. 이후 밀양청년회는 야학운영, 운동대회, 방역사업, 회관건립 등 각종 사업을 추진했으나, 그 성격은 다분히 실력양성론 중심의 수양·계몽 단체에 지나지 않았다. 주도인물에 있어서도 재력가와 3·1운동 참여자가 혼재되어 있어 초기 청년운동의 일반적 흐름과 크게 다르지 않았다. 그러나 1920년 밀양경찰서폭탄사건의 주역 김병환(金鉼煥) 등 의열단식 투쟁노선을 가진 인물들도 있어, 타 지역 초기 청년회와의 차별성을 가진다.

1923년 3월의 전조선청년당대회를 계기로 장년층과 재력가들이 운동의 대오에서 탈락하는 전국적 흐름 속에서 밀양에서는 의열단 노선의 인물들이 청년회를 장악하게 된다. 향후 이들의 활약여하에 따라 운동의 성쇠가 좌우될 만큼 청년운동에 있어 절대적 영향을 미치게 되는데, 그 계기가 된 것은 1925년 6월 사상단체 오륙회(五六會)의 결성이다. 오륙회는 김병환을 포함한 핵심 청년 5~6명이 밀양청년회관에서 결성한 조직으로, 이들이 중심이 되어 1925년 10월 밀양청년회의 집행부를 전면쇄신하게 된다. 그리고 이를 근간으로 11월 밀양청년연맹을 새롭게 결성하였다. 그러나 이 단체의 핵심 멤버인 김병환과 한일근이 11월 경북의열단사건에 연루되어 검거됨으로써, 이렇다 할 정치적 활동은 하지 못했다.

1927년 김병환과 한일근이 출옥하면서 밀양청년회의 활동은 부활의 전기를 맞는 듯하였으나, 연령제한의 회칙에 따라 청년운동의 일선에서 물러날 수밖에 없었다. 이때 역시 의열단 관련자인 윤세주(尹世冑)가 지역운동에 복귀하면서, 1928년까지 밀양청년동맹을 꾸려나갔다. 1928년 7월 창립된 밀양청년동맹은 12월 집행위원회를 열고 밀양소년회 후원, 밀양여자야학원 인가수속, 밀양학우회 발기, 경상남도청년연맹 가맹, 밀양노동조합 발기 문제 등을 논의하였다. 그 외에도 교양부를 구성하여 순회문고와 순회강연회를 개최하고 대공황 이후 불어닥친 경제적 어려움을 타개하기 위해 과자행상대를 운영하며 재정난을 해결하려고 했다. 또 소년운동을 강화하기 위해 소년지도부를 신설하고 무산아동 교육기관 후원회 조직 등을 논의하였다. 1930년 여름에는 문자보급반을 각지에 파견했는데 이는 당시 동아일보와 조선일보에서 추진하던 계몽적 수준의 문자보급운동에 맞서 정치의식을 고취하기 위한 운동의 일환이었다.

1920년대 밀양지역 청년운동을 담당하였던 의열단 관계자들은 윤세주를 끝으로 모두 청년운동에서 이탈하여 신간회 밀양지회로 옮겨가 운동을 이어갔다. 이후 청년운동은 소년운동을 통해 성장한 새로운 세대들로 채워졌는데, 1930년이 그 세대교체의 해였다.

▌밀양청년회관에서의 밀양합동노조 성내지부 결성식 모습(출전 : 『동아일보』 1931.9.2) ▌밀양청년회관 터의 현재모습(밀양시 삼문동 219번지)

밀양지역 청년운동의 현장 역시 동래와 마찬가지로 멸실되어 그 역사성을 실증할 만한 흔적은 찾기 힘들다. 다만, 1922년 신축된 밀양청년회관 터는 추정할 수 있는데, 밀양면 삼문리 청년회 운동장 북편에 회관을 신축한다는 『동아일보』 기사에 의거하여 그 위치를 확인한 것이다. 밀양청년회, 밀양청년연맹, 밀양청년동맹의 회관으로 사용되었고, 문화운동의 일환으로 각종 강연회, 문화행사 등도 다수 개최되었다. 또 1923년 물산장려운동과

1927년 국농소소작쟁의, 밀양군청이전반대운동의 모임 장소로도 활용되었다. 특히 이곳 청년회관은 1927년 12월 19일 신간회 밀양지회가 창립될 때 창립장소로도 활용되었으며, 이후 연계소로 이전할 때까지 지회의 각종 대회가 개최되었던 유서 깊은 장소이다. 이러한 역사성에도 불구하고 당시의 회관 건물을 상상할 수 있는 어떠한 흔적도 없으며, 현재 학원 건물이 들어서 있다.

참고문헌

中村資郞, 『朝鮮銀行會社要錄』, 동아경제시보사, 1923.

경상남도경찰부, 『고등경찰관계적록』, 1936.

勝田伊助, 『晋州大觀』, 진주대관사, 1940.

강대민, 『부산지역학생운동사』, 국학자료원, 2003.

고숙화, 『형평운동』, 독립기념관 한국독립운동사연구소, 2008.

광주학생독립운동지회, 『광주학생독립운동사』, 국제문화사, 1974.

김경현, 『진주이야기 100선』, 진주문화원, 1998.

김 승, 「1920년대 경남동부지역 청년운동」, 부산대학교 박사학위논문, 2003.

김중섭, 『형평운동』, 지식산업사, 2001.

독립운동사편찬위원회, 『독립운동사』 9 : 학생독립운동사, 1977.

_____, 『독립운동사자료집』 14 : 대중투쟁사자료집, 독립유공
          자사업기금운용위원회, 1978.

동래고등학교동창회, 『동래고등학교 100년사』, 금성기획, 2002.

아사다 쿄지(淺田喬二) 외, 『항일농민운동연구』, 동녘신서, 1984.

안원섭, 『진농80년사』, 진농80년사편찬위원회, 1990.

역사문제연구소, 『한국근현대지역운동사』 1, 여강, 1993.

오미일 외, 『진주 농민운동의 역사적 조명』, 역사비평사, 2007.

이준식, 「일제침략기 김해지방의 농민운동」, 『역사와 현실』 7, 한국사연구회,
          1992.

정연심, 「1920년대 진주노동공제회의 조직과 농민운동의 발전」, 『역사와 세계』
          21, 1997.

정한상, 『비화 8·15전후』, 부산일보사출판국, 1995.

진주고등학교육십년지편찬위원회, 『진고육십년지』, 진주고등학교, 1985.

창신90년사편찬위원회, 『창신90년사』, 창신중학교, 1998.

추경화, 『진주항일운동사』, 진주문화원, 2008.

형평운동70주년기념사업회, 『형평운동의 재인식』, 솔, 1993.

홍순권, 『일제시기 재부일본인사회 사회단체보고』, 선인, 2005.

7장

전시체제하
강제노무동원과 저항운동

이가연

1. 강제동원 들여다보기

일본제국주의의 조선 식민지 지배가 종착점을 향해 치달으면서 일제의 조선 민중에 대한 수탈과 억압은 더욱더 극심해져 갔다. 1931년 만주사변과 1937년 중일전쟁의 개시 이후 전쟁은 확대되고 장기화되었다. 이에 따라 일제는 군수물자의 보급과 노동력을 공급하기 위해 전면적인 국가통제와 동원이 필요하다고 판단하고 1938년 4월 '국가총동원법', 1939년 7월 '국민징용령'을 제정 공포했다. 이 법에 따라 수많은 조선인들이 군·군속·노무자·위안부 등으로 강제동원되었다.

일본에서 본격적으로 시작된 '국외 강제동원'에 관한 실태연구는 부분적이나마 자료를 확보할 수 있어서 새로운 연구 성과들이 나타나고 있다. 그러나 국내 각 지역에서 진행된 '국내 강제동원'의 실체는 여전히 제대로 파악되지 못하고 있다. 조선총독부는 전시체제를 효과적으로 운용하고 후방의 안정과 전쟁에 대한 지원을 원활하게 수행하기 위해 조선 내 노무동원에 적극적이었다. 동원된 연인원은 조선 내 동원이 조선 외 동원에 비해 거의 10배에 가깝다. 얼마나 많은 사람들이 국내 노무에 동원되었는지는 구체적인 증빙자료가 미비하여 정확하게 알 수 없지만, 정확한 숫자를 가늠하기 어렵다는 것은 당시 노무동원이 무차별적이었음을 역설적으로 말해준다.

총독부에 의해 동원된 노동력은 전쟁관련 시설물의 조성과 광업·교통운수업·토목건축업 등에 집중적으로 배치되었다. 조선 내에서의 노무동원은 조선 전 지역에서 이루어졌지만, 특히 전통적인 농업지대였던 삼남지역에 집중되었다. 삼남지역 중에서도 특히 경남은 일본과 인접하여 경제적 군사적 요충지였다. 또한 전시체제기 전쟁자원 조달의 필수적인 지역이었기에 노동력 징발이 빈번했다. 따라서 강제동원, 특히 국내노무동원의 강도가 다른 지역보다 높고 광범위했던 것이다.

지금부터 가장 많은 조선인들이 강제동원된 유형인 '노무동원', 즉 경남
지역에서의 '국내노무동원'에 초점을 맞추어 그 실태와 저항운동에 대해서
살펴보도록 하겠다.

2. 조선인은 어떻게 강제동원되었나

중일전쟁을 계기로 산업 전반에 전시통제가 추진됨에 따라, 일본의 탄
광·광산·토목·군수공장 등의 일부 업체에서는 부족한 노동력을 보충하
기 위해 조선인 노무자를 동원할 수 있도록 일본정부에 요청하였다. 이에
따라 일제는 전쟁에 따른 일본 내 노동력 부족의 대책으로 1938년 4월 '국
가총동원법'과 그에 따른 노동관계 법령을 계속해서 발포하는 것과 동시에
'조선인 노동자 이입제한 방침'을 폐지하고, 아울러 '노무동원계획'도 수립
하였다. 이어서 1939년 1월 '국민직업능력 신고령'의 실시를 거쳐 7월 4일
'국민징용령'을 공포하고 대대적인 동원을 시작하였다.

노무자의 강제동원을 원활하게 하기 위해 종래의 '노동자 모집 단속규칙'
외에 '조선인 노동자 모집요강', '조선인 노동자 이주에 관한 사무취급 수송'
을 규정하고 고용조건·모집지역·모집기간·수송방법 등에 국가권력을 적
용하여 엄격한 통제를 가하였다. 즉 조선총독부·경찰당국·직업소개소·
협화관계단체 등의 긴밀한 연계와 면밀한 계획 아래 노무동원은 실시되었
다. 이러한 각종 조치에 의해 각 사업주들은 '모집'의 형식으로 조선인 노
무자를 동원하였지만, 실제로는 '관 알선'과 '징용'에 의한 '강제'적인 동원이
었다.

'모집'은 조선인을 고용하고자 하는 사업체가 모집허가 신청서를 작성하
여 후생성에 제출하면, 후생성이 조선총독부 보안과에 통보하고 총독부에
서는 도→ 군→ 면 단위로 인원을 할당하였다. 그 할당된 인원을 모집하기
위해 지역에서는 직업소개소를 적극 활용하였다. 또 지역 주재소와 면사무

소 등이 연계하여 모집에 적극적으로 나섰다. 이렇게 모집된 인원은 부산 항을 통해서 일본으로 도항하였으며, 도항할 때에는 총독부 관리와 회사 측의 철저한 통제 아래 수송되었다. 모집의 경우 겉으로는 자원의 형식을 보이고 있으나, 모집에 의해 일본으로 건너간 조선인들은 실제로 열악한 노동환경과 강압적인 분위기 아래 저임금으로 일본경제의 밑바탕을 구성 하며 철저히 수탈당하고 있었다.

'관 알선'은 1942년 이후 실시된 것으로서, 태평양전쟁에 의한 전쟁 정책 수행상 필요한 상비노동력으로 조선인을 사용하고자 한 것이었다. 관 알선 은 총독부가 주체적 입장에서 모집업무를 담당하였다. '모집'의 형태보다 관의 개입이 강화되었다는 점에서 차이가 있다. 노무 수급의 운영주체는 총독부 내에 설치된 조선노무협회가 담당하였다. 조선총독부로부터 할당통 지를 받은 도는 군청과 직업소개소를 통해 말단지역의 면에 인원수를 할당 하고, 면의 책임 아래 할당된 인원수를 조달하였다. 조선노무협회는 노무자 의 수송과정에 깊이 관여하여 능률적으로 조선인 노무자를 각 사업장으로 인도될 수 있도록 하였다.

조선인 노무자의 강제동원은 1944년부터 '국민징용'으로 더 강화된다. 국 민징용이란, '국민직업능력 신고령'에 의거하여 일본정부가 등록한 자 중에 서 선정하고 징용영장을 발령·교부하여 동원하는 형태이다. 국민징용령에 의한 동원을 거부했을 경우에는 '국가총동원법' 제36조의 규정에 의해서 1년 이하의 징역 혹은 1천원 이하의 벌금형이 처해졌다. 이제까지는 노무자의 모집과 고용계약 등에 소관 관청이 직접 개입하거나 사업주가 대행하여 사 업주와 노무자가 개인고용계약의 형식을 취했다. 그러나 국민징용단계에서 는 그 일을 국가권력이 담당하는 것으로 되었다. 즉 노무자의 관리주체가 일본정부라는 점이 큰 특징이다. '모집'에서 '관 알선' 그리고 '징용'에 이르 기까지 전쟁이 심화될수록 일제는 더욱더 조선인의 강제동원을 노골적이 고 강압적으로 진행해 나갔다.

강제동원은 국외뿐만 아니라 국내에서도 행해졌다. 국내 강제동원은 주로 근로보국대를 통한 근로봉사의 방식으로 이루어졌다. 그리고 근로보국대는 국외노무동원과 마찬가지로 관 알선에 의해 이루어지고 있었다. 근로보국대에 의한 국내노무동원은 일반근로동원(일반근로보국대)과 학생근로동원(학생근로보국대)으로 나눌 수 있다.

일반근로동원은 1930년대 후반, 일본자본주의의 내적 필요와 조선 내 상대적 과잉인구의 고갈에 따른 노동력 동원정책의 강화, 동원을 위한 법적 체제의 정비, 실질적 담당기구의 기능 강화 등을 거쳐 일상화된 것으로 파악되고 있다. 또한 일제의 전쟁 확대에 따른 노동력 중점배치 방침에 의한 단기 노무동원의 일환으로 '근로보국대'의 운영이 확대되었다. 당시 조선농촌에 부여된 가장 큰 임무는 농산물의 생산력을 확충하고 광공업에 노동력을 제공하는 것이었다.

총독부는 이미 중일전쟁 이후부터 근로보국운동이라는 이름으로 전 조선인을 대상으로 한 동원을 진행하고 있었다. 이 중에서 근로보국대는 중일전쟁 발발 1주년을 기점으로 한 국민정신총동원 실천운동의 한 방책으로서 제기되었다. 그리고 1939년 후반부터 토목건축 분야의 노동력을 보충하기 위해 점차 무작위 동원이라는 노동력 동원의 새로운 방식을 채택하기 시작했다.

근로보국대는 경기도에서 처음 조직되어 철도공사에 투입되었다. 여기서 성공을 거두자 1940년에 이를 모델로 근로보국대를 전국으로 확대한 것이다. 이때까지만 해도 근로보국대는 국민총력조선연맹 애국반 단위의 근로봉사 형식으로 동원되고 있었다. 그러나 이것은 1941년 12월 1일부터 시행된 '국민근로보국협력령'이라고 하는 칙령에 기반하여 국민근로보국대로 재편된다. 국민근로보국대는 그 이름과 같이 전시하 국가가 가장 필요로 하는 사업에 적극 협력하여 '보국의 성의'를 완수하는 단체였다.

국민근로보국대의 목적은 각종 근로봉사를 일원적으로 종합·조정하여 노무를 한층 더 유효하고 적절하게 활용하려는 것이었다. 국민근로보국대의 본대가 협력하는 업무는 전쟁 수행상 가장 필요한 물자의 생산·수리·

배급에 관한 업무, 기타 운수·통신·위생 등에 관한 업무 또는 군사상 특히 필요한 토목건축업무 등이었으며, 이러한 각각의 업무 가운데 비교적 숙련을 요하지 않는 작업 및 단기 작업이었다. 예를 들면 농번기에 농촌노무의 확충, 광산에서 갱 외 작업, 군사상 특히 필요한 토목건축사업 중 간단한 일을 주로 대상으로 하여 행해졌다.

▌1941년 11월 20일 오전 10시 용두산신사 광장에서 거행된 부산근로보국대 결성식 장면 (사진 출전 : 『부산일보』 1941.11.21)

　본대에 참가하는 자는 제국신민으로서 남자는 14~40세, 여자는 기혼자를 제외한 14~25세가 대상이었으며, 참가가 의무화되어 있었다. 단, 이 중에서 ① 육해군 군인으로 현역인 자 또는 소집 중인 자, ② 육해군 학생, ③ 조선총독부 육군병 지원자 훈련소 생도, ④ 육해군 군속, ⑤ 징용중인 자, ⑥ 군, 관아 또는 총독부가 지정한 공장, 사업장에서 군사상 필요한 총동원업무에 종사하고 있는 자 및 조선총독이 특별히 지정한 자 등은 제외되었다. 또 위에서 말한 연령 외에도 참가를 희망하는 자는 자원할 수 있었다. 오히려 이러한 참가가 많기를 바랐다. 본대에 참가하여 작업에 종사하는 기간은 1년에 60일 이내로 되어 있었고 특별히 필요가 있는 경우 또는 본인의 동의가 있는 경우에는 30일을 초과할 수 있었다.

　국민근로보국대의 동원방식은 다음과 같다. 첫째, 국민근로보국대의 협력을 받으려는 자는 총독

▌진주 본정(本町)의 방공호 건설에 동원된 본정 주민들(사진 출전 : 『부산일보』 1941.11.27)

(대학·전문학교·사범학교에 재학하는 자 또는 작업지 도(道) 이외의 도에 있는 자로 편성된 근로보국대의 협력을 받으려는 경우) 또는 작업지의 관할 도지사에게 부윤·군수 또는 도사(島司)를 경유하여 일정한 양식으로 신청한다. 둘째, 총독 또는 도지사는 위의 신청에서 협력이 필요가 있다고 인정되는 때에 부윤·읍면장·기타 단체의 장 또는 학교장에게 국민근로보국대를 편성하라는 명령을 내린다. 셋째, 이 명령을 받은 단체의 장 또는 학교장은 명령의 내용에 따라 단체의 소속원 또는 학생 가운데서 국민근로보국대원을 선정하고 '국민근로보국대협력령서'를 교부한다. 국민이 이 협력령서를 받았을 때는 특별한 이유가 있는 경우를 제외하고 국민근로보국대에 참가할 의무가 있었다.

국민근로보국대는 대장을 두었고, 대장은 대원을 지도 감독할 권한을 가졌다. 국민근로보국대의 협력을 받은 자는 보국대원에게 원칙적으로 왕복여비, 수당, 숙박료, 식비 등의 경비를 부담해야 했다. 또 대원이 업무상 부상을 입어 병원으로 이송되거나 혹은 사망한 때에는 본인 또는 그 가족 등에게 상당하는 부조를 해야만 했다.[1]

이러한 일련의 과정은 국민개로(國民皆勞) 상태를 만드는 것이었다. 총독부는 국민개로정신에 기초하여 국민총력연맹의 지도 아래 근로보국대를 결성하고 조선인을 일정 기간 동안 총동원 업무에 종사하도록 하였다. 그러나 현실에서는 근로보국대원으로 동원된 경우 노동을 기피하여 사적으로 대리자를 출동시키거나 무단 귀향하는 등의 현상이 증가했고, 지주나 유력자들은 사적인 경로를 통해 동원을 기피하기도 하였다. 조선 내 동원도 국외동원과 마찬가지로 주로 모집·관 알선 등의 방법으로 행해졌으며, 여러 행정·경찰기관의 면밀한 협조 아래 이루어졌다. 이들이 동원된 장소는 항공창·비행장·방공호 등의 군사시설 및 댐·터널·도로 공사, 일반사업장, 공장, 광산, 경지정리 등으로 매우 다양하였다.

---

1) 『부산일보』 1944.1.9(석), 「經濟警察問答 : 國民勤勞報國隊とは」 참고.

부산 경남지역에서도 1938년부터 근로보국대에 의한 근로봉사운동이 진행되었다. 예를 들면, 마산에서는 1939년 8월 20일 일요일 마산부청원들이 정동 마산부 연맹의 후지에(藤江) 이사장을 선두로 전 청원이 마산신사 앞에 집합하여 참도 청소작업을 진행하였다. 1941년 8월 1일 고성읍에서는 20여개 부락이 애국일(1일)에 오전 6시부터 고성신사 경내에서 근로보국대 결성식을 가졌다. 그리고 이들은 집단적 노동을 통해 근로정신을 함양시키는 한편 총후 산업전사의 의식을 가지고 국방국가건설 완수에 필요한 노무 조정을 견고하게 편성해야 한다는 당국의 방침에 순응하여 근로보국대를 조직하였다. 이날 이들은 매월 애국일을 기해 신사 경내 확충 봉사작업을 실시하기로 결정했고, 결성식 당일부터 봉사작업을 시작하였다.

▎1939년 8월 20일 마산부청원의 근로봉사작업
(출전 : 『부산일보』 1939.8.22)

▎고성읍 27부락 근로보국대, 애국일에 결성식
(출전 : 『부산일보』 1941.8.5)

학생근로동원은 1938년 6월 11일 '학생의 근로봉사 작업실시에 관한 건'이라는 정무총감의 통첩이 내려지면서부터 시작되었다고 볼 수 있다. 이후 6월 13일 '학생근로보국대 실시 요강'이 발표되었고, 1939년에는 '집단근로 작업 실시에 관한 건'이 내려지면서 학생동원은 점점 강화되었다. 학생근로 보국대 조직의 목적은 '학생들로 하여금 엄격한 규율 통제하에 공익에 관한 집단 노동을 시켜 근육노동을 존중하도록 하는 동시에 인고지구(忍苦持久)의 체력을 연마하고, 국가봉사의 정신을 실천을 통해 체득시킴으로써 국가

▌도로 정지(整地)공사에 동원된 부산공립상업학교 생도(사진 출전 : 『부상백년사』)

경제에 기여하는 견실한 황국신민을 육성한다'는 데 있었다.

이에 따라 여름 방학을 이용하여 일정 시간 학생들은 가급적 소속 학교에서 가까운 농산어촌에서 규율적인 단체생활을 해야만 했다. 노동시간은 대개 10일 정도였고 학생 및 사업의 종류, 기타 정황에 따라 적절하게 늘이고 줄일 수 있었다. 학생들도 일반근로보국대원과 마찬가지로 특수한 기술을 요하지 않는 단순한 노동을 주로 했다. 사업은 주로 학생들의 연령과 건강, 지방의 상황 등을 고려하여 정했지만 대개 도로공사, 특히 임도(林道), 농도(農道)의 신설과 수리, 사방공사, 황무지와 소택지의 개간, 매립공사, 수로공사, 기타 공익에 관한 공사에 동원되었다. 여학생은 주로 신사 청소, 공설운동장 기타 공공설비에 대한 간단한 작업, 군용품의 보조 작업, 관공립 병원 또는 육군병원 등의 보조 작업을 주로 하였다. 특이한 점은 근육노동의 '신성함'을 체득시키고자 하는 것이 중요한 목적이었으므로 기계류의 사용은 될 수 있는 한 피했다. 학생들은 가까운 소학교·간이학교의 교사를 이용하여 숙식을 해결했고, 기구 및 작업복도 각자가 준비해야만 했다. 하루의 노동시간은 대개 6시간을 한도로 했지만 작업지의 상황 등에 따라 조금씩 차이가 있었다.

이 법안에 따라 중등학교 이상의 남녀학생은 전부 강제동원되었다. 단, 중등학교 제2학년 이상의 학생 및 하계 방학 중 중학교 본래의 사명인 실습을 하는 학교의 학생은 제외되었다. 하지만 재학 중 2회 이상 반드시 근로보국대로 동원되어야 했으며 공휴일과 방학 중에도 수시로 근로를 행하였고, 더 나아가 교사들이 학생들의 노무활동을 감독하거나 동원구역에서 출결점검을 하는 등 정규교과목에 준하는 취급을 하였다.[2]

1941년부터 학생들도 총력전체제에 편입되면서 '국민근로보국협력령'에 따라 '학도근로보국대'가 결성되어, 연간 30일 이내로 공장이나 광산 혹은 농촌의 부족한 노동력을 보충하는 이른바 '근로봉사'에 계속해서 동원되었다. 1943년에는 '학도전시동원체제확립요강'에 의해 임시적인 근로봉사를 상시적이고 집중적인 동원으로 전환하였고, 동원기간도 60일 이내로 연장하였다. 1944년에는 '학도군사교육

▌부산 중학 근로봉사단원들은 1939년 7월 22일부터 10일간에 걸쳐 동래군 북면 학교림에서 벌채작업을 강제로 진행하였다.(사진 출전 : 『부산일보』 1939.8.2)

강화요강'과 더불어 '학도동원비상설치요강'을 공포하여 동원 기간을 10개월 이내로 연장하고, 중학교 이상의 학생을 본격적으로 동원하기 시작하였다. 또한 정무총감의 통첩으로 학교별 학생동원 기준이 정해지는 등 동원체제가 강화되었다. 전쟁이 막바지에 이른 1945년 3월 일제는 '결전교육처치요강'을 공포하여 4월 1일부터 국민학교 초등과를 제외한 국민학교 고등과에서 대학까지 전 학교의 수업을 정지하고 국민근로동원령의 적용에 맞추어 학생들을 모두 강제로 동원하였다.

부산지역 학생들은 교련사열, 야외교련, 교내외의 방공훈련, 전국방공훈련, 도로공사, 타작, 비행장 정비작업, 고사포 진지 구축 등에 근로보국대라는 이름으로 강제동원되었으며, 부산출신 전몰자 합동 위령제, 국민정신 작흥주간에 전교생이 용두산 신사 참배, 심지어 병몰 군마 위령제에까지 동원되어 학업에 집중할 수 없었다. 예를 들면 다음과 같다.

부산고등여학교의 경우 1939년 6월 부산공설그라운드 경기장 정비 근로작업 봉사에 동원되었다. 이 작업에는 부산부의 전 청원도 근로봉사로써

---

2) 『동아일보』 1938.6.14, 「中等校以上學生에 勤勞報國隊를 組織 夏期休暇를 利用하여(鹽原學務局長談) 勤勞忍苦의 精神涵養」 참고.

협력하였다. 또한 여름방학을 이용하여 이루어지는 시국 하 총후 국가봉사
로서 학생의 집단 근로작업에 관해서는 부산부가 각 중등학교로부터 희망
계획안을 제출받아 이것을 기초로 작업을 선정하였다. 1939년 6월 선정된
부산부 내 각 남자 중등학교의 작업은 부산중학이 낙동강 제방수리, 부산1
상이 양산군 원동 임도수리, 부산2상은 학교림(學校林) 정리, 동래중학은
도로수리, 직업학교는 보수천 준설 등에 동원되었다.

▌(위) 부산고녀 근로봉사: 경기장의 정리
　(출전 : 『부산일보』 1939.6.14)

▌(우) "여름방학'을 이용한 학생의 근로 작업,
　부산중학교의 선정이 결정되다.
　(출전 : 『부산일보』 1939.6.16)

　1939년 7월 동래중학에서는 하계 방학을 이용하여 집단 근로에 의해 단
체 명징(明徵)관념의 근로보국정신 체득, 생활 규율 통제의 강조, 근육노동
존중의 뜻 함양 등을 목적으로 20일 오전 9시부터 동래신사 대전에서 근로
보국대의 결성식을 거행하였다. 대장으로 히라다 요시마(原田美馬) 교장, 부
대장으로 요시카와(吉川) 교두를 추천하였다. 11명의 교유(敎諭)를 지도원
으로 삼아 대원 284명을 12반으로 편성하여, 22일부터 31일까지 10일간에
걸쳐 엄격한 규정과 일과표에 따라 '숭고한 땀의 봉사작업'을 개시하였다.
작업 현장은 낙동강 우안(右岸) 제방의 파손 부분(낙동교에서 하류 약 1리
에 걸친 구간)의 수리로, 비가 오고 뜨거운 태양 아래서도 작업을 진행하였
다. 수료식은 7월 31일 오후 1시부터 숙사에 해당하는 대저소학교에서 거행

되었다. 또한 동래중학 2학년생도 이하 235명도 학교 인근 전지(畑地) 지균 공사에 강제동원되었다. 신문보도에서는 규율이 엄격한 가운데 야간에 수양 강화나 오락 시설도 없고, 식사도 극히 변변치 않았지만, 인고 단련과 정신수양의 효과를 거두었다고 선전하고 있었다.

▌하계방학을 이용하여 집단근로에 나선 동래중학의 낙동강 제방 수리 모습과 관련 기사(사진 출전 : 『부산일보』 1939.8.3)

3. 군사 지리적 특징과 노무동원3)

경상남도의 노무동원 관련 현황을 파악하기 위해 먼저 전국적인 상황을 살펴보도록 하자. 2006년 일제강점하강제동원진상규명위원회에 접수된 사례 통계는 다음과 같다.

---

3) 본장은 일제강점하강제동원피해진상규명위원회의 조사보고서, 『경남지역 국내노무동원에 관한 기초연구』(전성현, 2007)를 토대로 수정 정리한 것이다.

[표 1] 강제동원 피해신고서 접수현황(2006년 현재) (단위 : 명)

시도	계	신고내역								
		동원지역		성별		동원유형				
		국내	국외	남자	여자	군인	군속	노무자	위안부	기타
총계	219,587	24,497	191,880	216,942	1,723	36,824	26,241	153,599	359	1,296
서울	14,268	1,636	12,540	14,143	98	3,233	2,083	8,802	21	93
대구	5,410	490	4,840	5,342	49	1,310	722	3,312	14	27
인천	4,740	517	4,152	4,689	31	1,039	585	3,069	9	18
광주	4,543	472	4,017	4,492	38	940	727	2,826	6	23
대전	5,066	399	4,627	4,999	59	813	580	3,584	12	54
부산	7,561	779	6,698	7,403	131	1,726	1,311	4,371	31	86
울산	2,054	254	1,787	2,044	9	434	317	1,290	1	11
경남	20,141	3,652	15,971	19,899	182	3,217	2,177	14,260	62	60
경기	20,377	1,900	18,124	20,148	136	4,316	1,890	13,956	23	131
강원	7,449	794	6,586	7,395	36	1,854	570	4,955	8	37
충북	12,804	956	11,739	12,695	59	2,151	1,227	9,341	7	28
충남	22,395	1,748	20,356	22,202	117	2,794	1,932	17,475	23	109
전북	22,967	2,421	20,155	22,550	267	2,827	2,701	16,986	39	198
전남	32,124	4,615	27,081	31,840	156	4,060	4,473	23,314	18	146
경북	23,454	2,403	20,836	23,162	206	4,200	2,804	16,252	39	110
제주	2,771	909	1,839	2,747	20	488	403	1,851	1	26

*자료 : 일제강점하강제동원진상규명위원회 제공.
*신고를 바탕으로 작성한 표이기 때문에 실제 강제동원과는 차이가 있을 수 있음.
출전 : 전성현,『경남지역 국내노무동원에 관한 기초연구』, 일제강점하강제동원피해진상규명위원회, 2007.

[표 1]에서 보듯이 강제동원피해신고서 전체 접수현황에서 이 세 지역이

차지하는 비율은 13.1%로, 전남·경북·전북·충남 다음으로 많은 수치이다. 이는 곡창지대를 중심으로 형성된 과밀한 농업인구를 일제가 전쟁에 필요한 각종 자원개발과 생산물 확충을 위해 주로 북선, 서선, 그리고 일본을 비롯한 조선 외 지역으로 강제동원했기 때문이다. [표 1]에서 부산·경남·울산 세 지역의 국내노무동원은 전체에서 19.2%를 차지한다. 전남 다음으로 많은 노무동원 신고건수이다. 이를 바탕으로 대략적인 사실을 파악하면 다음과 같다.

　지리적으로 경남지역은 일본과 직접 연결되어 있기 때문에 일본으로부터 들어오는 모든 전쟁물자의 집산지였다. 부산을 비롯하여 마산, 삼천포, 장생포, 방어진 등 항만을 지니고 있을 뿐만 아니라 경부철도의 시작점이었기 때문에 군사적으로도 매우 중요한 지역이었다. 전시체제기 전쟁자원 조달의 필수적인 지역이었으므로 노동력 징발이 빈번하였다. 따라서 국내외 할 것 없이 강제노무동원이 다른 지역보다 많이 이루어졌다.

　이 가운데 부산의 경우는 주로 항만시설, 운수작업, 군용비행장과 관련되는 분야에 많이 동원되었다. 사천과 울산의 경우도 군용비행장의 시설확충, 시설 개보수와 관련된 분야에 동원되었으며, 진해와 남해의 경우는 군부대, 군수시설 등에 주로 동원되었음을 짐작할 수 있다. 부산경남지역의 노무동원은 주로 원활한 전쟁수행을 위한 후방기지라는 군사적·지리적 특징에 부합하는 형태로 진행되었다. 한편 부산경남지역 국내노무동원도 1943년 이후에 집중적으로 이루어졌다. 즉 국외강제동원과 보조를 맞추어 행해졌다고 할 수 있을 것이다.

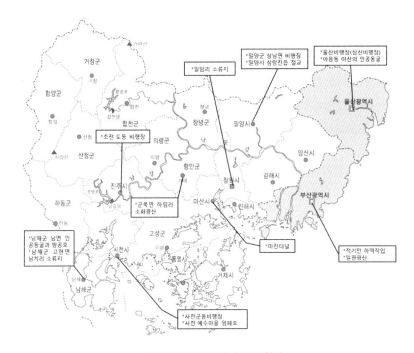

▌부산경남지역 주요 노무동원지

1) 부산 적기만과 일광광산 작업

부산은 주로 부두노역과 하역작업 등에 조선인을 동원하였다. 대표적인 것으로 적기만(赤崎灣) 강제동원을 들 수 있다. 부산 적기(일명 아카사키)는 현재 부산시 남구 우암2동 일대로 땅이 붉은색을 띤다고 하여 적기라고 불렸던 곳이다. 여기에 동원된 사람들은 경남 각지에서 징집되었으며 연령대는 10대에서 50대로 다양하였으나, 10대 후반에서 20대가 주축을 이루었다. 이들은 주로 일제의 군량미로 이용되던 곡물류(옥수수, 땅콩, 밀 등)의 하역작업을 담당하였다. 노동은 아침 일찍부터 저녁 7시까지였고 휴일은 따로 없었다. 가족과의 편지 교환도 거의 불가능했다. 숙소 또한 창고를 개조한 것으로 가마니를 깔고 이불 하나를 덮고 생활하였으며, 식사는 매 끼니 주먹밥 또는 잡곡밥에 시래기국, 김치가 전부였다. 그마저도 양이 적고 형편 없었다. 가끔 공습이 있어 반공호에 숨기도 하였으며 임금은 일절 없었다.

[증언 1]

태평양전쟁 당시 일제징병제에 의하여 제1기생으로 강제동원되었다. 동원일자는 1945년 1월 9일이며 동원장소는 부산 적기항 8879부대였다. 적기 연병장에서 1개월가량 훈련을 받았다. 주로 대두·땅콩·설탕 등의 하역작업, 소탄과 총알이 든 상자를 덴마선에 올리는 작업을 하였다.

❚ 적기만(현 부산시 남구 우암동 일대 부두)

일제강점기 때 땅이 붉어서 적기라 불렸던 부산 남구 우암동 일대 부두 전경이다. 당시 경남각지에서 강제동원된 사람들이 이곳에서 화물 하역작업을 하였다.

다음으로 부산의 대표적인 강제동원 장소는 스미토모(住友)광업주식회사의 일광구리광산이다. 현재 기장군 일광면 원리 104번지 일대로, 일명 광산마을로 불리고 있는 곳이다. 이곳에는 아직도 광산 노동자들의 사택건물의 흔적이 여기저기 남아 있다. 비탈진 산기슭에 집을 짓다 보니 일본식으로 쌓은 석축이 제일 먼저 눈에 들어온다. 낡기는 했지만 대부분의 집들이 일본식 집임을 한눈에 알 수 있을 정도이다. 1994년 폐광될 때까지 이 마을

사람들은 광산에서 일을 하였다고 한다.

일제강점기 당시 이곳에 동원된 조선인들은 휴일도 없이 주야 2교대로 계속해서 고된 노동에 종사해야 했고, 일주일에 2~3차례씩 장안청년훈련소로 가서 군사훈련도 받았다. 현재 마을 뒤 구리광산 입구까지는 길이 없어서 찾아가기 어려운 상황이다. 이곳은 부산에서 일제의 자원수탈을 증명할 수 있는 거의 유일한 광산마을이라고 할 수 있다. 이곳에서 작업 중 발가락이 절단되어 현재까지도 장애로 남은 사람도 있다고 한다.

▌일광 스미토모 구리광산 터(기장군 일광면 원리 104번지 일대)
마을 입구에서 바라본 부산 일광 광산마을 전경과 마을 내부의 모습이다. 비탈진 산기슭에 일본식으로 축대를 쌓아 집을 지은 흔적이 뚜렷이 남아 있다.

▌마을 제일 위쪽에 위치하고 있는 일본식 가옥으로 당시 관사로 사용되었을 것으로 추측된다.

▌1994년 폐광된 부산 일광 스미토모 구리광산 입구의 모습이다. 일제강점기 이곳에 동원된 조선인들은 휴일도 없이 주야 2교대로 계속해서 고된 노동에 종사해야만 했다.

2) 사천지역 군용비행장과 엄폐호 건설

사천지역의 노무동원은 부산에 이어 경남에서 두 번째로 많이 행해졌다. 당시 사천지역의 노무현장은 해당 지역 주민보다 경남에서 차출된 자들이 대부분이었다. 특히 인근 남해에서 가장 많이 충원되었고 산청과 함양이 그 뒤를 잇고 있었다.

사천지방의 노무동원은 대부분 사천군용비행장(현 사천공항의 전신)에 집중되었다. 사천군용비행장은 일찍이 선진항과 연계하여 군항으로 만들려고 하는 의도에서 기획되었지만 실현되지 않았다. 이후 중일전쟁과 태평양전쟁이 발발하자 이에 대비하기 위한 후방전초기지로 1940년부터 사천평야에 군용비행장을 건설하여 한반도 남부지역을 방어하고자 했다. 게다가 일본군은 기지를 중심으로 한 주변 4~5㎞ 이내의 도로변 각 요소에 콘크리트로 만든 아치형 엄폐호 수십 개를 축조하여 전투용 항공기의 대피는 물론 각종 군수물자를 저장할 수 있도록 하였다. 이 때문에 일본군의 사천기지는 연합군에 의해 공중폭격의 목표가 되었을 뿐 아니라 태평양을 석권하고 일본의 오키나와를 휩쓴 연합군의 대대적인 공습이나 경우에 따라 최후의 상륙목표지점이 될 수도 있다고 생각되던 곳이었다.

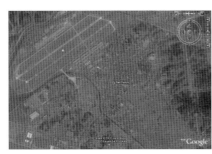 

┃사천군용비행장(현 사천공항, 사천읍 구암리 1720-1번지)

하늘에서 본 현 사천공항과 입구의 모습이다. 일본군은 중일전쟁과 태평양전쟁이 발발하자 이에 대비하기 위한 후방전초기지로 1940년부터 사천평야에 군용비행장을 건설하여 한반도 남부지역을 방어하고자 했다.

이미 비행장건설 때 미군의 함재기가 내습하여 공중공격을 가한 적이 있었다. 1945년 해방 무렵에는 미군기 3기가 사천군용비행장을 향해 기관총을 난사하는 사건도 일어났다. 이때 비행장 공사에 동원된 조선인 중에 사망자가 발생하였고, 이를 기회로 동원된 조선인들은 뿔뿔이 흩어져 귀가할 수 있었다.

작업은 주야로 진행되었고 식사는 주먹밥과 소금국 또는 콩깻묵이나 누룽지가 전부였다. 경남 산청에서 동원된 한 노무자의 경우 보국대라고 하는 명목 하에 130리나 되는 길을 걸어서 사천비행장 작업장에 도착했다고 한다. 삽도 없이 곡괭이로 땅을 파고 그마저 없으면 손으로 땅을 파고 돌을 날랐다. 관리자는 한국인이었고, 일본인들은 크레인에 초소를 지어놓고 감시하였다.

현재 사천에서 확인할 수 있는 노무현장은 예수마을의 철근 콘크리트로 된 입구의 높이 4.5m, 건평 50평 규모의 아치형 엄폐호 2기이다. 1940년대 초반 태평양전쟁 당시 일본군이 사천군용비행장을 닦으면서 이곳에 유류와 탄약을 저장하기 위해 만들었다고 한다. 실제로 현 사천공항과 엄폐호가 있는 예수마을까지는 차로 5분 내외의 아주 가까운 거리이다. 현재 이 엄폐호는 주민들이 창고로 활용하고 있다.

┃사천 예수리 엄폐호

군용비행장을 건설한 후 일본군은 기지를 중심으로 한 주변 4~5㎞ 이내의 도로변 각 요소에 콘크리트로 만든 아치형 엄폐호 수십 개를 축조하여 전투용 항공기의 대피는 물론 각종 군수물자를 저장할 수 있도록 하였다. 사진은 사천 예수마을 엄폐호이다.

3) 남해군 남면 인공동굴과 방공호, 남치리 소류지

남해지역에 동원된 사람들은 주로 해안가에 방공호 및 인공동굴을 만드는 일에 강제 투입되었다. 남해군 남면 선구리 일대 해안 절벽에는 태평양전쟁 말기 만들어진 인공동굴이 있다. 조사단이 방문했을 당시에는 풀이 우거져 접근이 불가했다. 마을 주민의 증언에 따르면 예전에는 마을 사람들이 한여름 더위를 피하기 위해 동굴을 가끔 찾았다고 한다. 남해에 일본군이 본격적으로 주둔한 것은 1941년경부터이다. 그 목적은 중요한 군사 항구도시인 여수를 보호하고, 연합군의 기습상륙작전을 봉쇄하기 위해서였다. 일본 주둔군의 진지는 남면 홍현리 가천으로 다지마(田島) 육군중위가 지휘하고 있었다. 이들은 1942년에는 남면 선구마을의 옛 선구간이학교가 있던 자리(선구 아랫마을 창고, 선구리 1283번지)와 하봉은 소유의 밭(선구리 1283번지)에 병영을 건설하였다. 또 선구와 사촌 사이의 해안 절벽에 인공동굴을 만들어 요새를 구축하려 했는데, 이 사업은 다지마 부대에 의해 지도되었다. 이들은 남해에 거주하는 근로보국대를 동원하여 작업을 개시하였다. 이 근로보국대의 구성원은 대부분 남해사람들이었으며, 간혹 인근 하동사람도 동원되었다고 한다. 1일 2교대로 12시간을 근무하였고, 식사는 보국대에서 자체 공급했는데, 주로 옥수수, 콩깻묵, 안남미가 주식이었다. 그나마 양도 적어서 굶주린 배를 움켜쥐고 노동을 해야만 했다.

근로보국대는 인근 민가에서 잠을 자야만 했다. 한 집에 보통 5~6명씩 숙박하였는데, 선구의 당시 호구수가 100호 이상이라 하였으

▌해안 인공 동굴(남해군 남면 선구리)
풀이 우거져 마을 쪽에서 접근하는 것은 불가능하지만 배를 타고 바다 쪽에서 보면 선명하게 보인다.

니, 근로보국대원의 수는 500~700명 정도로 추정할 수 있다. 동굴을 파는 도구 역시 곡괭이, 망치, 정 등의 원시적인 것들로 노동의 강도는 이루 말할 수 없을 지경이었다.

원래 석굴요새는 총 9개를 계획한 흔적이 보이지만, 현재 거의 완성된 형태로 남아있는 인공동굴은 2개이다. 그 하나의 길이는 38미터이고 또 하나는 16미터 정도이다. 일제가 계획한 것은 9개의 굴을 완성시켜 그 내부를 연결하여 큰 광장을 만들어 요새화된 병영을 구축하고자 한 것이었다. 이 요새는 연합국의 기습상륙을 막고 끝까지 항전하려는 일본군의 최후의 결전을 위한 진지구축작업이었다.

┃남해군 남면 선구리 전경과 사촌해수욕장
남해군 남면 선구리 일대 해안 절벽에는 태평양전쟁 말기 일제가 만든 인공동굴이 있다. 왼쪽 사진은 선구리 전경이다. 병영건설과 인공동굴 건설작업에 강제동원된 근로보국대의 숙소가 있었던 곳은 선구리 바로 옆의 사촌해수욕장이었다.

이와 비슷한 인공동굴이 일본 오사카부 다카츠키시(高槻市)에 다카츠키 지하창고(일명 다치소)라는 이름으로 남아있다. 먼저 1944년 11월부터 공사를 시작하여 주갱(主坑) 16개와 연락갱(連絡坑) 4개 등 총 연장 4.5km의 제1공장 터널군을 완성하였다. 이 지하호는 공습을 받은 가와사키(川崎)항공기 아카시(明石)공장의 기능을 일부 이전하여 특공용 비행기의 엔진을 제작하는 지하 공장으로 사용되었다. 현재는 입구 두 군데와 내부 10여 미터의 지하호가 확인될 뿐이다. 1945년 봄부터 맞은편 산에 제2공장 터널군의 건설

이 개시되었다. 예정은 24,000㎡였
지만 현재는 미완성된 터널 500m
정도가 남아 있다. 제3터널군(다카
츠키시 야요이가오카彌生が丘 북쪽)
은 대본영의 이전 후보지로 검토되
었다. 다치소 지하터널공사에 동원
된 조선인은 3,500명 정도(600여 명
은 강제동원)였다.

▌다치소 제2터널 내부 모습(사진 출전 : 『한
국사 100년의 기억을 찾아 일본을 걷다』)

이 외 남해의 대표적인 노무동원
지는 고현면 남치리의 소류지를 들
수 있다. 이것은 1942년경부터 인
근 남해군 이동면과 남상면 주민을
동원해 조성한 저수지이다. 남해군
일대에서 지리적으로 농사를 짓기
가 가장 유리한 곳이었기 때문에
이곳에 저수지를 축조한 것이라 생
각된다. 고현면 일대는 남해군에서

▌남해군 고현면 남치리의 소류지
남해군에서 가장 농사를 짓기 유리한 장소에
일제는 저수지를 축조했다. 당시 동원된 사람
들은 주로 가까운 마을 주민들이었다.

도 논농사를 많이 짓는 곳이다. 공
사는 1945년까지 계속되었으며, 동
원당시 연령대는 10대에서 40대까지 다양하였다.

4) 밀양 상남면 비행장과 삼랑진 철교 건설

밀양에서는 주로 비행장과 교량, 철교, 터널공사 등에 다수의 조선인이
강제동원되었다. 이러한 것은 밀양지역의 지리적 조건과 깊은 관련이 있다.
일제가 밀양 상남면에 비행장을 건설하고 한 것은 상남면이 낙동강과 밀양
강을 끼고 넓은 벌판을 형성하기 때문이며, 교통의 요충지인 삼랑진은 낙
동강을 건너지 않고는 왕래가 힘들다.

일제는 태평양전쟁의 패전이 짙어지자 한반도 전역을 군사기지화하려고 하였다. 비록 그 완성을 보지는 못했지만 밀양 상남면에도 비행장을 건설하려고 한 흔적이 보인다. 현재 상남면 기산리와 연금리에 격납고가 남아 있어 비행장 건설의 흔적을 보여준다. 일제강점기 밀양에서의 강제동원은 그 내막을 자세히 알 수 없으나, 많은 사람들이 한꺼번에 비행장 공사에 동원되었다고 추정된다. 주로 밀양군 무안면, 김해군, 의령군에서 동원되었으며 면장의 강요 혹은 구장의 지명에 의해 이곳으로 끌려왔다. 밀양사람들은 도보로 작업장까지 갔으며 김해군에 거주하던 사람들은 구포에 집결하여 기차를 타고 상남면으로 갔다. 밀양지역에서 동원된 사람들은 상남면 전사포리 동암마을에 있는 지금의 사포초등학교에 마련된 숙소에서 머물렀다.

동원지역의 노동은 모두 일본 군인들의 감독 하에 각 조별로 진행되었으며, 하루 종일 쉴 틈 없이 작업이 지속되었다. 휴일과 외출, 외박, 임금 지불 등은 일체 없었으며, 식사는 콩누룩을 섞어 지은 밥과 부추국이 제공되었다.

┃밀양 상남면 격납고
완성은 보지 못했지만 비행장 건설 흔적을 보여주는 격납고가 현재까지 남아 있다. 왼쪽 사진은 밀양 상남면 기산리 1378번지 격납고이며, 오른쪽 사진은 상남면 연금리 1072번지 격납고이다. 기산리 격납고 앞에는 매실나무가 심어져 있어 접근이 용이하지 않으며, 연금리 격납고에는 누군가 격납고를 벽과 지붕삼아 집을 짓고 산 흔적이 남아 있다. 두 곳 모두 근대문화유산으로 지정되어 역사적 가치를 인정받고 있다.

제주시 대정읍 상모리 알뜨르비행장에도 상남면 격납고와 같은 것이 조성되어 있다. 알뜨르비행장은 중일전쟁에 대비하여 일제가 중국 공격 기지

▌제주시 대정읍 상모리 1489번지 일대 알뜨르비
행장 내의 격납고

로 활용하기 위한 장기적인 계획하에 1926년 처음으로 구상되었다. 그 후 1차 공사(1931~1935)로 약 18만 평이 완성되었고, 2차 공사(1937~1938)를 통해 40만 평으로 확장되었다. 태평양전쟁 말기 미군상륙 가능성이 가장 많았던 이곳은 해안진지 거점지역으로 진지화되었다. 1944년 10월 3차 공사를 통해 비행장 규모는 66만 7천 평으로 확대되었다. 이 시기 모슬봉에 레이더기지를 설치하는 한편, 미군 공격으로부터 사람과 물자를 보호하기 위한 항공기지 지하 격납을 시작하였다. 이곳 또한 근대문화유산으로 지정되어 있다.

　삼랑진의 경우 일찍부터 교통의 요충지였기 때문에 아직도 일제의 흔적이 많이 남아 있는 곳이다. 그 대표적인 것이 삼랑진 철교이다. 삼랑진 철교는 김해군 생림면과 삼랑진읍을 연결하는 다리로 1942년에 완공되었다. 이 철교 건설에 인근 밀양주민이 동원되었다. 밀양의 강제 노무자들은 일단 밀양군청에 모인 후 군청 직원의 인솔하에 현장에 도착하였다. 처음 동원될 때는 한 달만 일하면 된다고 했지만 동원기간은 철교가 완공될 때까지 약 2년 동안 계속되었다. 임금은 지불되지 않았으며 외출과 휴가도 물론 없었다. 공사장이 얼마 멀지 않았으나 면회가 허락되지 않았기 때문에 가족들은 생사를 알 길이 없었다. 식사는 강냉이 죽과 보리밥 등을 먹었으며 숙소도 함바라고 하는 초가집에서 20~30명이 함께 지내는 형편이었다. 당시 노역 중 도망을 가면 차출한 사람이 집을 알기 때문에 다시 노역장에 잡혀올 수밖에 없었으므로 도망갈 생각조차 할 수 없었다. 이 철교는 1964년 10월 포장공사를 하여 현재는 승용차가 다니고 있다.

▌삼랑진 철교(경남 밀양시 삼랑진읍)

삼랑진은 일찍부터 교통의 요충지였기 때문에 아직도 일제의 흔적이 많이 남아 있다. 삼랑진 철교는 김해군 생림면과 삼랑진읍을 연결하는 다리로 인근 밀양 주민이 강제동원되어 건설되었다.

5) 울산 삼산비행장과 인공동굴 건설

울산에서의 노무동원은 비행장, 일반노무, 보국대, 잡역 등의 순으로 구성되어 있다. 울산이 규슈(九州)와 가깝고 군사요지라고 판단한 일본은 삼산평야에 울산비행장을 건설하고 울산항공무선전신국을 신설한 후 1931년 비행기를 취항시켰다. 이후 울산비행장은 1936년 운영난으로 대구비행장으로 통합되었다가 1941년에는 만주침략을 위한 군용비행장으로 개조되었다. 그리고 태평양전쟁이 발발한 후에는 일본 공군의 훈련기지로 사용되었다. 활주로는 준공 당시 남북의 길이가 600m이며 격납고가 350평, 일본항공사무소 35평, 공항사무소 30평이라고 기록되어 있다.

울산 남구 삼산동은 과거에는 바다와 접한 넓은 수변이었다. 삼산은 울산팔경의 하나였지만 일제강점말기 삼산비행장 확장공사를 하면서 채석장으로 변해 봉우리가 사라졌다. 당시 삼산비행장에 노무동원 된 사람들은 울산군을 비롯하여 인근 지역에서 차출된 자들로, 대개 10대 후반부터 40대까지의 남자들이었다. 통상적으로 근로보국대에 속할 경우 1년에 한 달씩 차출되었으며, 전쟁 막바지에 이르자 그 기간이 점차 확대되었다. 대개 구장이 동원주체가 되었고, 아침 7시부터 저녁 6시까지 노동을 하였다. 임금은 없었다고 한다.

이와 관련하여 울산 남구 야음동 야산 아래에는 높이 1.5m, 폭 2m, 깊이 약 20m에 이르는 인공동굴 4개가 발견되었다. 이 동굴들은 일제가 울산 삼산비행장을 민간 항공용에서 군사용으로 개조하면서 폭탄 등 무기를 보관하기 위해 만든 것으로 알려져 있다.

▌울산 남구 야음동 인공동굴
이 동굴은 일제가 울산 삼산비행장을 민간 항공용에서 군사용으로 개조하면서 폭탄 등 무기를 보관하기 위해 만든 것으로 알려져 있다.

6) 진해 해군항공창

진해는 경남에서 부산과 사천 다음으로 많은 수의 강제노무동원이 있었다. 전국 각지에서 진해로 끌려온 사람들은 해군관련 군부대, 군수시설의 확충 등 군과 관련된 분야에 주로 동원되었다. 진해의 경우 노무동원 된 조선인의 1/3 정도가 경남 이외 지역으로부터 강제동원된 사람들이었다.

수많은 군수시설 중 진해 해군항공창은 1942년 태평양전쟁을 지원하기 위해 당시 진해시 경화동에 설치되었다. 여기서는 일본에서 부품을 가지고 와서 항공기를 조립, 생산하였다. 또 초등학교를 졸업한 소년병들을 모집하여 단기훈련을 시킨 뒤 이 항공창과 일본의 항공창에 인력을 공급하는 일까지 담당하였다. 그리고 증언에 따르면 진해 군수시설에 동원된 자들도 주로 도로공사와 병사(兵舍)짓기, 교량건설, 목수, 벽돌만들기 등에 종사하였다.

[증언 2]
1943년 본인은 목도공립초등학교(현재 부산영도초등학교)를 졸업할 당시 일본인 선생의 회유와 협박으로 1943년 4월 진해에 있는 해군항공창으로 가게 되었습니다. 입소하자마자 14세의 어린 소년의 몸으로 감당하기 어려운 모진 훈련과 실습을 하였습니다. 입소하고 5개월 정도 훈련을 받은 후 1943년 9월경 관부연락선편으로 일본으로 가게 되었습니다. 일본 나고야시에 있는 아이치항공으로 파견되어 근무하였습니다. 1945년 5월경 다시 진

해항공창으로 돌아온 후 기계장에서 근무하다가 해방을 맞이하여 징용이
해제되어 집으로 돌아오게 되었습니다. 징용 당시 어린 제가 2년 4개월 동안
의 혹독한 징용생활을 하는 동안 본인도 말 못할 고생을 했지만 자식을 멀
리 징용으로 떠나보낸 부모님들의 마음이야 어떻게 표현할 수 있겠습니까.

[증언 3]
진해 해병단 공작병으로 소집당하여 혹독한 훈련과 기합을 받았습니다.
기합은 상상도 못할 정도였습니다. 하사관이 말하기를 훈련중이나 기합중
에 죽어도 자신은 책임이 없다고 하였고, 배가 고파 남아 있는 밥을 먹으면
강아지라 하면서 목에다 뽀찌라는 개이름을 써 붙이고 기합을 받았습니다.
이러한 인간 이하의 수모를 당하였습니다.[4]

7) 진주 초전 · 도동 비행장 건설

진주시 노무동원 유형은 비행장
건설이 가장 많았다. 동원되어 온 인
원들의 거주지역은 경남 합천에서
동원된 사람이 가장 많았고, 진주와
진주 인근의 진양면에서 동원된 인
원이 그 뒤를 이었다. 전북 부안에
서 온 사람, 전북 정읍에서 온 사람
등 경남 이외의 지역에서 온 사람
도 있었다. 1944~45년에 주로 동원
되었으며 동원된 연령대는 17~19세
가 가장 많았다.

┃진주 초전 · 도동 비행장 터
비행장이 건설된 초전동은 평평하고 넓은 수풀
지대를 형성하고, 동쪽의 남강과 북쪽의 지루봉
에 의해 비행기를 숨기기에 적당한 장소였다.

진주지역의 동원 사례 중 특히 비행기와 격납고, 방공호 작업이 많이 나
타나는 이유는 지리적 조건 때문이었다. 진주에서 비행장이 건설된 초전동

---

4) 본문에서 쓰인 증언은 『제4차 부산광역시 일제강점하 강제동원피해 진상규명 실
   무위원회 심의자료』 2005년 11월에서 발췌한 것임.

은 북쪽으로 지루봉이라는 절벽으로 둘러싸여 있고 동쪽으로 남강이 흐르고 있어 평평한 평지가 넓게 형성되어 있다. 또한 초전동은 넓은 수풀지대를 형성하고 있었다. 당시 비행기 격납고를 건설하던 현재 진주의료원 현장은 지루봉 바로 앞에 있는데, 비행기를 감추기 좋은 절벽을 뒤로하고 있다.

진주 비행장과 관련된 강제동원은 1945년 봄에 시작되어 주로 비행기 격납고를 만드는 일에 동원되었다. 당시 격납고는 주로 지금의 진주시 신당리 지루봉 아래에 있는 평야지대에 집중적으로 조성되었다. 동원된 사람들은 지서에서 직접 나서 인원을 징발한 다음 동원지까지 데리고 갔다. 고된 노농과 식량보급이 제대로 이루어지지 않아 동원된 사람들은 배고픔을 이기지 못하고 이웃 과실농가로 들어가 설익은 과일을 따먹다 군인들에게 구타당하기도 했으며, 몇몇은 굶주림과 중노동으로 인해 사망하기도 했다. 인근에 별도의 합숙소를 만들어 그곳에서 취침했다고 한다.

8) 마산 마진터널

마진터널은 마산과 진해를 연결하는 터널이기 때문에 동원도 마산과 진해지역에서 동시에 이루어졌다. 일제는 1943년 안민고개로 우회하여 마산이나 창원으로 가야 하는 불편을 없애기 위해 마야령 아래에 마진터널을 뚫기로 하고 착공하였다. 마진터널은 마산과 진해 양쪽에서 굴파기에 들어가 가운데서 연결하는 방식을 택하였다. 따라서 작업장은 마산과 진해 쪽에 각각 마련되었고, 양쪽은 각기 다른 지역의 조선인들이 동원되어 작업을 했다고 한다.

마진터널을 뚫는 작업은 진해로부터 조금 떨어진 지역의 조선인들이 동원되었다. 특히 통영의 사량도에서 많은 조선인들이 강제동원되었다. 이들 대부분은 10대 중반이었고 학교 선생님이 인솔한 것으로 봐서 학생근로보국대로 동원되었다고 생각된다.

터널공사에 동원된 조선인들은 터널 및 '함바'라고 하는 숙소에서 40~50명씩 기거하며 공사에 투입되었다. 노동환경은 열악하였고, 식사도 강냉이가 거의 전부였다. 마진터널 공사는 일본 민간인 감독관이 감시 감독하는 것으로 봐서 민간인 토목회사가 터널공사를 진행시키고 있었던 것으로 보인다. 마진터널은 일제가 폐망하고 해방이 될 때까지 완공하지 못했다. 1949년에 다시 착공하였으나 한국전쟁으로 인해 중단되었다. 휴전 후 다시 시공을 계속하여 1957년 1월 18일 준공, 개통하였다.

마진터널의 높이는 4.5m, 길이는 372m, 폭은 6.5m로 2차선 도로이다. 터널은 내부 좌우에 조명이 설치되어 있는 경우가 대부분이지만 마진터널은 가운데 조명이 설치되어 있다. 현재에는 장복터널의 개통으로 마진터널은 거의 이용되지 않고 있다. 다만, 시민들의 드라이브 코스로 주로 이용된다.

▋마진터널(창원시 진해구 현동)

마진터널은 마산과 진해를 연결하는 터널이기 때문에 동원도 마산과 진해지역에서 동시에 이루어졌다. 현재는 장복터널 건설로 인해 정식 사용되지 않지만, 시민들의 드라이코스로 이용되고 있다.

4. 강제동원에 저항한 사람들

전시체제하에서 이루어진 국내외 강제동원에 대해 많은 조선인들이 불만을 가지고 있었다. 이러한 불만은 1930년대 이후 침체기를 걸어오던 학생운동을 다시 부활시킨 계기가 되기도 하였다. 또한 인간답지 못한 대우와 노예적인 강제 노무로 인해 노역장에서도 저항운동이 일어났다. 여기서는 일제의 강제동원에 저항한 사례들을 살펴봄으로써 전시체제기 항일운동의 성격을 살펴보려 한다.

1) 진해 해군항공창 항일투쟁

1943년 당시 제51해군항공창(당시 경남 창원군 진해읍 덕산동 소재)은 일본 해군 군용비행기의 수리를 담당하던 곳으로 일본군으로선 전략적으로 태평양전쟁의 중요한 전진기지였다. 항공창에 들어온 조선 청년들은 대부분 중등학교를 졸업한 고학력자들이었다. 조선인 군속들은 일본인들과는 달리 현역군인과 마찬가지의 혹독한 훈련과 임금차별, 민족적 모멸감을 받아야 했다. 이러한 상황 아래서 조선인 군속들은 뜻을 함께하는 사람들끼리 모여 조선의 독립을 위해 뭔가를 해야 한다고 생각했다. 그리하여 김차형, 김병길, 최연종, 김상태, 황원균, 이광수 등 11명은 그들끼리 비밀결사대를 만들기로 했다. 이들은 이전부터 전쟁도구인 비행기의 제작과 조선인 소년 노동자들의 지도책임을 맡고 있으면서 일본군을 위해 일한다는 마음의 부담과 일본의 침략전쟁과 인명학살을 위한 비행기 제작에 일조하고 있다는 것에 대해 회의를 가지고 있었던 것이다. 이들은 작업이 끝난 밤이나 휴일을 이용하여 성주사(현 창원시 성주동) 계곡과 김차형의 집(현 창원시 남지동)에 모여 토론을 하면서 독립의 의지를 키웠다. 이런 비밀결사를 통해 이들은 '일심회(一心會)'라는 단체를 결성하였다.

일심회의 행동강령은 첫째, 조국독립의 실현 촉진, 둘째, 일본의 전력약화를 위한 파괴행동, 셋째, 일본인들에 의한 인간차별 철폐 등이었다. 중요 목적은 연합군이 진해에 상륙하면 무기고에서 무기를 탈취하여 무장봉기를 감행, 항공창을 점령한다는 것이었다. 그 첫 번째 행동으로 항공기 생산을 지연시키는 등의 방해공작과 조선인 노동자와 일본인 노동자와의 차별대우를 지적하였다. 또한 일본인 노동자를 은근히 배척하고 조선인 노동자들의 의식을 깨우쳐 투쟁의식을 상승시키는 것 등의 일을 하였다.

회원들은 자신들이 속해 있는 각 부서별로 역할을 분담하여 항공창의 중추기능인 동력을 공급하는 발전소와 변전소부터 폭파하고 격납고에 있는 각종 항공기를 파괴할 것을 모의한 후 거사일을 기다렸다. 그러나 이들의 행동은 비밀리에 정보요원을 투입시킨 진해헌병대장과 항공창장의 모략 아래 탐지되고 말았다. 서무과 인사직원으로 잠입한 한국인 헌병보 쿠니모 토(國本, 창씨명)가 일심회 회원 일부의 뜻에 적극 동조하는 체하면서 이들 의 행동을 감시하고 있었던 것이다. 결국 1944년 1월 11일 밤 일심회 회원 들은 각자 자신의 집에서 진해헌병대에 체포되었다. 이들은 검거된 후 4개월 동안 각 감방에 분산 구금되어 외부와의 접촉이 일체 단절된 채 모진 고문 을 받았다. 이후 진해해군고등군법회의에 회부되어 국가공안 및 치안유지 법 위반이라는 죄목으로 1944년 7월 20일 주모자인 김차형은 3년, 책임자인 김병길과 최연종은 1년 6개월을 구형받았으며 나머지 회원은 기소유예 등으 로 석방되었다. 김차형, 김병길, 최연종은 부산형무소로 옮겨져 복역하였다.

▌항공창 폭파를 기도한 일심회 회원 중 5명이 1945년에 찍
은 사진이다. 윗줄 왼쪽부터 시계방향으로 김병길, 황원균,
최연종, 김차형, 덕원(창씨명)(사진 출전 :『해방 50주년 향
토사 발굴 비화 8·15전후』)

비록 이들의 저항이 빛을 보기도 전에 일경에 체포되었지만, 일본의 심 장부라고 할 수 있는 해군 항공창에서 저항운동을 했다는 것은 매우 놀라 운 애국심의 발양이라고 할 수 있을 것이다. 또한 조선인 노무자들을 감독 해야 할 위치에 있던 조선인들이 그들을 대변하여 저항운동에 나섰다는 것 은 다른 작업장에서는 볼 수 없었던 특이한 사례였다.

2) 진주고보 광명회사건

광명회 사건은 진주고보 재학생 11명이 역사공부와 토론회를 이끌며 광복운동에 나설 것을 결의하다 일제 헌병대에 체포돼 고초를 받았던 사건이다.

1944년, 당시 진주고보 4~5학년 학생 3백여 명은 울산비행장 축조공사에 투입되어 한 달간 노예처럼 일하였다. 또한 여름방학에는 진해비행장 건설공사에 1천여 명의 학생이 강제동원되어 임금도 받지 못하고 일하였다. 이에 불만을 품은 진주고보 학생 11명은 광명회라는 비밀단체를 조직하여 항일운동을 벌였다. 회원은 강필진, 김상훈, 김용실, 류한성, 박노근, 장선택, 전용순, 정규섭, 정원혁, 조용, 하익봉 등이었다. 이들은 겉으로는 영어와 역사 등을 공부하는 독서회의 성격을 가지고 있었지만 실은 항일학생단체였던 것이다. 국가보훈처는 당시 진해헌병대에 끌려가 혹독한 고문을 받고 징역을 살다 1945년 석방된 뒤 고문 후유증으로 숨진 하익봉(1926~1945, 사천시 선구동)에게 2010년 건국훈장 애족장을 추서했다. 당시 광명회 주역으로 옥고를 치렀던 강필진, 박노근, 김용실, 정규섭, 김상훈 등에게는 대통령 표창이 추서 또는 수여되었다.

▌진주고보 광명회 사건의 주역들의 모습이다. 앞줄 오른쪽부터 김용실·정원섭·전용순 씨, 뒷줄 오른쪽부터 정규섭·박노근·강필진·김상훈(사진 출전 : 사천뉴스(www.news4000.com))

3) 부산 제2공립상업학교의 저항운동

(1) 울산비행장 파업

1940년대 이후 일본의 전세가 점점 불리해지고, 물자와 노동력이 심각하게 부족해지자 일제는 학생들의 강제동원에 적극적으로 나섰다. 부산 제2공립상업학교(이하 부상) 학생들도 예외는 아니었다. 이들은 주로 비행장 건설과 군수공장 등에 강제동원되었다.

울산비행장 근로동원에서 부상의 학생들은 소극적이나마 일제의 부당한 대우에 저항하였다. 1944년 9월 초 4~5학년 전원이 2개월간의 장기 근로 동원령으로 울산비행장 확장 공사와 부수 도로건설에 동원되었다. 이들은 1944년 9월 5일 오전 7시 40분 기차로 약 두 시간을 걸려 울산에 도착하였다. 도착한 다음날부터 비가 내려 실제 노역은 9월 8일부터 시작되었다. 여기에는 부상의 학생뿐만 아니라 마산상고, 울산농림, 김해농업학교 등이 참가하였다. 물론 외출은 일체 금지되었다. 오전 5시 30분 기상나팔에 맞춰 일어나서 일본국가를 부르고 황국신민서사를 제창한 뒤 노동에 나섰다. 목도에 가마니를 걸치고 파놓은 흙과 돌을 등으로 져서 날랐다. 헌병들이 보초를 서서 일을 독촉하고 있었기에 마치 포로수용소와 같은 분위기였다.

당시 부상에 주어진 작업량은 1개월분이었고, 이것을 마치면 다시 1개월분이 있다고 하였다. 그리고 작업을 일찍 마치면 곧 귀가시킨다는 도급제였다. 그러나 부산에서 몇 번이나 이에 속은 적이 있던 학생들은 이를 믿지 않았고 그럭저럭 시간만 보내었다. 이에 당황한 일본 측은 그날그날의 작업량을 정해 놓고 그것을 마치면 일찍 보내주기로 했다. 이리하여 겨우 1개월의 작업량을 3주일 정도로 집중해서 마치고, 새로 배당된 1개월분도 무사히 마쳤다.

그러나 일본 측은 처음 1개월분이 반 개월분이라서 아직 반 개월분이 남아 있다고 억지를 부렸다. 9월 28일에 2개월분의 작업량이 끝나서 29일 귀가하면 10월 1일의 추석을 집에서 보낼 수 있다는 희망이 깨어지는 순간이었다. 이에 격분한 학생들은 평소에 제공하는 식사량의 부족, 외출 금지의 해제, 면회 허가, 입욕허가 등을 요구한 것이 시정되지 않은 것과 아울러 석식의 엄청난 감량에 대해 항의하였으나 받아들여지지 않았다. 이에 이두한(당시 4학년)이 "이게 밥이냐"고 소리치며 먹던 밥그릇을 집어 던지고 소동을 일으켰다. 인솔교사였던 일본인 두 명이 달려와 학생을 제지했으나 누군가 전등을 꺼버리자 학생들을 벌떼같이 일어나 교사를 구타하고 창문을 부쉈다. 놀란 일본 헌병들은 착검한 총을 들고 달려와서 학생들을 진정시켰다.

헌병들은 주모자 색출에 나섰고 이때 작업반장이었던 전병철, 최상헌 2명이 앞으로 나서서 자신들이 한 일이라고 하였다. 이 파업은 3일간 계속되었다. 이에 일본 측은 회의를 열어 주모자를 퇴학시키는 등의 모의를 하였다. 그러나 이를 미리 파악한 부상 학생들이 전부 부산으로 돌아갈 것을 결의하자, 일단 주모자 2명만 학교로 돌려보냈다. 그리고 나머지 학생들은 결국 약 10일을 단축하여 작업을 끝내고 귀가시키는 것으로 사건을 마무리 지었다. 주모자 2명에게는 정학처분이 내려졌으나 졸업은 모두 같이 하도록 해주었다. 사방이 일본군으로 둘러싸여져 있던 현장에서 일치단결하여 한 사람의 희생자도 내지 않고 일이 끝난 것은 당시로서는 드문 사건이었다.

당시 주모자였던 전병철은 1944년 12월 학교를 졸업하고 밀양금융조합 수산지소에 근무하고 있던 중 이 일로 인해 1945년 1월 21일 울산경찰서 경찰에게 체포되었다. 그 후 6월 2일 부산검사국으로 송치되어 치안유지법 위반으로 부산형무소에서 옥고를 치르다 해방을 맞아 8월 16일 석방되었다. 정부에서는 그의 공훈을 기려 2004년에 대통령표창을 수여하였다. 전병철·최상헌과 함께 파업을 주동했던 윤진옥은 경찰서에 유치된 지 약 4개월 만인 1945년 6월 2일 소위 치안유지법 위반으로 부산검사국에 송치되어 미결상태로 부산형무소에서 옥고를 치르다가 해방과 더불어 출옥하였다. 윤진옥은 2009년에 대통령표창이 추서되었다.

(2) 군수공장의 태업

부산제2상업학교 학생들의 군수공장 태업사건도 일제의 강제노무동원에 저항한 사례이다. 1945년 학생들의 강제동원이 날로 심각해지던 2월, 3학년 50명에게 부산 영도구 영선동 2가 소재 주식회사 제일공장(마닐라 로프 생산)에 5개월간의 장기 근로 동원령이 내려졌다. 여기서 학생들은 오전 6시부터 오후 7시까지 하루 13시간씩 일을 했다. 일터가 부산 시내에 있었기 때문에 각자 집에서 전차를 타고 다녔다. 작업복 한 벌로 일을 하다 보니 옷이 온통 기름덩어리가 되어 전차를 타면 옆의 사람이 피해갔을 정도였다.

이 공장에서는 1일 생산량을 책정하여 개인끼리 경쟁을 시켜 생산량을 늘리려고 했으나, 하루 생산 목표량 달성에만 치중한 나머지 제품의 질이 저하되었다. 이리하여 책임제 작업은 폐지되었고, 학생들은 이에 모의하여 생산 감량 운동을 전개하게 된다. 기계 부속품 파손, 혹은 윤활유 주입 거부로 모든 분야에서 고의로 생산 감량을 꾀하였던 것이다. 이와 같은 저항 운동을 추진하자 학교에서 파견된 인솔 교사가 수습에 나섰으나 실효를 거두지 못하였다. 이리하여 공장 측에서는 태업을 이유로 학생들을 일본 헌병대에 고발하게 되었다. 이때 약 30여 명의 학생이 용두산공원 아래에 있던 헌병대에 연행되어 혹독한 고문과 취조를 받다가 그중 10여 명은 4~5일 후에 석방되었고, 나머지 20여 명은 20일간 옥고를 치렀다. 그중에는 고문으로 제대로 걸어 나오지 못한 학생도 있었고 어떤 학생은 가려움증의 일종인 옴이 만연하여 온몸이 만신창이가 되었다고 한다. 이때 주모자 급으로 구금 중이던 황석고, 배성명, 장수풍 등 3명은 광복 후에 석방되었다.

『부산일보』, 『동아일보』.

김대상, 『일제하 강제인력수탈사』, 정음사, 1975.

김민영, 『일제의 조선인노동력수탈 연구』, 한울아카데미, 1995.

_____, 「일제강점기 국내 노무동원에 대한 연구: 전북지역의 사례」, 『한일민족
　　　　문제연구』 16, 한일민족문제학회, 2009.

남해군지편찬위원회, 『남해군지』, 1994.

동래고등학교동창회, 『동래고등학교 100년사』, 2002.

박경식 저·박경옥 역, 『조선인 강제연행의 기록』, 고즈윈, 2008.

부산상업고등학교 동창회, 『부상백년사 1895~1995』, 1995.

부산시사편찬위원회, 『부산시지』(상), 1974.

부산일보사, 『해방 50주년 향토사 발굴 비화 8·15전후』, 1995.

이상의, 『일제하 조선의 노동정책 연구』, 혜안, 2006.

이재갑, 『한국사 100년의 기억을 찾아 일본을 걷다』, 살림, 2011.

일제강점하 강제동원피해 진상규명위원회 편, 『강제동원관련 보도모음집』, 2005.

전성현, 『경남지역 국내노무동원에 관한 기초연구』, 일제강점하강제동원피해
　　　　진상규명위원회, 2007.

정혜경, 『일제말기 조선인 강제연행의 역사 – 사료연구 – 』, 경인문화사, 2003.

진주문화원, 『진주항일운동사』, 2008.

한일민족문제학회 강제연행문제연구분과, 『강제연행, 강제노동연구길라잡이』,
　　　　선인, 2005.

허수열, 「일제말 조선 내 노동력 동원의 강제성에 관한 고찰」, 일제강점하강제
동원진상규명위원회, 『국제심포지엄 발표논문집』, 2005.

부록

부산 · 울산 · 경남의 해외독립운동가들

안희제(安熙濟)

┃안희제(1885~1943)

안희제는 1885년 경남 의령군 부림면 설뫼 마을에서 지주인 부모의 아들로 태어났다. 호는 백산(白山)이며, 어려서 친척인 서강(西崗) 안익제로부터 유학을 배우고 홍문관 교리였던 개신유학자 수파(守坡) 안효제의 영향을 받았다. 스무 살이 되던 해인 1905년 11월 을사늑약 소식을 듣고 상경한 그는 사립 흥화학교를 거쳐 1907년 보성전문학교 경제과에 입학했다가 이듬해인 1908년 3월 양정의숙으로 전학하였다. 이즈음 그는 고향 설뫼마을에 창남학교를 세우고, 윤상은과 더불어 동래 구포에서 구명학교 설립에 참여하는 등 국권회복운동의 일환으로 교육문화운동에 열중하였다.

1909년 10월 그는 서상일, 박중화, 김동삼, 윤세복, 남형우, 윤병호 등 80여 명과 함께 대동청년단을 조직하였다. 이 단체는 영남지역의 민족주의적 청년들로 조직되었으며, 그 구성원들은 교남교육회, 신민회와도 연결되고 있었다. 비밀결사인 대동청년단의 초대 단장은 후일 상해 임시정부 법무총장이 된 남형우, 부단장은 안희제로 알려졌다. 남형우의 사후 안희제는 2대 단장을 맡았다.

양정의숙을 졸업한 1910년 나라가 망하자, 1911년 조국을 떠나 간도, 러시아, 중국을 다니며 안창호, 이갑, 신채호, 김동삼, 이동휘 등과 독립운동의 방략을 논의하였다. 망명길에서 돌아온 1913년 그는 부산 동광동에 백산상회를 세워 고향의 전답을 팔아 투자하는 등 사업에 열중하였다. 그는 백산상회를 운영하면서 다른 한편으로는 독립운동의 자금 조달과 연락책임을 맡았다. 안희제는 사실상 상해 임시정부의 자금줄이었으며, 그 대표적인 사례로 그는 윤현진과 남형우에게 거액의 운동자금을 주어 영남대표로 상해 임시정부에 전달하도록 하였다. 또 3·1운동 직후 그는 조선국권회복단 사건으로 체포되었으나 입을 열지 않고 풀려났다. 이후에도 안희제는 인재 육성을 위한 장학사업으로 '기미육영회'를 조직하고, 민립대학설립운동에 참여하는 등 교육문화운동에 남다른 열정을 보였다.

‖ 경남 의령군 부림면 입산리 168번지의 생가

백산무역주식회사(?)는 1925년 중역, 주주 사이에 자금 횡령 문제로 내분을 겪다가 1928년 1월 자진 해산되었다. 이를 전후로 그는 한편으로는 협동조합운동을 전개하면서, 1929년 9월에는 의령의 만석꾼 이우식의 돈을 끌어들여 당시 중외일보사를 인수하여 자본금 15만 원의 주식회사를 만들고 사장에 취임하였다. 그러나 중외일보는 타 신문과의 치열한 경쟁 속에서 재정난을 겪은 끝에 1931년 6월 종간호를 내고 말았다.

1931년 안희제는 경북 봉화 금정광산 개발로 큰돈을 번 김태원과 함께 발해의 도읍이었던 북만주 동경성(목단강성 영안현)의 토지를 구입하여 발해농장을 건설하였다. 또 발해보통학교를 세워 스스로 교장이 되었다. 그는 농장을 경영을 통해서 동포 이주민을 자작농으로 길러내어 생활터전을 확보하게 하고, 이를 바탕으로 경제적·교육적 실력을 양성하여 궁극적으로는 무력 투쟁과 연계하려 하였다. 1911년 대종교에 입교한 안희제는 발해농장을 근거지로 대종교 포교 활동에도 힘을 쏟았다. 그는 1935년 1월 대종교 참교로 피선되고, 1936년 6월 지교로 승질되고, 경의원(대종교 의결기관) 부원장을 맡게 되었다.

대종교 총본사에서는 1942년 10월 3일 개천절 경축식을 거행한 뒤 만주국 정부와 조선총독부에 정식 포교 승인을 신청하기로 결의하였다. 이 일로 일제는 11월 19일 대종교 간부 25명을 체포하였다. 이를 대종교에서는 임오교변(壬午敎變)이라고 한다. 임오교변의 원인은 대종교 교인을 가장한 일제 헌병 앞잡이의 밀고 탓이라고도 하고, 또는 조선어학회 사건의 '주모자' 이극로가 대종교 교주 윤세복에게 보낸 편지 속에 들어 있던 격문 '널리펴는 말'이 빌미가 되었다고도 한다. 안희제는 임오교변으로 투옥되어 9달동안 모진 고문과 혹살이 끝에 1943년 9월 2일 59세의 나이로 순국하였다.정부는 그의 공훈을 기려 1962년 건국훈장 독립장을 추서하였다.

김두봉(金枓奉)

▌김두봉(1988~1960?)

김두봉은 1889년 3월 17일 기장군 기장읍 동부리 87번지에서 김돈홍의 장남으로 태어났다. 의열단 단장이었던 김원봉의 외삼촌이기도 했다. 어려서 한문을 배웠으나, 1908년 열아홉의 나이에 신식학문을 배우기 위해 상경하여 기호학교(畿湖學校)에 들어가 교원 양성을 위해 설치된 수업연한 1년의 특별과를 졸업하고 1910년 배재학당에 입학하였다. 재학 중에는 안교재, 남형우, 신배부, 이경희 등 영남인사들과 더불어 대동청년단이라는 비밀결사를 조직하여 활동하다가 1913년 일제에 적발되어 이듬해 학업을 중단하였다.

이후 그는 스승인 주시경의 영향으로 한글연구에 몰두하였다. 1914년 주시경이 세상을 떠나자 스승의 일을 이어받아 『조선말본』을 저술하였다. 이처럼 한글 연구에 큰 업적을 이룩한 김두봉은 교육활동에도 노력하여, 1917년부터 보성, 휘문, 중앙 등의 고등보통학교에서 우리말을 가르쳤다. 이때 그의 영향을 받은 제자들 가운데 일부는 후일 연안의 조선의용군에 합류하여 함께 항일투쟁을 전개하였다. 그러나 얼마 후 그는 조선물산장려계 사건에 연루되어 보성고보 교장이던 최린으로부터 면직처분을 받았다.

면직처분 후 한글강습소를 열어 학생들을 가르치던 김두봉은 1919년 3·1운동이 일어나자 시위에 가담하였다. 이 일로 한 달 동안 일제의 추적을 피해 다니다가 결국은 중국으로의 망명길을 선택하였다. 중국 상해로 망명한 그는 임시정부 내 임시사료편찬위원회의 위원이 되어 『한일관계사료』 전4권의 편찬에 참여하였고, 또 경상남도 대표로 임시정부의정원의 의원으로 선임되기도 했으나 임시정부 내부의 대립으로 인해 며칠 만에 해임되었다. 망명지에서도 한글 연구에 몰두했던 1922년 봄 『깁더 조선말본(精解朝鮮語文典)』을 상해에서 출판하였다. 이 책은 현지에서보다는 국내에서 더 많은 호평을 받았다.

1923년 상해 교민단에서 민족교육을 위해 인성학교(仁成學校)를 설립하자, 김두봉은 이 학교에서 한글을 가르쳤으며, 1928년부터 1932년까지 인성학교의 4대 교장을 역임하였다. 다른 한편으로 이 시기에

▍부산시 기장군 동부리 188번지의 생가터

그는 정치적 활동에 적극적으로 뛰어들어 1930년 1월 한국독립당의 창당에 참여하였으며, 1935년 6월에는 조소앙과 함께 한독당 대표로 혁명단체대표회의에 참석하였다. 그해 7월에는 한국민족혁명당(1937년 조선민족혁명당으로 개칭) 창당에 적극 참여하여 내무 겸 선전부장을 맡았다. 중일전쟁 발발 이듬해인 1938년 10월 그는 김원봉과 함께 민족혁명당원을 중심으로 하는 조선의용대를 창설하여 김원봉은 대장으로, 자신은 총대장으로 취임하였다.

1939년 임시정부요인들과 함께 중경으로 자리를 옮긴 김두봉은 민족운동전선의 통일을 위해 단일당 운동에 가담하였으나, 단일당 조직이 어렵게 되자 중경을 떠나 1942년 4월 연안에 도착하였다. 당시 연안은 중국 공산당 팔로군의 근거지였으며, 그에 앞서 출발한 의용대원들이 활동하고 있었다. 그해 7월 그는 최창익, 무정, 한빈 등과 더불어 화북조선독립동맹(독립동맹)을 결성하여 중앙집행위원 겸 주석에 취임하였다. 이와 함께 조선의용대 화북지대는 조선의용군 화북지대로 개칭되었다. 김두봉은 1944년 4월 화북조선독립동맹 산하 조선혁명군정학교(1945년 2월 조선혁명군정학교로 개편) 교장을 역임하였다.

해방 직후 평양으로 들어간 김두봉은 해방공간에서 북조선임시인민위원회 부위원장, 북조선노동당 위원장, 김일성대학의 총장직을 맡았다. 북한 정권 수립 후에는 최고인민회의 상임위원회 위원장을 지내는 등 북한 권력의 핵심 지위에 올랐으나, 1958년 3월 '종파사건'으로 당에서 축출되었다가 1960년 사망한 것으로 알려졌다.

김약수(金若水)

김약수는 1890년 10월 21일 기장군 기장읍 동부리 240번지에서 김은홍의 장남으로 태어났다. 본명은 두전(斗全)이다. 서울 휘문의숙을 거쳐 경성공업학교를 마치고 일본으로 유학, 니혼대학(日本大學) 신학과를 졸업하고 고향으로 돌아와 기장광복회 회장을 맡는 등 항일독립운동에 투신하였다.

▌김약수(1890~1964)

1918년 그는 친구인 김원봉, 이여성과 함께 중국 남경으로 건너가 금릉대학(金陵大學) 영문과에 입학하였다. 중국 유학 생활을 하던 김약수는 둔전(屯田)을 하며 군대를 양성하기 위해 농토를 확보할 목적으로 길림성으로 떠났다. 그러나 김약수는 3·1운동이 발발하자 대중을 기초로 독립운동을 하기 위해 고국으로 돌아왔다. 조선으로 돌아온 그는 1920년 우리나라 최초의 전국적 노동단체인 조선노동공제회 상무간사를 역임했으며 1921년 일본으로 건너가 흑도회 결성에 참여하였다. 흑도회는 중국과 러시아에서 상해파와 이르쿠츠크파가 대립할 무렵 일본 유학생들이 조직한 사회주의 사상단체였다. 나중에 이 단체는 아나키즘을 주장하는 박열과 볼셰비즘을 주장하는 김약수가 분열하여 박열 등은 흑우회를, 김약수 등은 북성회를 각각 조직하게 된다.

1923년 1월 15일 결성된 북성회는 김약수, 김종범, 송봉우, 변희용, 이여성, 김장현 등이 중심인물로 활동하였다. 이들은 국내에 사회주의 사상을 전파하는데 주력하여 일본인 사회주의자들과 함께 서울, 평양, 광주, 대구, 마산 등을 순회하며 강연을 열고 사회주의를 보급하는 데 힘썼다. 1924년 11월에는 국내 본부인 북풍회를 조직하였다. 북풍회는 결성 이후 1920년대 초반 국내 사회주의 운동단체 사이에서 서울청년회, 화요회와 함께 트로이카 시대를 열며 큰 영향력을 발휘하였다.

1925년 제1차 조선공산당 창당
대회 이후 김약수는 화요회파에 밀
려 그해 10월 당에서 제명되고 곧
바로 1차 조선공산당 검거로 6년간
옥살이를 하였다. 김약수는 1931년
5월 북풍회계의 송태우와 함께 잡
지『비판』을 발간하기도 했으나, 사

▌부산시 기장군 동부리 238번지의 생가터(추정)

실상 북풍회의 조직활동은 와해되었다. 그럼에도 불구하고 사회주의 운동
가로서의 명망성으로 인해 그는 계속 일본경찰의 감시 속에서 숱한 예비검
속을 당해야 했다. 태평양전쟁 발발 이후에는 친일파 인사들이 조직한 임전
보국단에 참여하지 않았다는 이유로 수개월간 구금되기도 했다.

　해방 이후 김약수는 우익진영인 한국민주당(한민당)의 발기인으로 참가
해 조직부장을 맡았다. 좌익노선에서 이탈하여 조선인민공화국 수립에 반
대하는 한민당의 조직부장으로 활약한 그는 1946년 10월 한민당을 탈당하
고 김규식을 총재로 하는 민중동맹의 창설에 참여하여 상임위원직을 맡음
으로써 중간파 노선을 취하였다. 같은 해 12월 남조선 과도입법위원의 관
선의원으로 지명되기도 했다. 1948년 5·10총선거 때 동래(기장)선거구에
출마하여 제헌의원에 당선, 초대 국회부의장에 선출되었다. 국회에서 반민
족행위 특별조사위원회 활동에 적극적으로 나서는 등 소장파 의원의 지도
적 구실을 하다가 이승만 대통령의 미움을 사게 되었다. 1949년 6월 이른바
국회프락치 사건에 연루되어 공소 사실을 입증하는 증거도 없는 공판을 무
려 15회나 하였고, 김약수 등 국회의원 6명을 비롯하여 기소된 10여 명 모
두 유죄판결을 받았다. 항소를 위해 서울고등법원에 계류 중 한국전쟁이
발발했고, 김약수는 북쪽으로 피랍되었다. 북한에서 그는 1956년 재북평화
통일촉진협의회 상무위원 겸 집행위원을 지내면서 반김일성운동을 하다가
1959년 반당반혁명분자로 숙청되어 평안북도 벽지로 추방되었고 1964년 1
월에 생을 마감하였다.

박차정(朴次貞)

박차정은 1910년 5월 8일 동래 복천동 417번지에서 아버지 박용한(朴容翰)과 어머니 김맹련(金孟蓮)의 3남 2녀 중 넷째로 태어났다. 민족해방운동 활동할 때에 박철애(朴哲愛), 임철애(林哲愛), 임철산(林哲山) 등의 가명을 사용하기도 했다. 본관은 밀양이다.

아버지 박용한은 일찍부터 신문물에 관심을 가지고 한말 동래 개양학교와 서울의 보성전문학교

▌박차정(1910~1944)

를 졸업하고 탁지부 측량 기사를 역임한 인물로 1918년 1월에 일제강점 후 무단통치에 항거해 한 통의 비장한 유서를 남긴 채 자결한 애국지사였다. 어머니 김맹련은 기장 출신의 항일운동가 김두봉과 사촌지간이고 김약수(김두전)와도 친척지간이었다. 그리고 1920년대 동래기장지역 독립운동가이고 사회주의운동가인 박일형과는 고종사촌지간이었다. 이러한 집안 분위기는 박차정 형제에게도 영향을 끼쳤다. 박차정의 형제를 보면 문희, 수정, 문호, 문하로, 오빠인 문희와 문호는 차정과 함께 항일활동을 하였다. 박문희는 신간회 중앙집행위원으로 활동하였고 조선혁명군사정치간부학교 입교생 모집에 힘썼으며, 박문호 또한 의열단원이었다.

박차정은 부산 민족교육의 산실이었던 동래일신여학교에 1925년 입학하여 동맹휴교를 주도하는 등 어느 학생보다도 투철한 민족의식 속에서 항일학생운동의 선봉에 서서 활약하였다.

박차정은 1929년 3월 동래일신여학교 고등과를 졸업한 후 본격적으로 독립운동에 투신하였다. 동래청년동맹 부녀부장으로도 활동하였고 1928년 5월 19일 근우회 동래지회가 창립되면서 근우회에서 활발한 활동을 하였다. 1929년 7월 30일 근우회 중앙집행위원회에서 박차정은 중앙상무위원으로 선임되어 선전조직과 출판부 책임을 맡고 지회와 도연합회 규칙 세칙 제정

위원으로 선정되었다. 이때부터 박
차정은 근우회의 핵심 인물로 활
동하게 되었다. 1930년 1월 전개된
서울여학생 시위운동을 배후에서
지도한 혐의로, 체포·투옥되었다.
출옥 후 중국에 있는 둘째 오빠 박
문호의 연락을 받은 박차정은 상
해 인육시장으로 팔려가는 여인들
속에 끼어 인천에서 배를 타고 무

▌부산시 동래구 칠산동 319-1번지의 옛 거주
지(현재 박차정기념관)

사히 중국으로 건너갔다. 북경에 도착한 그녀는 의열단에 합류하여 조선공
산당재건동맹 중앙위원으로 활동하던 중 1931년 3월 의열단 단장 김원봉과
결혼하였다. 1932년 근거지를 남경으로 이전한 후 김원봉과 함께 1932년 10
월 20일 '조선혁명군사정치간부학교'를 설립하여 여자부 교관으로 교양과
훈련을 담당하였다. 교가도 그녀가 작사한 것으로 알려져 있다. 1935년 7월
남경에서 결성된 조선민족혁명당에 적극적으로 참여하여 민족혁명당의 기
관지인 『우리들의 생활』, 『민족혁명』, 『반도』 등의 발행에 관여하였다. 1936
년 7월 16일 이청천 부인인 이성실과 함께 민족혁명당남경조선부녀회를 결
성하고 여성들을 민족해방운동에 편입하는 활동을 전개하였다. 이 무렵 박
차정은 한구(漢口)에서 만국부녀대회 한국대표로 참가하고, 장사(長沙)에
있던 임시정부에 특사로 파견되어 일본에 대한 라디오 방송을 하였으며,
옥고 끝에 숨진 안창호의 추도회에 참여하였다. 1938년 10월 10일 한구에서
조선민족전선연맹 조선의용대가 창설되자, 부녀복무단 단장을 맡아 활동하
였다. 1939년 2월 조선여자의용군의 대장으로 곤륜산전투에서 부상을 입고
그 후유증으로 고생하다 1944년 5월 27일 중경에서 생을 마감하였다. 정부
는 그의 공훈을 기려 1995년 건국훈장 독립장을 추서하였다.

이봉우(李鳳雨)

이봉우는 1873년 7월 15일 부산 좌천동에서 아버지 이종만(李鐘晚)과 어머니 이미의(李迷義)의 장남으로 태어났다. 호는 백단(白旦), 이명은 봉우(奉雨)이며 본관은 경주이다. 김혜정(金惠貞)과 결혼하여 4남을 두었다.

┃ 부산시 부산진구 초읍동 469번지의 본적지

이봉우는 어려서 한학을 공부하고 성장하면서 일본어와 신문학을 배웠고, 한말 궁내부 기사가 되었다. 1905년 을사늑약이 체결되자 관직을 그만두고 귀향하였다. 그는 국권회복을 위한 활동을 고심하다 1908년에 간도로 가 연길현 합마당(哈蟆塘)에 정착하였다. 그곳에서 인재양성을 위해 동포들이 거주하는 곳에 민족학교와 강습소 설립에 힘을 기울였다. 그는 아버지 이종만의 지원과 종교단체들의 지원에 힘입어 1910년 김약연(金躍淵) 등과 화룡현(和龍縣) 장재촌(長材村)에서 명동중학교를 설립하고, 1912년 화룡현(和龍縣) 자동(滋洞)에 김윤승(金允承) 등과 정동중학교(正東中學校)를, 같은 해 화룡현(和龍縣) 와룡동(臥龍洞)에 창동중학교(昌東中學校)와 화룡현(和龍縣) 소영자(小營子)에 길동중학교(吉東中學校)를 각각 설립·운영하는 육영사업에 힘썼다.

이봉우는 1914년 북간도 장재촌(長財村)에서 이동휘(李東輝)·구춘선(具春先)·마진(馬晋) 등이 조직한 국민회(國民會)에 가담하여 활동하였고, 1918년 음력 11월 김교헌(金敎獻)·박은식(朴殷植)·안창호(安昌浩)·김동삼(金東三) 등 39인이 독립선언서를 선포할 때 북간도국민회 대표로 서명하였다. 이 선언은 무오독립선언이라고도 하는데 제1차 세계대전 이후 새로운 세계체제에 적극적으로 대처하기 위해 이뤄진 이 선언은 1919년 3·1 독립선언에 앞서 이루어졌다.

　국내의 3·1운동 소식이 전해지자 그는 3월 7일 용정촌(龍井村) 국자가(局子街) 지역의 동지들과 함께 비밀회의를 개최하고 3월 13일 용정촌 국자가 만세시위를 주도하였다. 이후 그는 용정촌에서 3·1운동이 일어난 직후 길림성 북간도 지역인 연길·화룡·왕청 3현의 교민 대표를 결집시켜 간도국민회를 결성하였다. 간도국민회는 동간도국민회와 훈춘국민회 등이 통합되어 설립된 단체로 회원이 약 8,000명이었다.

　간도국민회는 상해에 대한민국 임시정부가 수립되자 임정과 밀접한 관계를 가지면서 자신들의 휘하에서 독립군 군대를 지휘하고자 하였다. 그 결과 1919년 8월 홍범도가 지휘하는 대한독립군과 최진동(崔振東)·이태범(李泰範) 등이 이끄는 도독부군(都督府軍), 안무(安武)가 이끄는 국민회군 등이 간도국민회 휘하 대한독립군에 편입되었다. 부대 정비를 마친 대한독립군은 1920년 일제와 맞서 봉오동전투와 청산리전투 등 여러 전투를 치렀다. 이 전투에서 참패당한 일본군이 한국독립군을 궤멸시키기 위해 대대적 '토벌'에 나섰고 이를 피해 한국독립군 주력부대들이 러시아 자유시로 향하였다. 이곳에서 한국독립군들이 무장해제를 당한 자유시사변이 일어나자, 1921년 9월 구춘선(具春先)과 함께 국민회 대표로 재만단체성토문(在滿團體聲討文) 및 군정의회선포문을 발표하였다. 이봉우는 자유시참변 후 난립한 재만 독립단체의 통합이 절실함을 절감하고 항일운동단체의 통일적 규합을 위해 임시정부가 있는 상해로 가던 중 9월 23일 연길현 다두구(茶頭溝) 근처에서 일본관헌에게 피살되었다. 정부는 그의 공훈을 기려 1980년 건국훈장 독립장을 추서하였다.

김갑(金甲)

▌김갑(1889~1933)

김갑의 본명은 김진원(金瑨源)이며 본관은 김녕(金寧)이다. 그는 1889년 1월 7일 동래구 안락동에서 아버지 김석련(金石鍊)과 어머니 박옥(朴玉)의 둘째 아들로 태어났다. 조금이(趙今伊)와 결혼하여 딸 미리(美理)와 아들 정욱(正旭)을 두었다. 1921년 김갑은 숙부인 김세주(金世鑄)의 양자로 입적되었다.

김갑은 1906년 4월 개양학교에 입학하여, 1910년 3월 동명학교(개양학교 후신)를 졸업(2회)했다. 졸업 후 농사를 지으며 살았는데, 이 무렵 안희제 등이 결성한 대동청년단에 가입하였다.

1917년 5월 20일 김갑은 북경대학 입학을 목적으로 중국 상해로 건너갔다. 상해에서 1912년에 신규식이 주도하여 결성한 상해 최초의 독립단체 동제사(同濟司)에 가입하여 활동하였다. 동제사에 가담한 핵심인물들 가운데는 대종교 신자가 많았으며 그도 대종교에 입교하여 참정(參政) · 지교(知敎) · 상교(尙敎) 등을 역임하였다. 이후 대종교 본사가 국내에서 만주로 옮겨오자 김갑은 상해에 서도본사(西道本司)를 설치하였다.

1919년 4월 10일 상해에 대한민국임시정부(약칭 임정)가 수립되면서 김갑은 임시의정원의 경상도 대표의원이 되었다. 1919년 4월 22일에 교통부 위원에 선임되었고, 이후 군무위원회 이사, 법제위원회 등에 소속되어 초기 임정의 업무 수행에 공헌하였다.

1919년 11월에 의열단이 결성되자 그도 여기에 가입하였다. 임정 내에서 김갑은 이동휘, 신채호, 장건상 등과 함께 '무력파', 즉 무장투쟁노선을 지지하는 계파로 분류되어 일본 경찰의 감시를 받고 있었다. 이 무렵 이승만이 미국 대통령 윌슨에게 한국의 위임통치를 청원한 사실이 알려지면서 임정의 외교독립노선에 대한 비판이 급격히 고조되었다. 이를 기반으로 1921년

4월 17일 북경에서 무장투쟁노선을 주장하는 군사통일회의가 개최되자, 김갑도 여기에 참여하여 이승만을 수반으로 하는 임정과 임시의정원을 부정하였다. 이때 임정의 대안으로 제시된 대조선공화국(大朝鮮共和國)에서 김갑은 재무총장에 선임되기도 했다. 이는 결국 실

부산시 동래구 안락동 1038번지의 본적지

행되지 못했지만, 1923년 1월 임정을 포함한 독립운동의 방향을 재정립하려는 국민대표회의가 개최되자 김갑은 13도 총간부의 자격으로 참석했다. 김갑은 국민대표회의 참가자의 자격을 심사하는 자격심사위원, 선언문 및 선언서 수정위원에 선임되어 활동하였다. 국민대표회의가 창조파와 개조파로 양분되자 개조파 간부로 활동했던 그는 임정 고수파와 함께 임정을 개조하는 길에 매진했다. 이에 김갑은 1924년 4월에 법무총장 대리 차장, 12월에 임정 노동총판, 1926년 2월 14일 국무위원으로 활동했다. 1927년 1월 15일 임정 의정원 의원으로서 새로운 약헌 기초위원에 피선되어 개헌 작업에 참여하고, 1927년 8월에는 임정 재무부장에 임명되어 임시정부 재정 마련에 부심하였다.

이 무렵 동북아시아에서 민족주의자와 사회주의자의 항일 통일전선운동이 활발히 전개되었으며 김갑도 여기에 적극적으로 가담하여 1927년 4월 11일 상해촉성회 창립에 참여했다. 1930년 1월 김갑은 이동녕, 안창호와 함께 임정과 흥사단을 중심으로 창당된 한국독립당에 참여하였다. 조국의 독립을 위해 동분서주하던 김갑은 1933년 3월 14일 상해의 프랑스 조계 광제의원에서 순국하였다. 정부는 그의 공훈을 기려 1986년 건국훈장 독립장을 추서하였다.

김법린(金法隣)

▌김법린(1899~1964)

김법린은 14세 때 동래 범어사(梵魚寺)로 출가하여 1915년 비구계(比丘戒)를 받았다. 1919년 3·1운동 당시 동래장터 만세시위에 관여하였고, 1919년 4월 상해로 도항하였다. 1920년 다시 서울에 돌아와 독립운동을 위한 의용승군(義勇僧軍)이라는 비밀결사를 결성하려고 자금조달 및 유력승려 모집, 선언서, 의용승군헌제(義勇僧軍憲制) 작성 등에 참가하였다가 피체되기도 했으며 그후 프랑스에 유학하였다. 1926년 파리대학 문학부를 졸업하였고, 1927년 2월 이극로(李克魯), 허헌(許憲), 이의경(李儀景) 등과 함께 벨기에 브뤼셀에서 열린 피압박민족반제국주의대회(被壓民族反帝國主義大會)에 참가하여 '아세아 민족회 위원'에 피선되었다. 1928년 1월 귀국하여 이듬해에는 조선어학회가 주관하는 조선어사전편찬회의 준비위원으로 참가하였다. 1930년에는 만당(卍黨)을 조직하여 일본 동경지부 책임자로 활동했고, 1938년 체포되어 진주에서 복역하였다. 1942년에는 조선어학회사건에 연루되어 다시 한 번 옥고를 치렀다.

▌부산시 금정구 청룡동 30-7번지의 옛 거주지

해방 후 불교중앙총무원장으로 불교혁신운동에 힘썼으며 동국학원 이사장을 역임하였다. 1952년에는 문교부 장관을 역임하였다. 정부에서는 1995년 독립장을 추서하였다.

김법린과 관련하여 살펴볼 수 있는 사적지는 1942년 조선어학회 사건으로 체포될 당시 살았던 집이다. 현재는 거주자가 없는 상태로, 당시의 원형에서 조금씩 변형된 것으로 보인다. 본래 범어사 소유지였으나, 1945년 분번되면서 현재는 개인소유이다.

김성수(金聖壽)

김성수는 밀양시 부북면 춘화리에서 춘화교회를 세운 김응삼(金應三)의 2남 2녀 중 장남으로 출생하였다. 이명은 지강(芝江), 주열(朱烈)이다. 평양 숭실중학교를 졸업하고 1919년 4월 6일 밀양군 부북면 춘화리, 청운리, 덕곡리에서 일어난 만세시위운동을 주도하였다. 이날 만세시위에서 김성수는 계성학교에서 등사판을 가져다가 선언서를 등사하고 학생들을 모아 비밀리에 태극기를

▌김성수(1900~1969)

만드는 등 시위과정을 주도했을 뿐만 아니라, 당일에는 독립선언서를 직접 낭독하였다. 다음날 밀양헌병 분견소의 헌병과 경찰들이 출동하여 53명을 검거하였으나 농민들은 곧 풀어주었고 만세운동을 주동했던 김성수는 극적으로 탈출하여 만주로 망명하였다.

중국으로 건너간 그는 1922년 김원봉의 권유로 중국 광동 황포군관학교에서 수련을 받았으며, 1925년에는 의열단의 작전참모로 일했다. 1928년 8월 재중국 조선무정부주의자(아나키스트)연맹에 가입하였고, 1929년 김좌진장군 휘하에서 한국총연합회의 업무를 도왔다. 1930년 12월 김성수는 독립자금을 마련하기 위해 이회영, 양여주, 장기준, 이동우, 정화암 등 아나키스트 동지들과 함께 일본조계 내의 중·일 합작은행 정실은호(正實銀號)를 습격하여 3천여 원을 탈취하였다. 이후 중국 경찰과 일제 관헌이 언제 덮칠지 모르는 상황이 되자 아나키스트연맹은 상해와 북만주로 분산하기로 하였다. 같은 해 김성수는 상해로 가서 상해에 집결한 백정기, 유자명, 유기석, 장도선, 정화암, 정해리, 안공근 등과 재중국 조선무정부주의자연맹을 남화한인청년연맹(南華韓人靑年聯盟)으로 개편하고 기관지 『남화통신』을 발간하여 국내외로 배포하였다.

1933년 3월 백정기 등과 밀의하여 주중(駐中)공사 아라요시(有吉)를 폭살

하려던 육삼정(六三亭)사건에 관계
했으나 사전에 발각되어 실패하였
다. 이후 오면직, 엄형순, 안경근 등
과 같이 일본영사관 밀정 이종홍을
교살, 처단하는 등 친일분자 숙청작
업에 활약하던 중 1937년 1월 17일
상해영사관경찰에 의해 체포되었다.

경남 밀양시 부북면 춘화리 255번지의 생가터

다음해 1938년 해주지방법원에서 징
역 18년형을 언도받아 옥고를 치르다가 광복을 맞아 출옥하였다.

출옥 후 서울에서 임시정부를 비롯한 독립운동 동지들과 함께 정부 수립
을 위해 헌신하고자 했으나, 뜻을 이루지 못하고 밀양으로 돌아와 1969년
71세를 일기로 생을 마감했다. 김성수의 묘는 밀양시 춘화리 뒷산 가족묘
원에 있었으나 2007년 대전국립현충원에 이장되었다. 정부는 3·1운동 및
의열투쟁 등 공훈을 기려 1977년 건국훈장 독립장을 추서하였다.

윤세복(尹世復)

▌1946년 대종교 총본사 환국기념 사진 중의
윤세복(앞줄 오른쪽에서 세 번째)

윤세복(1881~1960)은 윤희진의 둘째 아들로 밀양군 부북면 무연리에서 태어났으며 이후 밀양읍 내이동으로 이주하였다. 고향에서 한학을 공부한 후 신창소학교(新昌小學校)와 대구의 협성중학교(協成中學校)에서 교편을 잡았다. 1909년에는 안희제, 이원식, 김동삼 등 경상도를 중심으로 항일운동을 전개하기 위한 결사조직 대동청년단을 조직하여 독립운동을 전개했다. 1910년 12월 일제의 침략으로부터 조국을 해방시키고 근대적인 민족국가를 건설하기 위해서는 대종교가 필요하다고 인식하고 대종교 교조 나철을 방문하여 대종교에 입교하였다.

1911년 대종교의 시교사(施敎師)에 임명되어 친형 윤세용과 모든 가산을 정리하고 만주 환인현으로 옮겨가 교당을 설립하고 시교하였다. 환인현에서는 수많은 학교를 설립, 경영하여 민족교육에 주력하였다. 1916년 무송현에서 흥업단(興業團), 광정단(光正團), 독립단 등의 단체를 조직하고 독립운동을 추진하였다. 1917년 박은식, 신채호 등이 주도한 「대동단결선언」에도 서명 가담하여 공화주의에 입각한 독립된 민족국가건설을 선언하였다. 1919년 2월에는 동향출신의 황상규 등 만주·노령지역 독립운동가 39명이 참여하고 대한독립의군부가 주도한 「대한독립선언서」에 서명하였다. 이때 대한독립의군부가 주도한 「대한독립선언서」는 무장투쟁에 의한 절대독립을 천명한 것으로 윤세복의 독립의지를 살펴볼 수 있다. 1921년 흥업단, 군비단, 광복단, 대진단, 태극단 등이 통합되어 대한국민단이 조직되었을 때 의사부장에 선임되었다.

1923년 대종교 2세 교주인 김교헌이 사망하자 대종교의 3대 교주가 되었다. 이후 대종교 교주로 활동하였으나 1931년 일본군의 만주 침략으로 동·서·북도본사가 해체되었다. 1934년에는 하얼빈의 안평가(安平街)에서 김응두, 박관해, 김영숙, 김서종 등의 협력으로 대종

▌윤세복이 태어난 밀양시 부북면 무연리 마을전경

교 선교회를 설치하고 민족정신을 배양했다. 1942년 일제의 대대적인 대종교 말살 계획에 따라 대종교 관련 인사 20여 명과 함께 체포되어 무기징역을 선고받고 옥고를 치르다가 1945년 해방과 함께 출옥하였다. 1946년에는 서울로 돌아와 대종교 총본사를 설치하고 단군전의 봉안, 교적 간행, 홍익대학의 설립 등을 추진하였다. 정부는 독립운동에 앞장선 공훈을 기려 1962년 건국훈장 독립장을 추서하였다.

윤현진(尹顯振)

▍윤현진(1892~1921)

윤현진은 한말 동래부윤을 지낸 윤필은(尹弼殷)과 김안이(金安伊)의 2남 4녀 중 차남으로 양산군 상북면 소토리에서 태어났다. 윤필은은 1886년 문과 병과에 급제하자마자 생활 터전을 원래의 동래에서 양산으로 옮겼다. 경상도 어사 및 동래부윤 겸 부산항 재판소 판사를 지냈으나 곧 무슨 이유인지 삭탈관직을 당하고 이후 구포를 중심으로 많은 토지와 재산을 소유한 유력가문이 되었다. 윤현진은 7세 때 소토리의 만성제(晩惺濟) 서숙에서 한학을 공부하였다. 만성제는 소토리의 안평중(安平重)이 설립한 사숙으로 을사보호조약 후 효충계를 조직하여 국권회복에 힘쓴 24동지 등을 배출한 의미 있는 사숙이었다. 이어 1907년 일찍이 개화사상에 눈뜬 숙부 윤상은(尹相殷)이 창설한 구포의 사립 구명학교에서 신학문을 배우며 1908년 제1회로 졸업하였다. 졸업하는 해 윤현진은 윤상은이 설립한 구포저축회사의 최대 주주로 부상했다. 그리고 양산의 만석꾼 집안으로 알려진 엄정자(嚴貞子)와 1908년 결혼했다. 결혼 이후 잠시 중국을 다녀왔으며 1912년 그의 집은 소토리에서 분가하여 양산읍내의 중부리로 옮겼다.

분가한 1912년 그는 일본으로 건너가 동경의 명치대 법학부에 입학하여 조선유학생학우회와 조선광복동맹결사단을 조직하여 총무로서 항일운동에 앞장섰다.

여기서 윤현진은 신익희, 김효석, 노익근, 차남철, 김명식, 김형수, 백남훈, 장덕수 등의 중요한 인사들과 교류하며 독립의지를 불태우기 시작했다. 조국의 독립을 위해서는 조국에서 활동해야 한다고 생각한 그는 1914년 명치대학을 중퇴하고 고향인 양산으로 돌아와 양산에 의춘(宜春)학원을 설립하고 지역의 청년들에게 민족사상과 독립사상을 고취시켰다. 그리고 의춘

양산시 상북면 소토리 168번지의 생가터 및 양산시 중부동 294의 집터

상행(宜春商行)을 만들어 일본상품 배척운동까지 전개했다. 그러던 와중에 백산 안희제와 인연을 맺게 되고 경남의 조선인 유력자들이 설립한 백산상회에 입회하여 투자하는 동시에 대동청년단에 가입하였다. 1919년 3·1운동이 일어나자 경남은행 마산지점장직을 그만 두고 3월 21일 상해로 망명하여 상해 임시정부 수립에 지대한 영향력을 발휘하였다. 1919년 4월 임시의정원 의원에 선출되었고, 이어 초대 재무차장에 선임되었다. 제2차 임시의정원 회의에서는 다시 내무위원으로 선출되었다. 동년 5월에는 구급의연금모집위원이 되어 어려운 임시정부의 재정문제를 해결하는 데 주력하였다. 1920년에는 독립신문사를 주식회사로 확장하고 안창호와 같이 주금(株金) 모집의 발기인이 되었다. 1921년 5월에는 국민대표회의기성회(國民代表會議期成會)를 조직하여 활동했으며, 같은 해 중한국민보호조사를 결성, 중국과 함께 항일운동을 결의하였다. 1921년 9월 17일 순국하여 상해 정안사(靜安寺) 외인묘지에 안장되었다.

　정부는 독립운동의 공훈을 기려 1962년 건국훈장 독립장을 추서하였으며, 유해는 1995년 6월 23일 대전국립묘지에 봉환 안장되었다.

이규홍(李圭洪)

▋이규홍(1893~1939)

이규홍은 양산군 상북면 대석리 320번지에서 이재영(李宰榮)과 김정숙(金貞淑) 사이에 차남으로 태어났다. 호는 백농(白農)이며, 자는 도숙(道淑)이다. 어려서 한학을 배우고 1913년 일본에 건너가 동경 명치대학 법학부에 입학하였고, 1916년 졸업·귀국하였다. 1917년 부산부 대창정(현 부산시 중구 중앙동)에 일광상회(一光商會)라는 위장 무역업을 경영하였다.

1919년 3월 상해로 망명하여 1919년부터 상해 임시정부의 경상도 선출의원으로 활동하며 임시정부 산하 청년단 출판부장, 임시정부 내부차장, 학무차장 등을 맡았다. 1924년 12월에는 재무총장 겸 외무총장으로 활동하였으며, 1926년 12월에는 의정원 부의장, 국무원에 임명되었고, 1927년 '임시헌법 개정 위원'과 '새 약헌 기초 위원'으로 활동하는 등 독립운동에 힘썼다.

▋양산시 상북면 대석리 397번지의 옛 집터

임시정부 활동 와중에 병을 얻어 1927년 말 귀국하였다. 이후 신병 치료에 전념하였으나, 결국 1939년 5월 20일 양산군 상북면 대석리 397번지 자택에서 타계하였다. 자택은 멸실되었으며, 현재 죽림산방이라는 음식점 주차장으로 사용되고 있다.

서진문(徐鎭文)

서진문(1903~1928)은 서장식과 유
남련 사이의 5남 1녀 중 장남으로
울산군 동면 일산리 209번지에서
태어났다. 6세 때 백부 서원준의
양자로 입적하여 거주지를 울산군
동면 일산리 206번지로 옮겼고 거
기서 자랐다. 일찍이 사립 일신학
교(현 병영초등학교)에 입학했다가

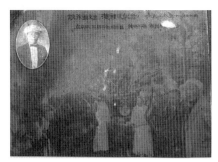
▌서진문과 그의 장례식 장면

다시 동면공립보통학교로 전입하여 졸업하였고 졸업 후 그에게 민족독립
사상을 고취시키며 큰 영향력을 행사했던 외숙부 성세빈이 설립한 일산의
사립 보성학교 교사로 활동하였다. 보성학교 교사 생활이 고정적이지 않았
지만 그는 학생들에게 독립의식을 고취시키며 항일교육을 실시하다가 학
생들이 보는 가운데 왜경에 체포되기도 하였다. 이 때문에 일경의 끈질긴
감시 속에서도 여자야학회를 개설하여 조선어, 산술, 수공 등을 교수하는
등 여자 교육계에도 헌신하였다.

서진문은 보성학교에 재직하면
서도 일본에 여러 차례 드나들며
세계정세와 재일 조선인들의 실상
을 이해하게 되고 이를 기반으로 항
일의식을 불태웠다. 그는 1926년
일본 가나가와 현으로 건너가 재
일본조선노동총동맹에 가입하여 독
립운동과 노동운동을 주도하였으

▌울산시 동구 일산동 206번지의 집터(안쪽)와
209번지의 생가터

며, 1927년 고려공산청년회 일본부에 가입해 활동하였다. 1928년 10월 25일
천왕의 즉위식을 맡아 일본 천황을 암살하기 위해 즉위식인 어대전 식장에

들어가려다 검거되었다. 요코하마 경찰서로 넘겨진 서진문은 심한 고문 끝에 빈사상태가 되어 11월 16일 석방되었으나 다음날 사망하였다. 서진문의 유해는 일본에서 일산으로 운구되었는데, 그를 추모하는 조문객들이 길게 늘어섰고 그의 항일의식 고취에 깊은 영향을 주었던 외숙부 성세빈이 직접 운구를 옮기고 비문도 썼다. 정부는 항일운동의 공훈을 기려 2006년 건국훈장 애족장을 추서하였다.

배상권(裵祥權)

배상권(1915~1942)은 창원군 진해면 석리에서 배정만의 차남으로 태어났다. 가정형편이 어려워 1931년 취업과 유학을 목적으로 일본으로 건너가 고베(神戶)에 정착하였다. 이곳에서 고학하며 후키아이상공실수학교(葺合商工實修學校)를 거쳐 사립 호쿠신상업학교

█ 창원시 진해구 석동 374번지의 옛 거주지

(北神商業學校) 야간부에 입학하였다.

상업학교에 재학 중이던 1938년 7월 하순경, 같은 학교 재학생으로 민족의식이 투철하였던 최창현(崔昌鉉)·조정규(趙正奎) 등에게 장차 독립운동에 매진할 것을 역설하였다. 그리고 중일전쟁이 장기화되어 일본이 경제적으로 파탄·패전하는 기회를 틈타 한민족의 일제봉기를 지도할 유학생회 결성을 제안하였다. 이는 같은 해 10월 초순경 고베에 거주하던 친형 배원상(裵元相)의 집에서 친목다화회(親睦茶話會) 명목으로 최창현을 비롯해 문규영(文奎泳)·박영석(朴永碩)·이종만(李鐘晩) 등 14명이 모여 유학생회를 조직함으로써 결실을 보았다.

이때부터 배상권은 1939년 2월까지 십수 회에 걸쳐 '한민족의 참된 행복은 민족단결을 굳게 하여 한국기독교의 지도 및 해외 독립운동단체와의 연계하에 일본 패전의 기회를 포착, 일제히 봉기하고 독립을 쟁취해야만 가능하다'는 취지의 연설을 하여 독립을 위해 궐기할 것을 촉구하였다.

항일운동에 매진하던 중 1940년 3월 동지 8명과 함께 일경에 체포되어, 1940년 12월 16일 고베지방재판소에서 치안유지법 위반으로 징역 3년을 선고받았다. 그러나 결국, 가혹한 고문과 옥고의 여독으로 출옥 후 순국하고 말았다. 정부는 그의 공훈을 기려 1993년 건국훈장 애국장을 추서하였다.

배상권과 관련된 사적지는 그의 본적지로, 일본으로 건너가기 전 거주하였을 것으로 추측된다. 그러나 집은 현재 멸실되었으며, 집터만 공터로 방치되어 있다.

이교재(李敎載)

▌이교재(1887~1933)

이교재는 경상남도 마산시 진전면 오서리에서 부친 이봉화(李鳳華)와 모친 김수실(金受室)의 장남으로 태어났다. 호는 죽헌(竹軒)이다. 1919년 3·1 독립만세 운동이 일어나자 이교재는 독립선언서와 격문을 돌리다가 진주에서 체포되었는데, 대구법원에서 불온문서를 배포한 혐의로 2년 6개월형을 언도받고 대구형무소에서 옥고를 치렀다.

1921년 만기 출옥한 이교재는 상하이(上海)로 건너가 대한민국상해임시정부에 가담하여 군자금 모집과 국내 연락책의 임무를 띠고는 국내로 잠입하여 활동하기 시작하였다. 그러던 중 통영 김종원(金宗元) 집에서 군자금을 모집하다가 1923년 9월 21일 통영경찰서에 체포되었다. 이 사건으로 이교재는 3년간 마산감옥에서 옥고를 겪었다. 출옥 후 국내의 상황을 정리한 보고서를 가지고 상하이로 되돌아가려다 신의주 국경에서 또다시 체포되었다. 서대문형무소에서 2년간 옥살이를 하고 출소한 이교재는 임시정부로 복귀했는데, 얼마 되지 않아 다시 국내로 잠입하여 서울에서 칼톱회를 조직해 고학생들에게 독립사상을 심어주었다.

▌경남 창원시 마산합포구 진전면 오서리 578번지의 생가터 및 창원시 마산합포구 진전면 임곡리의 묘소

1931년 이교재는 국내 상황을 보고하기 위해 다시 임시정부로 되돌아갔다. 같은 해 11월 20일 당시 임시정부의 재무장이었던 백범 김구와 내무장 조완구(趙琬九)로부터 임시정부의 경상남북도 상주대표(常駐代表) 직위를 위임받게 된다. 상주대표로써 그가 맡은 임무는 경상남북도에 퍼져 있는 애국지사와 임시정부 간의 연락책 역할을 하는 것과 각 지방에서 독립운동 조직을 결성하는 일, 독립자금을 모집하는 일 등이었다. 임무를 수행하기 위해 국내로 잠입한 이교재는 진주, 대구 등지를 돌아다니며 은밀히 활동을 하다가 마산에서 다시 체포되어 6년형을 선고받고 부산형무소에 투옥되었다. 혹독한 고문의 후유증으로 목숨이 위태로워지자 강제 출소된 이교재는 풀려난 지 10여 일 만인 1933년 2월 14일 세상을 떠났다. 정부에서는 그의 공훈을 기려 1963년 건국훈장 독립장을 추서하였다.

양명(梁明)

■ 모스크바에서 김단야, 박헌영, 주세죽, 호치민 등과 함께 한 양명(앞줄 오른쪽 두 번째, 1929)

양명(1901~1945)은 경상남도 거제시 사등면 사등리에서 부친 양필(梁弼)과 모친 옥씨(玉氏)의 둘째 아들로 태어났다. 이명(異名)은 건일(建一), 건록(建錄), 이강(李江)이다. 1920년 무렵 북경으로 건너가 북경대학 문과에서 수학한 그는 문학평론가로서 『동아일보』와 『조선일보』 등의 일간지와 『개벽』 등의 잡지에 사회주의와 민중예술관에 관한 다수의 글을 투고하기도 하였다.

1924년 북경에서 결성된 혁명사(革命社)에 가입하고 잡지 『혁명』의 발행에 참여하였다. 의열단(義烈團)에 입단하여 항일투쟁을 전개하였고, 1925년 8월 귀국하여 조선일보사 정치부 기자가 되었다. 조선공산당에 입당한 그는 12월 조선공산당 상해부(上海部) 상해야체이카 위원이 되었다. 1926년 3월 조선공산주의 운동의 통일을 표방하는 레닌주의동맹 결성에 참가하였고, 같은 해 12월 조선공산당 제2차 대회에 참석하여 중앙위원 후보로 선임되고 고려공산청년회 책임비서가 되었다.

1927년 1월 고려공산청년회 책임비서직을 사퇴한 양명은 『조선일보』 해외특파원 자격으로 상하이로 건너갔는데, 10월에 귀국하여 조선공산당 선전부 부원이 되었다. 11월 초 김준연(金俊淵) 책임비서로부터 모든 당무와 후계당 조직을 위임받았다. 그는 김세연(金世淵)을 후계 책임비서로 선정한 뒤, 1928년 초 제3차 조선공산당 검거사건을 피해 중국으로 피신하였다. 3월 무렵 조선공산당 정치부 위원이 되었다.

1929년부터 상하이에서 조선공산당 ML파 기관지인 『계급투쟁』을 발간하였다. 그는 『계급투쟁』을 통하여 12월 테제에 입각한 운동노선을 제시했으

▌경남 거제시 사등면 사등리 817번지의 생가

며, ML계 재건운동의 최고 지도자로서 국내 및 일본에서의 운동을 지도하였다. 이『계급투쟁』은 특히 국내의 문학인들이 구독하면서 공산주의에 대한 예술관과 이론 등을 섭렵하였고, 조선프롤레타리아예술동맹 카프(KAPF)를 결성하게 되는 동기가 되었다. 5월 조선공산당 재조직대회에서 중앙간부로 선임되어 한위건(韓偉建) 등과 함께 일본 동경과 국내의 RS협의회 같은 비밀결사 조직을 지도하였다.

1931년경 소련으로 망명한 양명은 모스크바 동방근로자공산대학 연구원이 되었다. 1932년에는 모스크바에서 「만주사변과 조선」, 「조선의 민족개량주의에 관해」를 집필하여 코민테른 간행물인『민족식민지문제 자료』에 게재되기도 하였다. 만주사변을 계기로 국내외 정세가 격변하자 다시 입국한 양명은 김포군 내에서 조선공산당연구회를 조직하여 농촌을 중심으로 당재건 활동을 하다가 6월 김포경찰서에 체포되었다. 정부에서는 그의 공훈을 기려 2007년 건국훈장 애족장을 추서하였다.

이종건(李鐘乾)

▋이종건(1887~1958)

이종건은 경상남도 통영군에서 부친 이규준(李圭俊)과 모친 강씨(姜氏)의 장남으로 태어났다. 호는 동산(東山)이고, 이명(異名)은 종순(鍾淳) 혹은 병천(柄天)이다.

1910년 일제에 의해 국권이 상실되자 만주로 망명하여 유하현 삼원보에 있는 신흥무관학교를 졸업하였다. 1919년 만주에서 조직된 한족회(韓族會)에 가담하여 동포들의 생활안정과 동지 규합에 힘썼다. 1922년 8월 독립군 연합단체인 대한통의부(大韓統義府) 결성에 참여하여 1924년까지 산업위원과 실업위원장, 군무국장, 선전부장 등을 역임하였다.

1924년 7월 만주에 있는 독립운동 단체를 재통일하기 위하여 개최된 전만통일회의주비회(全滿統一會議籌備會)에 김동삼(金東三)과 함께 대한통의부 대표로 참여한 이종건은 10여 개의 독립운동 단체를 통합하여 정의부(正義府)를 조직하는데 공헌하였다. 정의부가 조직되자 이종건은 중앙행정위원, 선선위원장, 산업위원장 등을 맡아 활동하면서 재만동포들에게 민족의식을 고취시키고자 노력하였다.

▋경남 통영시 한산면 염호리 502번지의 경주이씨 여차 종중(좌)과 염호리 490번지의 옛 거주지

1928년 5월 동삼성에 있던 18개의 독립운동 단체들이 전민족유일당(全民族唯一黨)을 조직하기 위하여 단체 대표자 회의를 가졌으나, 유일당의 조직 방법을 둘러싸고 서로 격론을 벌이다 단체본위론을 주장하는 협의회와 개인본위론을 주장하는 촉성회의 양파로 분립되었다. 이때 촉성회 측에 속하였던 이종건은 이청천(李青天), 김원식(金元植), 김상덕(金尙德), 김동삼 등과 함께 정의부를 탈퇴하고 재만유일당책진회(在滿唯一黨策進會)를 조직하였다.

1929년 9월 조선혁명당(朝鮮革命黨) 창당 과정에 참여했으며, 1931년 8월 조선혁명당 중앙책임비서인 현익철(玄益哲)이 일본 경찰에 붙잡힌 뒤 조직을 재정비할 때 보안부 위원장으로 임명되었다. 1932년 1월 조선혁명당의 중앙 간부가 신빈현 하북에서 간부회의를 열고 있음을 탐지한 일본 영사관원이 회의장을 습격했을 때 이호원(李浩源), 김관웅(金寬雄), 이규성(李奎星) 등 10여 명의 간부와 함께 붙잡힌 이종건은 신의주 지방법원에서 징역 7년형을 선고받고 옥고를 치렀다.

8·15 광복 후인 1946년 2월 과도정부 수립을 위해 개최된 대한민국 비상국민회의에서 유동열(柳東說), 김원봉(金元鳳), 이규채(李圭彩), 김산(金山) 등과 함께 국방위원으로 선임되어 활약하였다. 1947년에는 좌우합작을 주창하던 민주주의독립전선의 부위원장으로 일하였으며, 4월에는 민주주의독립전선의 동료들과 함께 미군정의 최고 책임자인 하지(Hodge, J. R.) 중장과 회담을 전개하기도 하였다. 그러나 좌우합작을 위한 노력이 잘 이루어지지 않고 남북분단이 기정사실화 되자 통영으로 낙향하여 지내다 그곳에서 생을 마감하였다. 정부에서는 그의 공훈을 기려 1990년에 건국훈장 독립장을 추서하였다.

홍순권 | 동아대 사학과 교수

장선화 | 신라대 사학과 시간강사

전성현 | 동아대 사학과 시간강사

하지영 | 동아대 석당학술원 특별연구원

배병욱 | 부산대 한국민족문화연구소 전임연구원

이가연 | 동아대 석당학술원 특별연구원